JN221973

「海」から読みとく歴史世界

海は人と、人は海とどのように関わってきたのか

高橋裕史 編

帝京選書
002

まえがき――海は人と、人は海とどのように関わってきたのか

高橋裕史

歴史の切り口の多様性

本書を手にされた皆さんの多くは、「歴史好き」「歴史愛好家」のことであろう。日本史好きの方もいらっしゃれば、西洋史好き、東洋史好きという方もいらっしゃることであろう。また古代という時代に興味がおありの方もいらっしゃれば、近代という時代に興味がおありの方もいらっしゃることであろう。

歴史に興味のある方には自明なところであろうが、一般に歴史を学ぶ切り口、あるいはカメラアングルといえば、やはり政治、経済、社会、文化の四つが代表的なものであろう。実際、私たちが高校などで学んでいる日本史や世界史の教科書は、それらの切り口に比重を置いているようであるし、テレビの歴史特番などでもそのような傾向が見られる。

戦国時代を例にあげると、天下取りをめざす戦国大名たちが、文字通り各地に「群雄割拠」し、常人には思いもつかないような奇策や謀略を張り巡らせてライバルを蹴落とす。あるいは巧妙で狡知に

長けた交渉術をもって人心を把握したり、政略結婚を行ったりして勢力を拡大していく。そうした「生き残り戦略」の妙が、今なお大勢の「戦国時代マニア」の心をわしづかみにしているのだ。日本史の戦国時代は、政治という切り口で歴史を学ぶ典型例であり、だからこそ、歴史の学習＝政治史という方程式の一つが生み出されたとも考えられる。

しかし歴史というものは実に複雑な様相を持っており、上述した四つの切り口やカメラアングルだけで理解し得るものでもなければ成り立ち得るものでもない。つまり歴史には単純な一次方程式だけではなく、二次方程式や三次方程式もあるということである。そうした歴史の多様性を示す指標の一つが、我々人類が深くそして長く関わってきた「海」からの視点なのである。

歴史研究の対象としての海

海――この言葉を見たり聞いたりしたとき、人は何をイメージするだろうか。水平線上に昇り始めた太陽を水面に映す海。初夏の陽光がキラキラと輝いている海面に浮かぶ、色とりどりのウィンドサーフィンの帆。あるいはクロード・モネ（Claude Monet 1840~1926）「印象・日の出 Impression, soleil levant」に描かれた幻想的な色彩の海、クロード・ドビュッシー（Claude Achille Debussy 1862~1918）の交響詩「海 La Mer」などであろうか。

このように海は、絵画や音楽の題材になるなど、多様な「貌（かお）」を持っているのである。私たちのイマジネーションを駆り立てることが海の貌の一つとするならば、海には「もう一つ」の貌がある。それが「歴史の舞台」としての貌なのだ。

海を舞台とした歴史

私たちの歴史は海と密接に関わり合いながら展開してきた。それは洋の東西といった地域の別、そして古代や中近世といった時代の別を問わない。日本の歴史にその範を求めると、遣隋使や遣唐使の派遣による当時の中国文化の受容、博多湾を戦場とした元寇（文永の役・弘安の役）、連合艦隊司令長官・東郷平八郎（一八四八〜一九三四）が指揮した日本海海戦（一九〇五年）などがあり、いずれも当時とその後の日本の歴史に大きな影響を与えるものだった。

日本の歴史を、日本周囲の海だけに限定して着目するならば、日本と東アジア世界だけで完結する歴史世界となるだろう。しかし地球の七十％を占めている海によって、世界各地は結ばれて一つの「結合体」となっている。世界を結ぶ海路を通して、様々なヒトやモノ、そして文化や技術などが行き交い、それらは文明とその担い手である人類の進歩に大きく寄与することになった。

高橋裕史論考の概要

しかし世界を結びつけているがゆえに、海は強国による海外版図拡大政策を具現化する舞台にもなった。本書の高橋裕史「大航海時代と日本をめぐる海の攻防――ポルトガルとスペイン、そしてローマ教皇」は、海の排他的な支配権の是非を対立軸として、日本のポルトガルへの帰属問題をカトリック修道会の日本布教の権限論争と絡めて論じたものである。

ポルトガルとスペインは、それぞれ東廻り航路と西廻り航路をとって世界各地に「霊魂と胡椒」を求めに行ったが、その過程でこの両国が同一の大陸や島で鉢合わせをした場合に、その大陸と島の帰属先と領有権が大きな問題となる。

そこでこの両国はローマ教皇をも巻き込んで地球を縦に二分割し、その境界線から東側をポルトガル領、西側をスペイン領と規定し、それぞれ排他的な航海領域を設定して「海の占有」を行った。日本は「ポルトガル国民の征服に属する地」に編入され、イエズス会の独占的な布教対象地とされた。その日本にスペイン勢力およびこれと結んだフランシスコ会が進出するに及んで、日本はポルトガル＝イエズス会のラインとスペイン＝フランシスコ会のラインとの間において、対日布教と対日貿易の権利をめぐる熾烈な抗争の対象地となったのだった。

「商教一致」政策を標榜するカトリック勢力による、排他的航海領域の設定と海の占有が布かれている国際状況の中に、十七世紀になって「商教分離」を掲げて「新興」勢力として進出してきたオランダとイギリスは、ポルトガルが大きな利益を挙げている対日貿易への参入を実現するためにも、海は自然法によって万人に開かれたものであり、特定の国家が特定の目的のために占有することはできない、と強固に主張した。ここにポルトガルとスペインに代表される「海洋閉鎖論」と、オランダに代表される「海洋自由論」とが鋭く対立することになった。

この論争は結果として後者の勝利に終わり、現在の公海の概念がもたらされることになった。海洋閉鎖論に対する海洋自由論の優越性は、時代が中世から近世へと大きく移行する歴史の転換点の中で、いわば「新しい時代」が求めた結果を示すものであったといえよう。それはまた、ポルトガルとスペインに代表される「旧勢力」が、オランダとイギリスに代表される「新勢力」に取って代わられたことを物語るものだった。高橋論考では、極東の小さな島国日本の存在が、海洋自由の原則と国際法の確立に大きく影響を与えた経緯についても詳しく述べられている。

坂田美奈子論考の概要

以上の事例は海を舞台とした歴史「事実」である。しかし海は歴史事実を生みだす場としてだけではなく、事実から「表象」を紡ぎ出す場でもあった。表象の場としての海を描いているのが、坂田美奈子『海でつながる』アイヌと和人——金成マツ筆録アイヌ口承文学の和人関係モティーフについて」である。

近世蝦夷の歴史などで取り上げられているアイヌと和人との関係は、その多くの場合、アイヌが松前藩に足を運んで行われた城下交易、あるいは場所請負制（ばしょうけおいせい）や商場知行制（あきないばちぎょうせい）などにほぼ限られている。またそうした交易において和人がアイヌを安価な労働力として搾取したり、アイヌ女性へ性暴力を加えたりしていた、とのイメージが強いことであろう。しかしこれはアイヌと和人との間に展開されてきた歴史の一面を捉えたものにすぎない。なぜこうした見方が確立し広く定着したかというと、それはこの分野の研究に用いられる史料に、その原因の一端があるからだ。

歴史の研究に「史料」は不可欠である。これなくして歴史の再構成や復元、多様な歴史像の提供は不可能と言ってもよい。歴史の研究にとって、史料がどれだけ重要な存在であるのかということについて、たとえば東京大学文学部および大学院文学研究科「日本史学研究室」のホームページには、「研究の基礎は、古文書・記録・史書などの文献史料を正確に読み、内容を批判的に検討し、そこから論点を引き出して歴史像を構成することにある」と記されていることからも、史料の重要性は明らかであろう。

ところが近世の蝦夷地におけるアイヌと和人の歴史の復元と再構成は、アイヌ側の史料が欠落しているがゆえに、和人がアイヌについて記した史料に多くを依拠する形で行われてきた。その結果、金田一京助（一八八二〜一九七一）に代表されるような、神々と共存するアイヌ、和人と対立するアイヌといったステレオタイプ化されたアイヌ像が生み出され定着することになった。

しかし金成マツが書き溜めたアイヌ口承文学のノートには、交易をフィルターとしてアイヌと和人との多様な関係が描かれている。それと同時にそこには、海がアイヌと和人との間をつなぐ一種の緩衝地帯としての機能を果たしていたことが明らかにされている。また併せて、そうした金成マツの口承伝承に描かれた世界観、たとえばアイヌにも和人にも善人がいれば悪人もいる等の世界観が受け入れられず、アイヌ口承文学の中にある特定の部分が継承されなかったことも考察されている。

事実だけでは割り切れない、あるいは事実の向こうにある世界や存在を「真理」とするならば、坂田論考はアイヌと和人の「真理」探究の場としての海を論じている。

海底という歴史の語り部

これまでは、海の占有の是非と交易を切り口として「海」が語る多様な歴史世界の一端を紹介してきた。これらは基本的に「海上」を舞台に展開された歴史といえよう。しかし海が創り出した歴史は海上だけではない。

海上で展開された歴史というと、誰もが「海戦」をすぐに思い浮かべることだろう。この文章の冒頭で記した元寇（一二七四・八一年）や日本海海戦。目を海外に転じればスペインの無敵艦隊が大敗を喫したアルマダの海戦（一五八八年）や、ホレーショ・ネルソン提督率いるイギリス海軍がスペインとフランスの連合艦隊を破ったトラファルガーの海戦（一八〇五年）。時代の新旧を問わず、いずれの海戦でも「勝者」と「敗者」が誕生することになった。そして敗者側の艦隊と乗員は海の藻屑と消え、深い沈黙と闇が支配する海底で、時の流れが止まったかのように今なお眠り続けている。

海戦で撃沈された船舶を、貝のように固く口を閉ざさせたまま何も語らせることなく永遠の眠りにつかせることは、一つの供養にはなろう。しかし海底に静かに横たわっている沈没船とその積載品は歴史の証人でもあり、その声なき声に耳を傾けることもまた、もう一つの供養となろう。それを可能とするのが「水中考古学」という、近年、とみに注目を浴びだしている水中文化遺産研究である。佐々木蘭貞「水中に残された歴史を読みとく――水中文化遺産の研究事例」は、内外の水中文化遺産を縦横無尽に論じたものである。

佐々木蘭貞論考の概要

佐々木論文は様々な水中文化遺産の実例を取り上げているが、ここではその中から二つだけを紹介するにとどめておこう。他の興味深い事例については、是非、佐々木論考をじっくりとお読みいただきたい。最初の事例は、鎌倉時代の二つの「元寇」のうち、最後の弘安の役（一二八一年）の際に撃沈された、モンゴル軍艦隊の水中調査である。

問題の艦隊は長崎県松浦市の鷹島（たかしま）海底に沈没しており、それを調査したところ、大型の錨（いかり）（アンカー）が発見され、その大きさから沈没した艦船が三十メートルにも達する大型船であったことが判明したという。また『蒙古襲来絵詞』で描かれていて名高い、球形をした炸裂弾である「てつはう」も発見されている。さらに残存している船材を分析した結果、中国産のものであることが分かり、ここから沈没したモンゴル軍船が中国、それも揚子江以南で建造された可能性のあることが示唆されている。

二つ目の事例として紹介されているのは、奇跡の沈没船として世界で最もよく知られているスウェーデンの軍艦ヴァーサ号である。ヴァーサ号とは、一六二六年に当時のスウェーデン国王グスタフ二世アドルフ（一五九四～一六三二）の命令で起工され、六十四門の大砲を搭載し豪華な装飾を施した全長七十メートル超の巨大軍艦のことである。現在では福祉国家として名高いスウェーデンであるが、十七世紀の同国はヨーロッパ随一の軍事産業国家として君臨していた。ヴァーサ号は軍事国家スウェーデンを象徴する産物だったのだ。

そのヴァーサ号は一六二八年八月十日の処女航海の時に、たった千三百メートル進んだだけで転覆し、そのまま沈没してしまったのだった。それから三百有余年が経った一九五〇年代からヴァーサ号の調査が行われ、奇跡的にヴァーサ号がほぼそのままの形で海底に残存していることが判明した。ヴァーサ号の引き揚げ作業は一九六一年に行われ、長さ七十メートル、高さ五十メートルのヴァーサ号が、処女航海時そのままの形で現れたのである。これを記念してヴァーサ号を展示顕彰する「ヴァーサ号博物館」が建設され、年間百万人を超える来場者数を誇っているという。

しかし水中文化遺産の研究が、沈没船の発見と引き上げという、いわゆる「歴史のロマン」だけを追究するならば、それは極めて底の浅い表皮的な学問で終わってしまう。水中文化遺産研究は、それを通して我々が「海」とどのように向き合い、それを利用し、影響を与えてきたのか、ということを明らかにする学問なのである。さらに津波などの遡上痕跡や、水害で水没した遺跡の発見と調査は、世界でも類を見ないほど自然災害に苦しめられてきている日本に住む我々にとって、これからの同種の被害をある程度予測可能とする重要な指標となるものである。このように佐々木論考は、水中文化遺産の発掘と研究の重要性と、その幅広い可能性をあざやかに提示してくれている。

海を介した日本へのモノの流入

古来日本には、海を通して多種多様なモノが入って来た。その殆どが日本では自給自足のできない物品であったことは容易に想像がつくところであろう。そうした貴重な舶来品が遠い海路を経て陸揚げされる場所は、やはり大型商船の入港が可能であり、周囲に大規模市場が存在し、海外貿易のノウハウが蓄積されているなど、一定の条件を備えた港湾都市ということになる。となれば博多、長崎、堺、大坂がそうした条件を満たす代表的な港湾都市であろう。しかもこれらの港湾都市に関していうと、国内外の史料がたくさん残存しており、往時の貿易による活況の様相の一端を知ることができる。堺を例にあげると、フランシスコ・ザビエル（一五〇六～五二）は一五四九年十一月五日付、鹿児島発、ゴア駐在の同僚アントニオ・ゴメス宛ての書簡の中で、

堺は非常に大きな港で、たくさんの商人と金持ちがいる町です。日本の他の地方よりも銀や金がたくさんありますので、この堺にポルトガルの商館を設けたらよいと思います。（河野純徳訳『聖フランシスコ・ザビエル全書簡』平凡社、一九八五年、五一〇頁）

と記している。国際貿易港堺の繁栄を自分の目で確認したザビエルが、堺にポルトガルの商館の開設を推奨している点が興味深い。宣教師としてのみならず、経済人としてのザビエルの一面も知ることができるからである。

しかし舶来品は大都市だけに留まっていたわけではなく、陸路や河川などを通じて内陸の地方都市にまでもたらされていた。その実態を八王子城跡からの発掘品を事例に明かしているのが村山修「八王子城跡からみる海外世界とのつながり」である。

村山修論考の概要

八王子城は小田原城の支城として、北条氏照（一五四二〜九〇）を城主に一五八七年に築城されたと考えられている（ただし村山論考では、決定的な史料に欠けるため、八王子城の正確な築城年は未詳とのことだ）。そしてこの八王子城は昭和二十六年（一九五一年）に国指定史跡に認定され、現在に至っていることは周知のところであろう。

八王子城跡を発掘した結果、海外由来の物品が色々ともたらされていたことが判明している。詳細は村山論考をお読みいただきたいが、その代表格が陶磁器である。発掘された陶磁器を検証したところ、十四世紀頃に中国で製作されたと考えられる青磁の盤、器台、酒会壺の蓋、梅瓶が城内から見つかっている。またこれとは別に十六世紀後半のものと思われる景徳鎮や漳州窯などで焼かれて輸入された青花皿、小坏、碗、蓋、壺、香炉なども発掘品の中に確認されたという。

日本は古くから中国と交流を持ち、中国皇帝を中心とする冊封体制（さくほうたいせい）という外交秩序の中に編入されて日宋貿易や日明勘合貿易を行ってきたため、中国産品が発掘されてもそれほど不思議ではない。しかし八王子城跡から遠くヨーロッパで作られたものが発見されていることを、一体、どれだけの人が知っているのだろうか。

村山論考によると、八王子城跡で見つかったヨーロッパ製品とは、十六世紀の中頃からイタリアのベネチアで作られたレースガラス器のことである。ベネチアではルネサンスの頃から本格的にガラス製品が作られ始め、最盛期にはヨーロッパ市場におけるガラス製品のシェアの九割がベネチア産のガラス製品であったという。八王子城跡で出土したレースガラス器の成分を分析したところ、ベネチア産のものであったことが証明された。しかも日本の戦国時代の城で、この種のレースガラス器が出土しているのは、現在のところ、八王子城跡だけであるという。また八王子城跡からは東南アジア産の甕（かめ）の破片も出土している。この東南アジア産品の出土は、日本海側を経ない関東への製品交易ルートを想定させるものであるという。

裏付けとなる史料が存在していないため、ベネチア産レースガラス器の入手経緯や経路については不明ではあるが、それはさておき、中国、東南アジアそしてイタリアの産品が出土されているという事実は、八王子城が海外と海上貿易を通して繋がっていたことを強く示唆するものであり、今後、新しい史料が発見されれば、八王子城の歴史に新たな一頁が書き加えられることになろう。

以上、本書に収められている四つの論考の概要について記した。各論考とも、それぞれの筆者による研究成果の一端を、学術的な厳密性とレベルを下げることなく論じていると同時に、選書という性格を考慮して、非専門家を読者層として設定しているので、無理なく読み進めることができるはずである。四篇とも、互いに異なる時代と問題を、史料や発掘品など豊富な裏付けを駆使して考察している。異なるピース同士をつなぎ合わせると一枚の絵が完成するジグソーパズルのように、本書に掲載された四論考を読み終えたとき、海は人と、人は海とどのように関わってきたのか――海のかたる歴史世界が浮かび上がってくることだろう。

「海」から読みとく歴史世界

目次

水中に残された歴史を読みとく
——水中文化遺産の研究事例——……佐々木蘭貞

八王子城跡からみる海外世界とのつながり……村山　修

大航海時代と日本をめぐる海の攻防

――ポルトガルとスペイン、そしてローマ教皇――

高橋裕史

はじめに

日本の歴史が海と深く、そして多様な形で関わってきたことは、多言を要しないだろう。航海の危険性などによる遣唐使の中止（八九四年）、壇ノ浦の戦いでの平氏政権の滅亡（一一八五年）、博多湾への蒙古軍の襲来（元寇＝文永の役一二七四年、弘安の役一二八一年）、日本海を舞台に活動した北前船などが、日本史と海との関わりを明示する具体例の一端である。

日本列島は周囲を海で囲まれているわけだが、陸の孤島とは違い、その海伝いに船を繰り出せば、理屈的には日本からどこにでも到達できることを意味している。しかし「逆もまた真なり」であって、海外の諸国も海上を航海しさえすれば、日本に到達できるのである。このことは、幕末近くになって異国船が相次いで日本近海に出没し始めると、言葉には尽くせない一種の「恐怖感」となって、当時の日本人の前に立ちはだかることになった。その端的な一例が林子平（一七三八〜九三）の『海国兵談』（一七九一年）の中に見事に書き残されているので、該当箇所を引用することにしよう。

林子平は当時の一般的な海事の習慣として、「異国船の入津（にゅうしん）ハ長崎に限（かぎり）たる事」を指摘した後に続けて、

長崎に厳重に石火矢（いしびや）の備有（そなえあり）て、却（かえっ）て安房（あわ）、相模（さがみ）の海港に其（その）備なし。此事甚不審（はなはだいぶかし）。細（こま）カに思へば

江戸の日本橋より唐（から）、阿蘭陀（おらんだ）迄（まで）境なしの水路也。然ルを此（ここ）に備へずして長崎にのミ備（そなう）ルは何ぞや。[1]

と記している。説明するまでもなく、日本と諸外国とが広大な海という水路を介して繋（つな）がっていることの「恐ろしさ」を、海防の観点から指摘しているわけである。

このように「海」を介して世界各地は、好むと好まざるとにかかわらず、結び付けられているのである。この事実は、ある国が海の航海領域を独占しさえすれば、その航海領域に包摂される諸地域と、そこに住む人々をも支配できることを意味している。現代とは異なって精密な兵器がなく、明確な国際法の概念や規範のなかった時代にあっては、海を支配することは世界支配への途（みち）を意味していた。そこには支配や征服の対象となる地域や国々、そして人々の意志や意向などは一切考慮されることはなく、日本とて例外ではない。

「日本とて例外ではない」と記したが、それが本稿で扱うところの、ポルトガル、スペインそしてローマ教皇の三者による「世界二分割征服」計画を発端とする「海の攻防」の歴史である。極東の小国である日本が、どのような形でヨーロッパの聖界と俗界の思惑に巻き込まれることになったのか、また海の支配権をめぐる攻防が日本の歴史や海洋論にどのような影響を及ぼすことになったのか等について、以下の各章を通して考えてみたい。

第一章　海の攻防その一：Demarcación に編入された日本

海の攻防の歴史

「海の攻防」の歴史は紀元前の昔にまで遡ることができる。西地中海の支配をめぐってローマとカルタゴとの間で、三次にわたって行われたポエニ戦争（第一次は前二六四～二四一年、第二次は前二一八～二〇一年、第三次は前一四九～一四六年）などは、その典型例であろう。カルタゴとの戦いに勝利したローマが、西地中海の制海権のみならず多くの属州（provincia）を獲得し、世界帝国へと大きく歩み出したことは周知のところである。

その後、歴史の流れを大きく左右した海の攻防といえば、最強伝説を誇っていたスペインの「無敵艦隊」が、ドーヴァー海峡でイギリスの艦隊に敗北したアルマダの海戦（一五八八年）であろう。イギリス艦隊に比べて、その規模や武備などにおいて圧倒的優位にあった無敵艦隊が敗北したことで、「太陽の沈むことのない帝国（el imperio en el que se nunca se pone el sol）」と謳われたスペインが没落への坂道を転げ落ち、イギリスの海洋帝国としての覇権の幕が切って落とされることになった。

右に記したポエニ戦争、アルマダの海戦、そして「はじめに」で紹介した壇ノ浦の戦いと博多湾への元寇の襲来、そのいずれもが特定の「海域」という限定された、いわば「閉ざされた」空間を舞台とした歴史事象である。

しかしこれから論じる海の攻防は、文字通り地球の表面を覆っている海洋全体を舞台とした攻防である。それが大航海時代の産物ともいえるであろう、ポルトガル、スペインそしてローマ教皇の三者間で取り決められた「地球二分割征服」論である。

世界が一体化されて動くことになった大航海時代が、ポルトガルによって先鞭をつけられたことは広く知られた事実である。スペインと共にイベリア半島の一角を占めながら、国土面積ではスペインより圧倒的に小国家であるポルトガルが、なにゆえに世界の歴史を一変することになった大航海時代の牽引車となることができたのか。この素朴な疑問に対する解答を見つけるには、時代を十一世紀にまで遡る必要がある。

地中海商業の成立と発展

なぜ十一世紀かというと、その時代がヨーロッパ世界にもたらした大きなできごとの一つに地中海商業の成立があり、それが後のポルトガルの海外事業に結びつくことになったからである。その間の事情を、次のようにまとめることができる。

まずノルマン人の一部族であるデーン人が、フランスのノルマンディーを根拠地として地中海世界に進出し始めた。彼らは信仰対象としてキリスト教を受け入れたので、当然、地中海世界での商業に支配的な力を行使していたイスラム勢力の駆逐(くちく)に関わることになった。

イスラム勢力の駆逐ということになると、クレルモンでの公会議でローマ教皇ウルバヌス二世（一〇四二〜九九）が十字軍の結成とそれへの参加を強く訴えた結果、聖戦を旗印とした第一回十字軍が一〇九六年に派遣された。二百年以上にわたって実施された十字軍は失敗に終わったが、反面、この十字軍遠征によってキリスト教圏とイスラム教圏との間に商業関係が誕生したことは特筆すべきできごとである。すなわちエルサレムその他オリエント地方と接触した結果、イスラムや東方の文物がヨーロッパに流入することになった。その際の重要な立役者になったのが、ヴェネツィア、ジェノヴァ、ピサに代表されるイタリアの港湾諸都市なのであった。

オリエント地方との交易が活発化すると、その影響は交易ルートにまで及んだ。これまでオリエント地方の貴重な産物は、陸のキャラバンルートとインド洋ルートによってレバント地方にもたらされていた。ところが十二世紀になってアッバース朝が衰退し、エジプトのファーティマ朝が登場すると、バグダッドやダマスカスに代わって、アラビアのアデンやエジプトのフスタートが新たな交易拠点として台頭し始め、エジプトのアレキサンドリアがオリエント地方との貿易路の終点として重要性を増すことになったのである。その結果、交易海路も従来のペルシア湾経由から紅海経由にその比重が移り始めたのだった。

ヴェネツィアとジェノヴァの台頭

特に水都ヴェネツィアは、アラブ商人と活発に交易を行って経済的資力を貯えてきた。ヴェネツィアの商人たちは紅海を通って運ばれてくるオリエントの産物を、アレキサンドリアで買い付けてヨーロッパに運び、莫大な富を得ることにも成功した。

十二世紀の地中海世界でヴェネツィアと拮抗する勢力は、同じく水都として名高いジェノヴァであった。ジェノヴァは西地中海のイスラム勢力の制圧に成功し、その余勢を駆って一二九一年にはジブラルタル海峡を押さえることにも成功した。この結果、ジェノヴァの商人たちは、アフリカの北西部沿岸や中部ヨーロッパへも商船を送るようになった。

ポルトガルに伝わったジェノヴァのノウハウ

ヴェネツィアとジェノヴァが切り拓いてきた東方貿易ではあったが、時代が進んで十五世紀になると、オスマン帝国が東地中海に進出してエジプトを征服し、東地中海におけるイタリア商人らの活動を制約したために、隆盛を誇った東方貿易も次第に衰えを見せ始めた。一方そうした貿易の舞台における変動とは関係なく、オリエント地方の産物や東南アジア産の香辛料への需要は依然として高かった。

もっとも東地中海はイスラム勢力が実効支配をしており、イスラム商人を介してしかそれらの奢侈（しゃし）品はヨーロッパに入って来なかった。当然、香辛料等はイスラム商人に支払う関税やその他の手数料を上乗せされた高価格でヨーロッパにもたらされざるを得なかった。この上乗せ分がなければ、より安い価格で香辛料その他の奢侈品を手に入れられたことはいうまでもない。

こうした事情から、ヨーロッパの商人らがアジアと直接取引できる貿易航路を新たに開拓する必然性が誕生することになった。それこそが十五世紀の末から活発化した「大航海時代」の幕開けなのであり、そしてその先陣を切った国こそがポルトガルであった。というのも、先述した東方貿易を牛耳っていたジェノヴァの資本と技術はポルトガルに伝わり、同国の海事と技術に大きな影響を与えることになったからである。

海洋国家ポルトガル

いわゆるポルトガル「海上帝国」の誕生は十六世紀になってからのことだが、それ以前のポルトガルは一〇四九年にレオン王国から分離してできた国家で、一二六七年には国内からイスラム教徒の勢力を一掃し、独立国としての自立性を確保することに成功した。

先述したようにジェノヴァからの資本や航海術が導入されると、ポルトガル王室は海事事業に関心を持つことになった。その結果、十三世紀初めからは王室の船舶司長（せんぱくしちょう）が商船の航行を管理したり、あるいはポルトガル国王自身も商人らに交じって貿易に参加する大船主となったりするなど、ポルトガルは着実に海洋国家として海外貿易に必要な布陣を整え始めたのである。

このようなジェノヴァの遺産を基盤として、ポルトガルの商船は大西洋から地中海にかけての広大な海域を航海し、一三三七年から一三四一年までの間に西アフリカ沖のカナリア諸島にまで進出、ポルトガルはその地理的位置からも地中海と大西洋世界との架け橋となる重要な役割を担うことになるのである。

西アフリカ航海の目的

ポルトガルの西アフリカ航海は、国王ジョアン一世（一三五七～一四三三）による北アフリカのセウタ攻略（一四一五年）から始まる。その後はエンリケ航海王子（一三九四～一四六〇）の指導でポルトガル船による西アフリカ航路と大西洋近海の探検が開始され、一四二七年にアゾーレス諸島を、一四四五年にヴェルデ岬諸島を発見し、一四八二年にはコンゴ王国（Reino do Congo）に到達した。

こうしたポルトガル人の西アフリカ進出は「もう一つ」の十字軍といわれている。それは二つの宗教的動機――アフリカのイスラム教徒を制圧して駆逐することと、伝説のキリスト教君主プレステ・ジョアン（プレスター・ジョン。アジアあるいはアフリカに存在すると考えられていた、伝説上のキリスト教国の国王のこと）を探し出すこと――が西アフリカ進出の目的の一環として位置づけられていたからである。またこれとは別にもう一つ重要な目的すなわち、西アフリカの金と奴隷貿易をイスラム商人から奪い取ることも設定されていた。こちらは経済的動機として位置づけられるものである。

発見と領有の問題

日本とポルトガルとの通商関係は一五四三年以降に始まるが、ポルトガルのアジア進出はスペインの活動に触発されたものであったことに注意する必要がある。つまり隣国のスペインが西廻り航路でアジアに到達していたので、ポルトガルは一刻も早くインド洋海域に乗り出さなければならなくなったからである。それは一四九八年五月二〇日に、ヴァスコ・ダ・ガマ（一四六〇頃～一五二四）の船隊がインドのカリカット（コーリコード）に入港したことで現実化する。

こうしてポルトガルとスペインの両国は、よく知られているように前者が東廻り航路、後者が西廻り航路をとって地球を周回する形で世界に進出することになった。しかし地球が球体である以上、東廻り航路をとるポルトガルと西廻り航路をとるスペインが同じ緯度で船を進めて行ったならば、いずれどこかの島なり大陸なりで鉢合わせをする可能性は否定できない。

その場合、両国が出会った同じ大陸や島の領有権や帰属先はどちらのものになるのか、ということが法的に大きな問題とならざるを得ない。なぜなら両国の航海の目的こそ、未知の島や陸地を発見して自国の領有とすることにあったからである。またその当時にあっては、現在とは異なり国際法や領土の概念が明確な形では存在していなかったという背景もある。

二つの「権利の主張」

右に記した厄介な、場合によっては戦闘に至る恐れのある問題を処理するために採られたのが、「権利の主張」と「ローマ教皇勅書」の二つの方法である。

まず「権利の主張」だが、これは①発見した大陸や島に対する権利と、②その発見した大陸や島に至るまでの航海領域に対する権利の二つから成るものである。ポルトガルの海外版図拡大事業は「国土回復戦争（Reconquista）」の延長線としての目的と性質を帯びた、「異教徒征服の事業」であった。海外に版図を獲得してさらなる征服と支配領域の拡大を目指すからには、ポルトガルの支配圏にある領土と、そこに行きつくまでの航海領域を表明し、さらにそれらの絶対的かつ独占的な「占有」を強く主張しなければならない。しかもポルトガルによる既発見地と航海領域に対する「権利の主張」は、スペインの海外進出が本格化すると共に強い「排他性」を帯び、内外に対して「占有と支配」の権利とその正当性をさらに鮮明に打ち出さねばならなくなったのである。

このような経緯があったため、前述した二つの権利の主張のうち、発見した大陸や島に対する権利の主張とは具体的には、新発見地に上陸して自国の国旗を立てて声高に領有を宣言する、領有の宣言後は地図に新発見地を付け加える、行政文書などに「ポルトガル国民の征服に属する地」といった一文を明記する、などの行為となる。航海領域に対する権利の主張とは、新発見地に至る海域に自国の支配領域を設定し、そこへの敵対勢力の進出や侵入を拒絶することである。

ローマ教皇勅書

ローマ教皇は現在でもカトリック世界全体の首長として、全世界のカトリック信者および聖職者の精神的拠り所となり、大きな影響力を持っている。なぜなら教皇は「キリストの代理」であり、キリストの筆頭弟子であった「聖ペトロの後継者」でもあり、また「全世界のカトリック教会の統治者」でもあることによる。

現在よりもカトリック教会の権威が絶対的であり、人々の信仰心も篤く揺るぎなかった中世という時代にあって、ローマ教皇の発する言葉や勅書は、今以上の「重み」をもって受け止められたのは当然である。だからこそ、国際法と定義され得る、あるいはされるべき概念のなかった大航海時代では、ローマ教皇勅書が国際法に代わる規範として、他の追随を許さない重みと権威を有することになったのだった。

カトリック教国であるポルトガルとスペインにとって、自分たちの海外版図獲得事業を「異教徒征服の事業」という第二の国土回復戦争として宗教的に位置づけただけでは、十分にその正当性を担保できず、また人々からの支持も十分に得られない恐れがある。なぜなら、それはあくまでも両国の主観的な自己主張であって、客観性を欠くものだからである。

その客観性を、精神世界および宗教世界の「至高」の権威から保障できる存在がローマ教皇だった。海外への武力を伴った進出を「聖戦」あるいは「正戦」に昇華させるためにも、カトリック世界の頂点に位置する教皇の権威と精神的支援が必要だったのである。一方の教皇庁も、カトリックの教勢を海外に拡大し伸長させるためには、ポルトガルとスペイン両国王の協力が不可欠だった。ここにローマ教皇が、ポルトガルとスペインとの間で「地球を二分割して征服する」計画へ関与することになったのである。

「デマルカシオン」の設定

先述したポルトガルによるアフリカ西岸の探検航海は、スペインとコロンブスによるアフリカ西岸探検よりも百年近くも前に行われた。このポルトガルの探検航海の利権を保障するローマ教皇文書は、一四一五年のセウタ攻略をきっかけに発給されることになる。

十五世紀を通じてポルトガルの権益を認めるために公布された教皇勅書の基本的な内容は、①アフリカからインドまでの征服、領有、貿易の独占を認め、他国民がポルトガル国王の許可を得ずにそれらの領域に航海することを禁じる、②右記①で認めた領域の先住民を奴隷にすることを認める、③ポルトガル国王に新発見地への布教を奨励する、④アフリカでの征服戦争に参加する、または参加しない代わりに資金等で協力するポルトガル国民には、精神的宗教的な恩賞を与える――という四つの規定に集約できる。(2)

本稿で扱う日本のポルトガルへの帰属問題を考えるためにも無視できないのは、この四つの規定のうちの①である。つまりこの①の取り決めを基本的な論拠として地球全体がポルトガルとスペインの間で二分割され、それぞれの征服域で航海、征服、植民、布教、貿易に関する極めて独占的で排他的な領域、すなわち「デマルカシオン（Demarcación）」が設定されることになったからだった。

ポルトガルの独占的で排他的な征服域が設定される上で大きな影響を与えた教皇勅書は、一四五五年一月八日付、教皇ニコラウス五世（一三九七〜一四五五）の大勅書「*Romanus pontifex*（ロマヌス ポンティフェクス）」と、一四五六年三月十三日付、教皇カリストゥス三世（一三七八〜一四五八）の大勅書「*Inter caetera*（インテル カエテラ）」の二つである。(3) この両勅書によってポルトガル国王にはアフリカからインドに至る地域を領有し、独占的に航海・貿易・キリスト教布教を進めることが認められた。

スペインとの間の征服域については、一四七九年九月四日付で締結されたアルカソヴァス条約によって、カナリア諸島をスペイン国王の領有とし、ポルトガル人がこれまでに発見したカナリア諸島以南の島嶼(とうしょ)や陸地、およびその方面で将来発見される地をポルトガル領とすることが決められた。これにより地球上の支配圏の獲得と拡大について劣勢にあったスペインも、ポルトガルと遜色の無い立ち位置についた、といえる。

両国はさらに自国の支配域を拡張・明確化するためにローマ教皇に働きかけ、史上「アレクサンデルの大勅書」として有名な、ローマ教皇アレクサンデル六世(一四三一〜一五〇三)による五通の大勅書が、一四九三年五月から九月にかけて相継いで発布された。この教皇勅書ではアゾーレス諸島とヴェルデ岬諸島の西沖合百レグア(一レグアは約五・五キロ)の経線を基準に、そこから西と南に発見される陸地と島嶼をスペイン国王の領有とすることが定められた。しかしアゾーレス諸島とヴェルデ岬諸島の各西端では六度の経度差が確認されたため、デマルカシオンの設定については、ポルトガルとスペイン両国間の交渉に委ねられることになった。

トルデシーリャス条約の締結と日本

その結果、一四九四年六月七日に両国間でトルデシーリャス条約が締結された。この条約の規定内

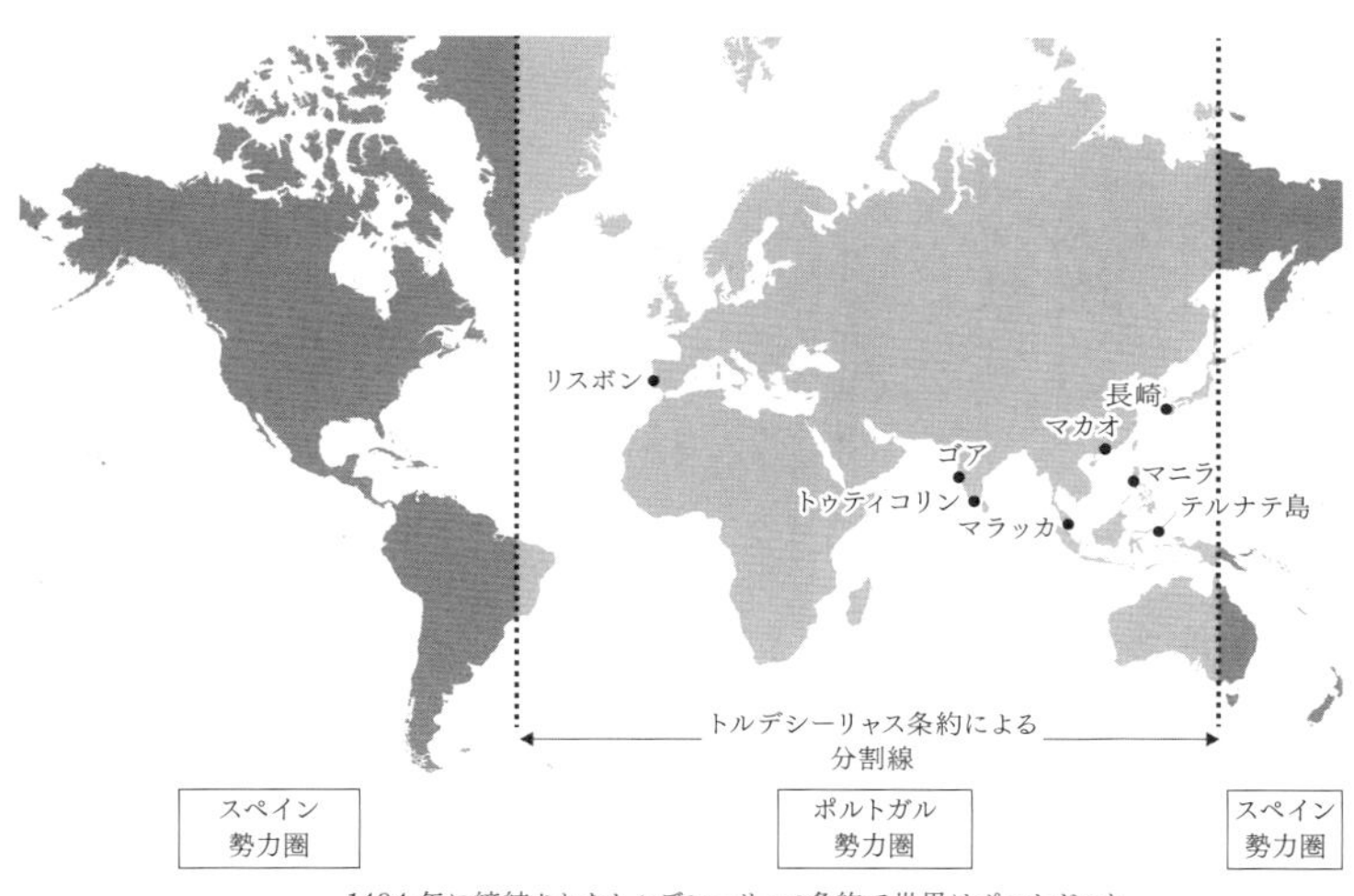

1494年に締結されたトルデシーリャス条約で世界はポルトガルとスペインの間で分割支配されることになった。

容は、デマルカシオンの概念とそれが後に及ぼす影響を考察する上で極めて重要なものである。すなわち、アフリカの西沖合に位置するヴェルデ岬諸島の西沖合三百七十レグアを通る経線の東側をポルトガル領、西側をスペイン領と規定し、それらの領域内であれば両国は、自力でもって軍事的征服を行って異教の地を植民地とし、またローマ教皇の権威を背景にカトリック布教をも実施することも認められたからである。

つまりこのトルデシーリャス条約によって、文字通り地球世界をポルトガルとスペインの間で二分割し、地球上のあらゆる土地、島嶼およびそこで生活している人々全員が、この両国のいずれかに帰属すること、いわば両国の支配領域が全地球に及ぶことが明言されたのだった（地図参照）。

日本は「ポルトガル国民の征服に属する地」、つまりポルトガルのデマルカシオンに編入されてしまった。このことが、海をめぐる日本の禁教から鎖国へと至る一連の歴史に深く、また大きく関わる要因となるのだった。その具体的問題については、別個に章を改めて論じることにしたい。

第二章　海の攻防その二：日本をめぐる修道会間の抗争

一五四九年八月。一人の修道会司祭が初めて日本の地を踏んだ。フランシスコ・ザビエル（一五〇六〜五二）その人である。ザビエルはわが国にキリスト教（カトリック）をもたらした人物だが、彼はまたイグナティウス・デ・ロヨラ（一四九一〜一五五六）が創設したイエズス会――因みに現在の教皇フランシスコ（一九三六〜）はイエズス会出身者として初めて教皇となった人物である――の最初期のメンバーの一人でもある。このイエズス会が日本にキリスト教を伝え、後述するフランシスコ会の日本進出を迎えるまで日本布教を事実上「独占」していたという事態が、日本のポルトガル帰属という問題も絡んで、フランシスコ会との抗争問題を引き起こすことになる。この問題を考える上で見落とせないのが「布教保護権」という制度である。

私有教会制から保護権へ

大航海時代の海外布教活動は修道会が独力で行ったものではなく、ポルトガル、スペイン両王室の支援の下で実行された。これは基本的に教会法に基づくもの、より具体的にはカトリック教会の聖職者の任命権と深くかかわるものだった。特に中世になると封建領主は領土内に教会や修道院を敷設して自己の「私有物」とし、その教会や修道院の聖職者を自ら任命できるとした。この制度を「私有教会制」という。

しかしその慣行が行き過ぎた結果、国王や領主といった「俗権」がカトリック関係者の「教権」よりも優越することになり、やがて史上有名な叙任権闘争が展開されることになった。そして十二世紀後半に教会側が俗権の制限に成功し、上述した私有教会制に代わる新たな制度として「保護権」という法制度が定められた。その結果、封建領主は教会の保護者として聖職者の指名推薦権を持つだけの存在となり、司教などの聖職者の職位を授ける権限は教会側に属することとなった。

布教保護権の仕組み

この保護権を、大航海時代の海外布教に適用したものが「布教保護権」という制度である。これは布教地の教会の保護者としてポルトガルおよびスペイン国王を据えたものであり、これによってこの両王室は布教地の教会運営に保護者として深く関与することになった。そしてポルトガル国王はイエズス会の布教保護者として、同会の日本を含む海外での布教活動を、主として経済面等で支援する義務を負うことになったのである。

その一端を伝えてくれているのが一五七四年十二月二十五日付、ゴア発、アレッサンドロ・ヴァリニャーノ(一五三九～一六〇六)のイエズス会総長宛て書簡であり、そこには「日本は多くの島々から成る極めて広大な王国で、四人のイエズス会士が身を置き、かの地で成果を挙げている。……彼らは、ポルトガル国王がマラッカで喜捨(きしゃ)として給付されている六百パルダオで生活してきた[4]」という一節が確認できる。ポルトガル国王がマラッカに設置した税関が徴収している関税の一部が、日本イエズス会に経済援助として下賜されていたわけである。

一方のイエズス会は、ポルトガル王室から経済援助等の保護を受ける以上、ポルトガル王室の利益とポルトガルの国益を守りかつ増大させることも射程に入れて活動しなければならなかった。つまりイエズス会士たちは宣教師としてのみならず、ポルトガルの能吏としても行動することになったのである。その典型的な一例がポルトガルのデマルカシオンの正当性を支持することであり、たとえばヴァリニャーノは一五七六年十月三十日付、ショラン(インドのゴアの沖合にある小島)発のイエズス会総長宛て書簡の中で、「これらシナや日本の地の全てがポルトガル国王のデマルカシオンと裁治権に包含されていることは明白であり全く異論のない所である[5]」と主張し、日本がポルトガルのデマルカシオンに帰属していることを明確に断言している。

このような、布教保護権の制度におけるポルトガルとイエズス会の、いわば俗と聖の相互依存関係を念頭に、フランシスコ会の来日に伴うイエズス会との抗争問題、そしてそれがもたらした日本をめぐる海の攻防を見ていくことにしよう。

教団の発展とグレゴリウス十三世

今さら詳述するまでもないが、日本でのキリスト教布教は一五四九年のザビエルによる開教以来、イエズス会が単独で「独占」して行ってきた。もちろん当初から全てが順調だったわけではない。迫害、教団関連施設や在日イエズス会士の不足など、解決すべき課題は山積していた。それでもイエズス会は地道に、そして着実に布教活動を展開し、日本での教勢の拡大に成功したのだった。

この点を具体的な数字で追ってみると、まず日本人の信者の場合、ザビエル時代には百人程度であったものが、ヴァリニャーノが離日した一五八二年には十五万人を数えている（表1参照）。在日イエズ

表1　ザビエル来日以降の国内キリスト教徒数

年　　代	信者の概数
1549年8月～1550年1月末頃	100人
1550年10月末頃	200人
1551年9月半ば頃	700人
1551年10月	500～1,000人
1553年10月	4,000人
1557年11月	4,400人
1570年10月	2,000～3,000人
1579年12月	100,000人
1580年8月	100,000～110,000人
1582年2月	150,000人
1585年9月	150,000人
1587年6月	240,000人
1592年11月	207,500人
1593年1月	217,000人
1597年4月	270,000人
1598年10月	300,000人

（出典）　Josephus Franciscus Schütte, *Introductio ad Historiam Sociatatis Jesu in Japonia 1549-1650*, Romae, 1968, pp. 428-431.

表2　ヴァリニャーノ来日以降のイエズス会士数
注：一般にイエズス会士とはパードレ（司祭）とイルマン（修道士）とのことを指す。

年　代	パードレ	イルマン	合計数
1579年12月	23人	32人	55人
1580年10月	28人	31人	59人
1581年12月	28人	46人	74人
1582年2月 1582年10月	30人 23人	45人 42人	75人 65人
1583年末	29人	56人	85人
1584年1月	29人	56人	85人
1585年10月	32人	54人	86人
1587年1月 1587年10月	40人 40人	72人 71人	112人 111人
1588年1月 1588年2月	39人 40人	74人 73人	113人 113人
1589年1月	37人	79人	116人
1590年10月	47人	93人	140人
1592年9月	42人	87人	129人
1592年11月	41人	87人	128人
1593年1月	パードレ、イルマン併せて128人		128人
1594年3月	パードレ、イルマン併せて126人		126人

（出典）　Josephus Franciscus Schütte, *Introductio ad Historiam Sociatatis Jesu in Japonia 1549-1650*, Romae, 1968, pp. 321-323.

ス会士も一五七〇年当時は十一人であったのに対し、同じく一五八二年には七十五人にまで増加している（表2参照）。

また教団関係の施設の充実という点においても、ヴァリニャーノの来日と指導によってセミナリオ（初等教育機関）、コレジオ（高等教育機関）、修練院が開設されたし、さらにマカオのポルトガル商人との間で「アルマサン契約」という商契約を締結し、日本イエズス会が日本で売却するための生糸を割り当ててもらい、教団財源の強化にも成功した。

さらに九州地方の有力守護大

名である大友宗麟（一五三〇～八七）、有馬晴信（一五六七～一六一二）、大村純忠（一五三三～八七）らが入信し、教団は「日本の保護者」を獲得したのだった。

こうしたイエズス会の活動と実績を後押しするかのように、ローマ教皇グレゴリウス十三世（一五〇二～八五）は、一五七五年一月二十三日に大勅書「*Super specula militantis ecclesiae*」を発布してマカオ司教区（司教区とは司教が教会行政上の裁治権を行使する区域のこと）の設置を認可し、このマカオ司教区の管轄地域の一つに日本が含まれること、それらの管轄地域の教会行政のために、ポルトガル国王から五百クルサドが支給されることを明言した[6]。ここに日本教会の保護者がポルトガル国王であることが、グレゴリウス十三世によって公的に明言されたのだった。

グレゴリウス十三世はさらに、イエズス会からの働きかけと要請、またイエズス会による日本布教の進展と教勢の拡大というこれまでの栄えある実績に鑑みて、一五八五年一月二十八日付で小勅書「*Ex pastolari officio*」を発布した。この小勅書においてグレゴリウス十三世は、イエズス会以外の修道会の日本布教への参入を、破門罪というカトリック教会における最大罰のもとに厳禁し、イエズス会による日本布教の独占を事実上「公認」したのである。

グレゴリウス十三世小勅書と海の攻防

このグレゴリウス十三世の小勅書の論点は多岐にわたるが、ここでは日本をめぐる海の攻防という問題に関係する部分に限定して、その内容に少し立ち入ってみよう。

グレゴリウス十三世は、「余は、余の有する司牧の職務によって、あらゆる民と地域、とりわけ著しく遠く離れて存在し、いわば〔ヨーロッパとは〕異なる地域に住んでいる人々のことを識る責務を負っている」[7]という一文からこの小勅書を書き出している。引用文中に見られる「遠く離れた地域に住んでいる人々」とは日本人のことを念頭に記したものである。そして日本では「キリストの福音が浸透し〔信仰の深化に〕相応しい好機が掌中のものとなり始めている」[8]との認識を披露している。

このように、日本のキリスト教世界が将来的に発展して大きな実りをもたらすであろうことを確信した同教皇は、日本布教に「格別の配慮」が必要であるとの考えを表明している。ではその「格別の配慮」とは何か。それは日本人のさらなる改宗のために「キリスト教信仰の宣布が、できるだけ申し分なく考慮され、同時に邪魔となる恐れのあるような障害が取り除かれる」[9]ことだという。

この文言の中で注目すべきは、「邪魔となる恐れのあるような障害が取り除かれる」必要があるという一文である。イエズス会の日本布教とその独占の「邪魔となる恐れのあるような障害」、これがイエズス会以外の諸修道会の日本布教への参入であることは明らかだ。それを「取り除く」にはどうすべきか。その最大にして最も実効性のある方法としてグレゴリウス十三世が思いついたのは、イエズス会以外の修道会の日本渡航を、破門罪という厳罰を適用して厳禁する、という本小勅書の核心部分だったのである。すなわち同教皇は「イエズス会に所属する修道会士たちを除いて、身分や階位、品級や地位は何であれ、在俗司祭および修道会付司祭、聖職者、教会への奉仕者に対し、ローマ教皇でなければ解くことのできない、あるいは教皇の死の刹那でなければ解くことのできない、重い破門

罪の下に（sub excomunicationis maioris）」をもって、
福音を宣布するためであれ、キリスト教の教理を説くためであれ、あるいは秘蹟を施すためであれ、はたまた教会の責務を果たすためであっても、余の、さもなければ使徒座の明確な許可を得ずに〔東インド以外の〕他の経由で日本の島々と諸王国に赴いてはならない。[10]
ということを宣言したのであった。

「破門罪」とは教会戒規の一つで、これが適用された場合、カトリック信者に認められている権利に与れなくなる。たとえば終油の秘蹟（病人の意識があるうちに司祭が行う臨終での儀式）に与れないことは、生前最後の罪の告白と、それへの赦しが与えられずに他界することになり、死後における魂の救済が不可能となる。つまり、破門に処されるということは、キリスト教徒としての「これまで」と「今後」の存在の全否定であり、キリスト教世界にあって破門者の烙印を押された者は「無」となることを意味していた。カトリック信者にとって、これ以上過酷で残酷な措置はない「究極罰」である破門罪の適用を明言し、イエズス会を除く修道会士の日本渡航を厳禁している点において、教皇グレゴリウス十三世の並々ならぬ決意と、イエズス会への肩入れの姿勢を容易に読み取ることができよう。

「東インド経由」の意味するところ

また右に訳出した小勅書では、東インド経由以外での日本渡航が禁じられている。ここでいう東インドという語は、インド大陸東部という意味ではない。東インドとは、ポルトガルが大航海時代にエチオピアからアラビア半島、インド大陸を経てマラッカ、モルッカ諸島そして日本に至るまでの広大な空間全体を自領として認識し、かつ位置づけていた支配領域のことである。当時の史料ではポルトガル領東インド領国、もしくはポルトガル領東インド、あるいは単に東インドとも記されて登場する。

そのポルトガル領東インド領国だが、地図の上からその包摂域を確認すると、確かに地球の半分近くを占める広大な空間である。しかし領国といっても一定の領土と人民をその中に擁していた訳ではない。ポルトガル人は一五一〇年のゴア攻略後、同地を拠点にインド大陸沿岸の主要地に商館や要塞を設け、自己の勢力圏と支配領域を拡大させて行った。その上でポルトガル人はポルトガル領東インド領国の包摂する支配地域全体に、「インド航路」というナウ船団（ナウ船とは、当時の遠洋航海で使われていた、排水量五百~千トンの大型帆船のこと）による定期航路を中軸にしてリスボンから東南アジア、日本に至る商業網を形成した。この商業網を守るために領国内の要所要所に要塞や砦、商館を設けたのである。したがって、それらの施設や機関が置かれて活動していた範囲が、現実と実態に即したポルトガル領東インド領国の内実といえる[11]。

東インド経由以外での日本進出を禁じる、というグレゴリウス十三世の小勅書に話を戻すと、この勅書を一読する限り、イエズス会以外の修道会士たちは東インド経由であれば日本への渡航が可能になる、との判断を下せよう。しかしこれは理屈であって、競合関係にあるスペインを後ろ盾とするフランシスコ会などが、ポルトガルのデマルカシオン圏を経由して日本に入国するというのは現実的ではない。実際問題、イエズス会とポルトガルはスペイン勢力のポルトガル勢力圏への進出を完膚なきまでに排除しようとしていたのだから、東インド領域、すなわち「ポルトガル国民の征服に属する地」を経由してフランシスコ会が来日することは、実質的には不可能だったのである。

このようにグレゴリウス十三世は、イエズス会以外の修道会士たちの来日を、イエズス会士による日本改宗の「邪魔」「障害」と判断し、彼らの来日を厳禁してイエズス会の日本布教の独占を、自らに課せられている「司牧の職務」によって公認かつ保護したのだった。ゆえにこの小勅書こそ、イエズス会とフランシスコ会が、日本布教の独占の是非をめぐる論拠として引き合いに出し、両修道会間の抗争が泥仕合とならざるを得なくなった淵源の一つだったのである。

秀吉の威嚇外交とフランシスコ会士の来日

スペイン王室と結んだフランシスコ会士が実際に来日して布教を開始するのは、豊臣秀吉政権の末の頃、具体的には一五九三年六月のことであった。

この間の経緯を概述すると、そもそもの発端は秀吉のフィリピンに対する威嚇外交であった。秀吉は一五九一年、原田孫七郎（生没年不詳）を派遣してフィリピンのスペイン総督ゴメス・ペレス・ダスマリニャス（一五一九～九三）に入貢を求めた。

原田孫七郎から秀吉の国書を受け取ったダスマリニャスは、日本側の事情を調査することを口実にドミニコ会のファン・コーボ（一五四六?～九二）を使節として派遣した。コーボ一行は翌一五九二年六月、秀吉の滞在していた名護屋（佐賀県唐津市）に入って秀吉に謁見した。なお来日したコーボは名護屋のキリスト教徒たちとも交わり、彼らからの依頼を受けてフランシスコ会士の日本派遣をダスマリニャスに要請している。

コーボはさらに強硬な入貢を求める秀吉の国書を携えて、原田喜右衛門（生没年不詳）を使者として同行させ、一五九二年八月、日本からマニラに戻った。コーボの報告を受けた総督のダスマリニャスは、フランシスコ会士のペドロ・バウティスタ（一五四六〜九七）をフィリピン側の正式な外交使節として派遣することにした。バウティスタ一行は同年の五月末にマニラを発って日本に向かい、翌六月に平戸に入港した。秀吉に謁見したバウティスタらは、京都の有様を母国のスペインに知らせたい、と秀吉に申し入れて許可されたので早速入洛（じゅらく）し、京都で公然と布教活動を開始したのだった。これがイエズス会以外の修道会士による日本での公式な布教活動の始めとなるのである。

なぜイエズス会は「反対」したのか

このような経緯で、秀吉政権による威嚇外交の「副産物」として、日本イエズス会が懸念していた他の修道会、それもスペイン勢力と結んだフランシスコ会士が来日したわけだが、ポルトガルと結んでいた日本イエズス会がこうした事態を見過ごすはずはなかった。当然ながら、日本イエズス会はフランシスコ会士の来日と日本布教への参入には「断固として反対する」という立場を表明した。ではなにゆえに在日イエズス会士らは、イエズス会以外の修道会士の来日を頑なに「拒絶」したのであろうか。

この問題を考える前に留意しなければならないことがある。日本へのイエズス会以外の修道会の進出という重大問題は、現実にフランシスコ会が日本布教に参入し始めるはるか前から、懸念すべき事案として認識されていた、ということである。特にヴァリニャーノは、バウティスタ一行が実際に日本の地を踏む十数年も前のこと、早くも一五七六年十一月十日付、ゴア発の書簡において、イエズス会総長に対して次のように自説を述べている。

シナあるいは日本にイエズス会以外の修道会が赴くのは不都合である。これは以下の理由による。まず、日本人の宗派には色々なものがたくさんあるが、我々には、全ての事柄において一致がある旨、理解することである。それゆえ、日本に別個の諸修道会が赴き、〔日本人が〕異なる修道服や振る舞い方を知り始め、特に〔イエズス会と他修道会〕双方の間に、当地でいつも起こっているような矛盾が生じてしまうならば、それは異教徒改宗に際して極めて深刻な騒動と障害になろう。なぜなら、〔日本人が〕我々の間にも宗派が色々と存在する、ということを信じ始めるからであり、これは主として、日本のキリスト教徒は少数で、しかも〔各地に〕非常に散在しており、加えて、未だに〔キリスト教信仰に〕大変未熟だからである。(12)

ヴァリニャーノはイエズス会以外の修道会士の来日と日本での布教活動によって、日本人の信者らがイエズス会以外の修道会の存在を知るに及び、イエズス会を始めとするカトリックの諸修道会を仏教の諸宗派と同一視してしまうことを危惧している。日本人信者が「キリスト教信仰に大変未熟」であるがゆえに、カトリックの修道会と仏教教団との違いを理解できず、日本での改宗活動が頓挫しかねないことへの強い危惧が、ここには見られるのである。イエズス会総長の名代として日本布教に辣腕を振るうことになるヴァリニャーノが、来日の三年ほど前から、既に日本への他修道会の進出を「否」とする見解を保有していたことは注目すべき論点である。

そしてヴァリニャーノの危惧は、実際に彼が巡察師として来日し、自らの目で当時の日本布教の現状や実態を検分することで、さらに増幅されることになった。

ヴァリニャーノは一五八〇〜八一年にかけて、第一回日本イエズス会全体協議会を開催した。この全体協議会では当時の日本イエズス会が抱えていた様々な布教上の問題が上程・審議され、イエズス会総長名代の立場と権限を持つ巡察師ヴァリニャーノが最終的に裁決を下した。その協議会の第二諮問として、他修道会の来日問題が協議されたわけである。

ここで注意しなければならないのは、バウティスタ一行の来日が秀吉のフィリピンに対する威嚇外交の対応策として実現したものであったのに対し、全体協議会では在日イエズス会士の不足を埋め合わせる方法として、イエズス会以外の修道会士を日本に招くことの是非が検討された、ということである。つまり同じ他修道会の日本布教への参入という問題であっても、その背景となる文脈が異なっていたわけだ。しかし第一回全体協議会の議事録を読んでみると、そこに明記された在日イエズス会士による他修道会の来日「反対論」は、バウティスタ一行の来日以降の反対論と通底し、その基調をなしてもいるので、ここに紹介する意義はあると考えられる。以下、その要点を議事録から引用してみよう。

一　来日する修道会士が大勢になると、日本は貧しい国なので、彼らは生活に必要な収入を日本国内では調達できない。
二　仏教国の日本に、イエズス会と修道服や行動様式が異なる修道会が来日すれば、日本人はキリスト教のことを、人間が作り出した宗教である、と思い込む。
三　他修道会はイエズス会と歩調を合わせず勝手な行動をするに違いない。そうなれば、双方の間に深刻な論争が行われ、日本教界の破滅と布教の障害が生じてしまう。
四　日本人の資質と習慣はヨーロッパ人のそれとは著しく異なっているので、教会活動を行うには宣教師間に見解の一致が不可欠となる。この見解の一致は複数の修道会が日本に存在していては不可能で、教会間での見解の相違は破滅をもたらす。
五　日本のキリスト教界と日本人信者は、最終的には外国人ではなく日本人聖職者の手で司牧されねばならない。したがって、日本には複数の修道会が存在する必要はない[13]。

以上が第一回全体協議会開催時における、在日イエズス会士の下した結論であった。この結論を受けて、協議会を開催した巡察師のヴァリニャーノは、

私が考えるところは、他修道会の来日は適切な解決策ではないばかりか、この新しい〔日本という〕教会にとって大きな躓きと混乱、支障となろうことは疑いない、ということである。……他修道会がここ日本へ来るならば、当初、我々が犯した過ちを繰り返し、今となってはその過失は、以前よりも悪化することであろう[14]。

との「裁決」を下し、これをもって他修道会の来日問題に関する日本イエズス会の「総意」とし、ローマのイエズス会本部に報告したのであった。

ヴァリニャーノは天正遣欧使節一行と共に一五八二年二月に長崎を発ってローマに向かうが、インドのゴアに到着すると、彼をイエズス会インド管区の管区長に任ずるという辞令が発令されていた。そこでヴァリニャーノはローマには赴かず、管区長としてインドのゴアに留まることになった。

ヴァリニャーノはインド管区長として着任したゴアにおいて、一五八三年十二月十二日付で、インド管区代表としてローマに赴くヌーノ・ロドリーゲス（一五九三〜一六〇四）に対し、ロドリーゲスがローマで実行すべき諸事に関する規則を作成した。その第三十七項においてヴァリニャーノは、日本にイエズス会以外の修道会士が進出しないことの重要性をローマ教皇およびスペイン国王とポルトガル国王に伝達すること、との指令に続けて「托鉢修道会士たちはシナからも、またルソンその他の地方からも日本に赴いてはならないとの勅令を国王陛下から、教書を教皇聖下から獲得するように[15]」と指示しているのである。

このように、イエズス会以外の修道会士が来日して日本布教に参入することは、ペドロ・バウティスタらの来日が現実のものとなる十年も前の段階で、既に日本イエズス会の総意として「拒絶」されていたのであった。

右に紹介した第一回全体協議会の議事録と、ヴァリニャーノの裁決に記された反対論以外にも、日本イエズス会が他修道会の来日を否定した理由が、関係諸史料を通して浮かび上がってくる。ここではイエズス会の貿易活動と軍事活動の側面から取り上げてみたい。

日本イエズス会の財政と貿易活動

日本イエズス会はザビエルによる日本開教以降、様々な紆余曲折はあったものの、日本人信者の獲得、教団規模の拡充、それらの延長線上の結果としての教勢の拡大に成功できたといえる。そしてイエズス会東インド巡察師ヴァリニャーノの来日と指導によって、教団の日本布教では組織的かつ体系的な戦略が実施されて、さらなる発展を迎えることになった。

そうした教団と教勢の伸展は喜ばしい事態であった一方で、当然、それに伴う活動経費もそれまで以上に増大し、教団財政を圧迫することになった。ヴァリニャーノが第一次日本巡察のために来日する一五七九年以前に教団が出費していた年間経費と比較した場合、ヴァリニャーノによる布教体制と教団規模の拡充の結果、それ以降の年間経費は以前の二〜二・五倍にまで膨らんだのだった。

もちろん日本イエズス会は布教保護権によってポルトガル国王から年度給付金という援助を受けていたし、またローマ教皇からも恩賜という形で年度給付金を受けていた。しかしこの二つの年度給付金は、名目上の金額こそ大きかったが、満額が支払われることは少なく、給付の遅延などもあり、高額にのぼる布教経費を賄うに足るものではなかった。その一端を伝えているのが、一五七九年十二月五日付、口之津発、ヴァリニャーノのイエズス会総長宛て書簡に見られる次の一節である。

当地日本のために、より安定した何らかの基金を手に入れる必要があるが、国王陛下は（別便に記すように）当地で必要とするものを下さるわけはないし、それは不可能である。……陛下は今から六年前に、日本のためにマラッカで毎年千スクード〔の支払〕を確約されたが、今に至るまで一銭も受け取っていないし、今後もそれを手にできる望みはさらに少ない[16]。

右に引用した史料から、ポルトガル国王による日本イエズス会への経済援助義務の履行が、教団から見ると「機能不全」に陥っていたことが、ヴァリニャーノの強い危機意識と共に確認することができよう。

だからこそ教団は独自の才覚でもって、ポルトガル国王給付金とローマ教皇給付金に代わる財源を捻出しなければならなくなり、それが結果として貿易活動に結びつくことになったのである。日本イエズス会は、日本の非自給物資であった生糸貿易に白羽の矢を立て、そこに活路を見出すことになった。

公認された生糸貿易

そして先述のように巡察師のヴァリニャーノは、マカオのポルトガル商人との間で「アルマサン契約」を結んでポルトガルの対日貿易用の生糸の一部を割り当ててもらい、それを日本で転売することで教団は利益をあげていた。このことをもう少し具体的に説明してみよう。

ヴァリニャーノは来日前に滞在していたマカオにおいて、一五七九年にアルマサン契約を結び、日本向け輸出生糸総量千六百ピコ（一ピコは約六十キログラム）のうち四十ピコ（これは後に五十ピコに増加された）を、日本イエズス会への割り当て分として獲得した。その割り当てられた生糸を長崎に運んで日本の商人に売却して利益を得ることになったわけである。この、いわば「公認された貿易活動」によって、日本イエズス会は、多い時には年間経費の三分の二以上を賄うことができたばかりか、その余剰金を蓄積して資産さえも拵(こしら)えることができた。またポルトガル国王も、この貿易を公認することで、日本イエズス会に対する「保護者」としての経済援助の義務を、間接的ながらも遂行することができたわけである。

　そもそも修道会士たる者が、布教活動費の捻出のためであっても商行為に手を染めることが望ましくないのは「自明の理」である。この、解の全く存在しないと思われる矛盾した方程式はどのように解かれたのであろうか。その解答が一五八二年一月十日付の、イエズス会総長クラウディオ・アクアヴィーヴァ（一五四三〜一六一五）の「指令」の中に記されている。同指令の中でアクアヴィーヴァは、次のような注目すべき発言をしている。

> そうした取引には、かの自明な原理、すなわち「隣人愛のために導入されたことは隣人愛に反してはならない」という原理が存在していることは疑いない。……教皇聖下（グレゴリウス十三世）は私に明確に仰った――余が判断するに、この生糸貿易は純粋に必要あって行われたものなので、正確に貿易と称することはできない、と。[17]

　ここで明言されていることは、イエズス会総長とローマ教皇が、在日イエズス会士による生糸貿易は、利潤追求を至上の使命とする本来の経済行為ではなく、隣人愛のために導入された一種の「慈善行為」であって、世俗世界で行われている通常の経済行為とは別次元のものである、との解釈が下されていた事実である。ここに在日イエズス会士による生糸貿易は、聖俗両界の最高指導者によって、何ら違法性のない、純粋に「隣人愛」の「必要性」から行われたものであって経済行為ではない、との「お墨付き」を得た「特殊例外」として扱われることになったのである。

「プロクラドール」の存在

在日イエズス会士による経済行為を実務担当者という観点から一瞥しておきたい。それが「プロクラドール（Procurador）」という、財務・会計担当イエズス会司祭である。

イエズス会はポルトガルの東インドにおける経済網の中で経済活動を行っており、イエズス会の経済圏は実質的にポルトガルのそれと重なっていた。プロクラドールは長崎のほかマカオ、マラッカ、ゴア、リスボン、マドリードにも配置され、「イエズス会経済圏」の中枢地で実務を取り仕切っていた。

プロクラドールの職務は多岐にわたるが、「長崎駐在プロクラドール」の場合、以下に記すような職務が課されていた。すなわち、①教団の必要物資の調達と金銭の補充、②銀の保管、③各種の帳簿や出納簿の作成、④教団資産の増大と維持、⑤貿易実務全般の管理、⑥日本人のマカオ貿易に対する斡旋と仲介、⑦生糸取引価格決定への介入、⑧金品の貸与——などである。(18)

対日貿易利潤の死守

先述したように、この生糸貿易はイエズス会総長およびローマ教皇によって「公認」された貿易活動であった。そして生糸を積んだナウ船の欠航や遭難などの突発的な出来事がない限り、かなり安定した収入を教団にもたらす大きな財源となったのである。

だが、在マニラのフランシスコ会士たちの日本進出を糸口として、同地のスペイン人商人たちも日本に入り込み、新たにマニラ航路での貿易が開始されれば、イエズス会の長崎〜マカオを航路とした生糸貿易の利潤が打撃を受けることは避けられない。ただし、日本〜マニラ間の通商は、フランシスコ会のペドロ・バウティスタらが来日した一五九三年の段階では、それほどの隆盛を見ていなかった。

ところが一五九〇年代の末から十七世紀の初頭にかけて、日本とマニラとの通商がにわかに活発化し始める。その結果、マニラに勢力基盤を置いていたフランシスコ会などもフィリピンで生糸の給付を受けて日本で売却し、さらにポルトガル船を利用してマカオで商品を入手し日本に持ち込むなど、日本イエズス会が危惧していた事態が現実化し始めることになった。

フランシスコ会の来日が日本イエズス会の対日貿易市場への侵食を意味するものであった以上、後者は前者の日本進出を食い止め、自らの日本市場における利益を守らねばならなかった。それはまた、イエズス会の後ろ盾であるポルトガルの対日貿易の利潤を防御することにも自動的に連動するものでもあった。

布教と武力征服の問題

先に検討した貿易利潤の減少とは別に、イエズス会以外の修道会の来日を阻止しなければならない非常に深刻な理由があった。それは、日本の政治権力者が有していた、カトリック修道会による日本に対する軍事力を用いた侵略への根深い嫌疑と脅威である。

キリスト教宣教師による対日武力征服への危惧が、豊臣政権時のサン・フェリペ号事件（一五九六年）と二十六聖人殉教事件（一五九七年）、江戸幕府による全国的禁教令発布（一六一三年）の大きな動機となったことは周知のところである。特にサン・フェリペ号事件では、その取り調べの過程で同船の航海長デ・オランディアという人物が、取調官の増田長盛（一五四五～一六一五）に対して、スペインが世界に領土を持っているのは、最初にキリスト教の宣教師を派遣して布教地の人びとを改宗して手なずけ、その後に兵士を送り込んで内応した信者と共にその土地を征服したからだ、と回答したことが、キリスト教勢力＝国土侵略勢力という「恐怖の方程式」が生まれて定着する大きな原因となったといえよう。

しかし、キリスト教勢力——特に修道会とその背後に控えているポルトガル、スペイン——による日本征服の問題は、公儀によるこうした反キリスト教対策が断行される二十年近くも前から、政治実権者の間において大いに懸念されていた。そのあたりの事情について、ヴァリニャーノが第一次日本巡察（一五七九～八二年）の内容をまとめた『日本諸事要録（スマリオ デ ラス コーサス デ ハポン／*Sumario de las cosas de Japón*）』の中に記しているところを訳出紹介しよう。

日本の領主たちは、我々が日本で何がしかの悪事を企てているのではないか、もし自分たちの諸領国のキリスト教化を許せば、日本で我々を維持してくださっているポルトガル国王陛下のために、我々がキリスト教徒と共に反乱を起こすのではないか、との強い疑惑をかねてより抱いている(19)。

キリスト教勢力による日本の軍事征服に対する危惧と懸念が、地方領主のレベルとはいえ、当時の政治実権者の間で「共有」されていたことが、バウティスタ一行の来日十年前に指摘されていることは、留意すべき問題点といえる。江戸幕府による全国を対象とした禁教令発布の三十年も前に、「布教と武力」の問題が「日本の領主たち」の間で認識され、ヴァリニャーノもその事実を耳にして、自著に書き留めていたことになる。しかも、この一節は同書「第九章　日本にイエズス会以外の修道会が赴くことが不適切である理由」の中で、七番目の理由として挙げられていることにも注目しなければならない。

以上の点から導き出せることは、キリスト教勢力による日本征服が疑われている折に、マニラからイエズス会以外の修道会士が大挙して来日すれば、イエズス会に向けられた「キリスト教宣教師は対日武力征服の尖兵」との嫌疑や敵意が増長拡大され、延（ひ）いては日本からのキリスト教の駆逐にもなりかねない、という懸念である。このような事態を回避するためにも日本イエズス会は、他修道会士たちの日本渡来を食い止めねばならなかったのだった。

ローマ教皇庁の対応

以上記してきた、デマルカシオンによるポルトガルの排他的航海領域の設定と日本のポルトガルのデマルカシオンへの帰属、布教保護権で結びついたイエズス会とポルトガルの強固な結びつきが背景となって、イエズス会はスペインと結びついたフランシスコ会の来日と日本布教への参入を徹底的に拒否することになり、両修道会は日本布教の権利をめぐって鋭く対立することになった。この問題は江戸時代に入り、ドミニコ会（非公式には一五八四年、公式には一六〇二年）とアウグスティノ会（一六〇二年）が日本布教に新たに参加することになって、さらに泥沼化の様相を呈することになる。

同じカトリックを奉じ、日本人の霊魂救済を共通の目標とし、足並みを揃えて福音を宣布すべきこの四修道会が、イエズス会とそれ以外の三修道会の対立と抗争という状態にあることは好ましいことではなく、一刻も早く解消されるべき問題であった。

カトリック世界を束ねる立場のローマ教皇庁としても、いたずらに手を拱（こまね）いて事態を傍観するわけにはいかなかった。そこで以下に登場する四人の教皇がこの問題の抜本的な解決に乗り出すことになったのである。

シクストゥス五世の小勅書

修道会対立問題の一要因となったのが、一五八五年に発布されたグレゴリウス十三世の小勅書「*Ex pastorali officio*」であったことは先述した。この小勅書によって日本布教への道を閉ざされたフランシスコ会は、日本イエズス会に抗議の書簡を送付すると同時に、スペイン国王やローマ教皇には、フランシスコ会を始め托鉢修道会士の日本渡航を許可する必要性を訴えるなど、積極的にグレゴリウス十三世小勅書撤廃の運動を展開した。

そしてグレゴリウス十三世が一五八五年四月に死去すると、その後を継いだ教皇シクストゥス五世（一五二〇～九〇）は翌一五八六年十一月十五日付で小勅書「*Dum ad uberes fructus*（ドゥム アド ウーベーレース フルクトゥース）」を発布した。この小勅書の要点は、①東インド諸地域での異教徒改宗は適切に遂行されねばならない、②それにはフランシスコ会士たちを東インドに受け入れ修道院等に居住させる必要がある、③よって、フランシスコ会士たちが東インド諸地域を自由に往来することは合法的な行為である――という三点である。[20]そこで在マニラのフランシスコ会士たちは、この小勅書に明記されている、東インドでのフランシスコ会修道院の建設とそこでの居住の承認、フランシスコ会士の東インドへの自由往来の合法性の承認を論拠に、グレゴリウス十三世が定めたイエズス会による日本布教独占は無効であると解釈して、日本への入国と布教活動を実行することになったのである。

しかしこのシクストゥス五世の小勅書には、グレゴリウス十三世の小勅書の効力を全面的に破棄し、フランシスコ会士による日本入国と日本での布教活動を公認する、とは明確には記されていない。シクストゥス五世が東インド各地へのフランシスコ会士の進出を合法的としているのは、マニラのフランシスコ会のサン・グレゴリオ副管区を管区に格上げし、それに伴う要件としてフランシスコ会士たちの東インド諸地域での定住は不可避である、と判断してのことにすぎなかった。

フランシスコ会士たちは、日本進出と日本での布教活動を合法的かつ正当なものであるとするために、この小勅書の規定内容を「拡大解釈」したわけである。従来、この点を捨象して、シクストゥス五世小勅書がグレゴリウス十三世小勅書の効力を全廃させたがゆえに、フランシスコ会士の日本進出と布教が可能となったかのように理解されてきた。しかし実際はそうではなかったため、日本布教と航海領域をめぐる問題の解決は振り出しに戻らざるを得なかったのである。

クレメンス八世の小勅書

教皇クレメンス八世（一五三六～一六〇五）は一六〇〇年十二月十二日付で小勅書「*Onerosa pastoralis*（オネローサ パストーラーリス）」を発布した。この勅書においてクレメンス八世は、修道会所属の宣教師たちは中国や日本へはポルトガルからゴアを経由して赴くこと、西インドおよびフィリピン経由での日本入国と布教は禁止する旨を命じた。(21) クレメンス八世は「東インド」経由という条件付きでの日本入国を認めることで、実質的にグレゴリウス十三世小勅書の規定内容の有効性を確認し、イエズス会の日本布教の権利を認めたものといえる。ここにおいても、ポルトガルの排他的航海領域という海の攻防が尾を引いているわけである。

航路制限を解消した二つの教皇勅書

日本布教に関する制限の完全撤廃を熱望する、スペインと結ぶフランシスコ会等の托鉢修道会（フランシスコ会、ドミニコ会、アウグスティノ会、カルメル会の総称）の願いは、一六〇八年六月十一日付、教皇パウルス五世（一五五二〜一六二一）の小勅書「*Sedis Apostolicae*（セーディス アポストリカエ）」によって実現の運びとなる。この小勅書はグレゴリウス十三世、クレメンス八世の両小勅書の規定内容を否とし、日本までの渡航経由の条件や制限を撤廃して、托鉢修道会が日本に渡って布教を行うことを認可したものである[22]。その意味でパウルス五世の小勅書が、日本布教を軸に展開されたイエズス会と托鉢修道会の確執と抗争に与えた意義には極めて大きいものがある。

そして一六三三年二月二十二日付、教皇ウルバヌス八世（一五六八〜一六四四）の大勅書「*Ex debito pastoralis officii*（エクス デービトー パストーラーリス オッフィキイー）」の発布をもって、全カトリック修道会の宣教師たちに対して、いかなる経由であっても日本に赴くことが保障された[23]。ここに、日本までの航海と日本布教への参入に関する正当性と権利を対立軸としたイエズス会と托鉢修道会との権利闘争は、いちおう法上の解決を見ることとなったのである。

布教聖省の設立

右に取り上げた四教皇の勅書は、日本に至る航路経由を解決の重要条件として設定している。既に指摘したことではあるが、ポルトガル支配域の経由を不可欠の条件とすると、実質的にスペイン人とフランシスコ会士の日本航海は不可能なものとならざるを得ない。つまりこの場合の日本をめぐる海の攻防は、ポルトガル側の勝利となる状況が生み出されることになる。しかしパウルス五世とウルバヌス八世の両勅書に見られるように、日本までの航路の経由を不問にすると、スペイン勢力と托鉢修道会の日本航海は問題なく可能となる。この場合は逆に、スペイン側の勝利となるわけである。

ローマ教皇庁をも巻き込んだ海の攻防は、カトリックの海外布教が世俗の国家権力と一体となって展開された点に、大きな原因の一端があった。いわば異なる次元にあるべき「聖」なる存在と「俗」なる存在とが布教という舞台で共演したがために、ポルトガルとスペインとの国家競合の図式がそのまま修道会に持ち込まれることになった。そのため教皇庁は、日本布教をめぐる修道会の対立から、国家権力が海外布教に介入することによる弊害を問題視せざるを得なくなった。こうした歪(いびつ)な海外布教の在り方と現状を打開するため、一六二二年にフランチェスコ・インゴリ(一五七八〜一六四九。イタリアのラヴェンナ出身のカトリック司祭)が「布教聖省」を設立し、教皇庁が海外布教を直接的に統轄することになった。

第三章　海の攻防その三：海洋自由論と海洋閉鎖論

海は占有できるのか

ここまでの要点をまとめると、十五世紀にポルトガル、スペインそしてローマ教皇の三者間協議によって、地球に存在するすべての島、大陸、人々をポルトガルかスペインいずれかの領有と支配の対象とすることが取り決められた。さらにその取り決めは、この両国間で締結されたトルデシーリャス条約によって強化され、地球を縦半分に割り、その半々をポルトガルとスペインの征服と支配、キリスト教布教の対象地とした。これがデマルカシオンであり、日本はポルトガルのデマルカシオンの中に組み込まれたのだった。

このデマルカシオンの取り決めの重要な論点は、地球上の全ての島、大陸、人々がポルトガルとスペインによる征服の対象とされてしまったことだが、それに加えてもう一つ重要な論点があった。それは、この両国が自国のデマルカシオン領域に至るまでの海に排他的航海領域を設定したこと、つまり海自体をも自国の独占的な支配の対象と規定したことである。

自然法の考え方に基づけば、自然の産物である海は「所有」や「占有」の対象にはならず、海における人々の自由な航海は保障されることになる。その海が特定の国家の支配と独占の対象になり得るのかということが、時代の伸展と国際法概念の発達、ポルトガルやスペインに代わる新たな強国の誕生、国際貿易の地球規模にわたる展開と発達によって、大きな問題となってきたのだった。

オランダの海外進出への機運

特にオランダ連合東インド会社を組織し、ポルトガル支配下のアジア海域への進出を強く志向して行動に移していたオランダにとって、ポルトガルの排他的航海領域が設定されていたインド大陸以東の諸地域、すなわち日本、香料諸島（モルッカ諸島）へ赴いて貿易活動を有利に行うには、海が特定の国家の独占物とはなり得ず、自然法に基づき広く万民が共有すべき存在であることを、法理論に則して精緻に証明することが求められた。

そもそもの事の発端は、ネーデルラント十七州（現在のオランダ、ベルギー、ルクセンブルク、フランス北部の一部およびドイツの一部地域を含んだ領域に相当）のスペインからの独立戦争の過程でオランダの国土が荒廃した結果、ヨーロッパ域内での遠隔地商業が著しく困難となったことである。加えて宗主国だったスペインのフェリペ二世（一五二七〜九八）が、オランダ商人にリスボンでの取引を禁止したことも、オランダにとっては大きな痛手だった。

こうした閉塞状況から脱却し、経済力をつけて国力を伸ばすには海外へ進出するしかなく、そのためには国民的結束を強化すること以外にも、ポルトガルとスペイン両国の商業網を分断することが不可欠となったのである。そしてこの海外進出の中核的存在となったのは、後述するように、オランダ北部七州の諸都市の商人たちだった。

アントワープとオランダの海外進出

海外進出事業を計画的に組織し戦略的に実施していくには資本の集積、軍事力の集中、航海貿易の情報や優秀な人材の確保など、様々なノウハウが必要となる。その立役者となったのが、南部十州の都市アントワープ在住の商人や手工業者だった。

アントワープは商業都市として繁栄していたこともあって、ハンザ同盟（北海、バルト海の沿岸都市同盟）の在外商館が置かれていた。またアントワープはフランドル地方の毛織物の積出港としてだけではなく、毛織物の原料である羊毛をイギリスから輸入する貿易港としても栄えた。十六世紀になるとイギリスからの毛織物製品の輸入が急増し、大航海時代に入るとリスボン経由のアジア産香辛料や新大陸からの銀などが集積され、リスボンと共にヨーロッパ域内最大の貿易港として繁栄することになった。

しかしアントワープは一五七六年、スペイン軍によって略奪されて衰退を余儀なくされ、一五八五年にはスペイン軍に落ち、スペイン傭兵の略奪で破壊し尽された。そこでアントワープ在住の富裕な商人や新教徒の手工業者らは大挙してオランダ北部各地に移住を開始することになった。この時に彼らが蓄積していた資本、遠隔地貿易や遠洋航海に関する知識と経験、さらには人的コネクションなどがオランダ北部に流入し、北部七州諸都市の商人たちがそれらの資本やノウハウ、人脈を継承できた結果、オランダの海外進出の牽引車として活躍することになったのである。

オランダの東インド海域への進出

オランダによる東インド海域への進出と貿易活動は、一五九〇年代になってから本格的に始まった。オランダ人の航海事業は当初、北進政策を採って行われた。具体的にはノルウェー沿岸を北上し、そこから北極海を経由してユーラシア大陸の北辺に沿って航行して、アジア最大の富める国として彼らに認識されていた中国を目指したのだが、極寒と流氷などに阻まれてあえなく失敗におわった。

そんな中、航路を東インドに採ることを運命づける出来事が起こった。それはオランダ人のヤン・ホイフェン・ヴァン・リンスホーテン（一五六三?～一六一一）がインド勤務を終えて帰国し、ポルトガルの全航海領域に関する地誌と航路誌を出版したことだった。それこそが有名な『東方案内記』の刊行（一五九六年）だった。

『東方案内記』はオランダから東インド海域に至る航海に不可欠の情報を提供しており、それまでポルトガル人が独占していた東インド海域の情報が本書を通じ、広くオランダの政府関係者や貿易商人に知られることになった。これが大きな契機となって、当初の北進政策から南進政策へ方針を転換し、ポルトガルに代わって対日貿易を行い、また東南アジアの香辛料を独占する道が開けたのだった。

東インド海域へ進出して貿易活動を展開し、ポルトガルではない「新しい」貿易の担い手として君臨するためにも、海の占有を否定して航海の自由を主張し、それを実現させねばならなくなった。

「海洋自由論」とは

「海洋自由論（mare liberum）」とは、「万民法（jus gentium）」の示す法理論に基づき、海洋はいかなる国家の独占的支配下にも置かれず、何人も海洋における航海、通商の自由を享受できるという法理論のことである。この理論はその後、近代的な海洋法秩序の形成を促進することになり、現代の公海制度の中には、海洋自由論で論じられた法理論に起源を持つものも存在する。

ポルトガルとスペインが、ローマ教皇勅書と両国間で締結した条約を盾に、異教世界の大陸や島ばかりか海までも領有した経緯とその問題点については既に説明した通りである。この両国による「海洋」の領有という行為を法理論によって否定するのが海洋自由論なのだが、この海洋自由論が問題とする論点は二つある。

一つは、繰り返しになるが、海洋という自然の産物を特定の一国が自国の領有とすることが可能なのか否か、であり、もう一つは、ローマ教皇には大陸や海洋を特定の国に贈与する権限があるのか否か、というものである。

この厄介な問題に明確な解答を与えたのが、オランダの生んだ天才法学者であり、近代国際法の父の異名をもつフーゴ・グロティウス（一五八三～一六四五）である。

グロティウスは一六〇九年に有名な『海洋自由論（*Mare Liberum*）』を刊行した。この中で彼は、フランシスコ・デ・ビトリア（一四八三／八五もしくは九二?～一五四六）、アルベリクス・ゲンティリス（一五五二～一六〇八）といった、彼以前に海洋の自由を説いた先学の学説を参照し、全ての人は自由に東インドとの通商に参加する権利を有すること、海洋と航海に関する権利および東インドとの通商は、教皇の贈与によってもポルトガル人の独占にはならないということを論証し、オランダの東インド海域への進出はなにものによっても、またいかなる権威によっても阻止され得ないとしたのである。

教皇権威の否定

ここでグロティウスがローマ教皇の「贈与(donatio)」を問題としているのは、やはりポルトガルとスペインによる東インドおよび西インド世界それぞれの海洋と大陸、島の占有が、たとえ両国間の条約の規定によって定められていても、最終的にはローマ教皇がそれを認可するという慣行があったからである。

まず教皇による贈与の事例については、第一章で紹介した一四五五年一月八日付で、教皇ニコラウス五世がポルトガル国王アッフォンソ五世(一四三二～八一)に与えた大勅書「*Romanus pontifex*」である。そこにはボジャドール岬(西サハラ)とナン岬(モロッコ南部の大西洋岸に面する岬)より先の領域で既に発見し、また今後掌中のものとなる地域や島、陸や海の領有を「永久にドン・アッフォンソ国王とその継承者であるすべてのポルトガル国王、および[ドン・エンリケ王子]に対して許す」[24]との一文が明記されており、事実上、勅書で言及されている地域や島、海などが教皇によってアッフォンソ五世とその後継国王たちに「贈与」されたのだった。

ポルトガルとスペイン両国間での条約の事例では、これも第一章で取り上げたアルカソヴァス条約がある。この条約は一四七九年九月四日付で結ばれたもので、カナリア諸島をスペイン国王の領有とし、カナリア諸島以南の既発見の島嶼や陸地、およびその方面で将来発見される地をポルトガル領とすることを定めたものである。そしてローマ教皇シクストゥス四世(一四一四～八四)は、一四八一年六月二十一日付けの大勅書「*Aeterni regis*」を発布しアルカソヴァス条約を承認している[25]。またトルデシーリャス条約（一四九四年締結）についても、ローマ教皇ユリウス二世（一四四三〜一五一三）は一五〇六年一月二十四日付の大勅書「*Ea quae pro bono*（エア クアエ プロー ボーノー）」を発布して承認している。(26)

グロティウスは『海洋自由論』の中でローマ教皇による贈与を全否定し、万民法の説く海洋の非占有性と公開性を主張した。グロティウスが生きそして活躍した時代のヨーロッパでは宗教改革によるカトリック的価値観が見直され、民族国家が誕生するなど大きな変革期にあった。そのような時代にグロティウスにより、かつては至上の崇高性と絶対性を有していた教皇勅書の効力が否定されたことは、中世以来の教皇権威そのものが著しく後退し、それに代わって法理論が普遍的な規律あるいは規範として、国際社会や国家間の問題解決の有効な手段として大きな役割を担わされるようになったことを意味しているといえよう。

「海洋閉鎖論」

グロティウスの『海洋自由論』で海の法的自由が主張される一方で、こうした考えに強固に反対する動きもでてきた。それが「海洋閉鎖論（mare clausum（マーレ クラウスム））」である。

海洋閉鎖論の最大論点は、特定の国家が海洋を領有することは可能である、ということに尽きるといってよい。この海洋領有の思想は、大航海時代におけるポルトガルとスペインのそれが初めての事例ではない。それ以前にヴェネツィア人はアドリア海に、ジェノヴァ人はリグリア海に対する支配権を主張している。また北海を見ると、イングランドやノルウェーが同じように支配権を主張している。(27)

こうした海洋の領有を「可」とする主張は中世の法学者も行っている。たとえば十二世紀の法学者プラケンティヌス（一一二〇頃〜九二）は海洋に対する国家の管轄権を認め、また十四世紀のバルドゥス・デリ・ウバルディ（一三二七〜一四〇〇）の場合、海洋は私的所有の対象になり得る、と述べている。[28]

こうした中世以来の海洋に対する領有権論の史的伝統ゆえに、グロティウスに代表される海洋自由論は否定されるべき法理論であると認識されたのだった。海洋閉鎖論の主張者たちは、自然法や長期の慣行によって海洋は法的に、また物理的にも領有が可能であるという理屈を根拠に、海洋は国家の管轄下に置くことが可能であり、その管轄を行う国家以外の国々に対して海洋は閉鎖され、そこへの航海や通商は認められないという理論を構築して、海洋自由論者の主張に反対の論陣を張ったのである。特に、当時急激に勢力を伸ばしてきたイギリスからの声が大きかった。

たとえばウィリアム・ウェルウッド（一五七八〜一六二二）は一六一三年に『海洋法要綱（*An Abridgement of All Sea Lawes*）』を、一六一五年に『海洋領有論（*De dominio maris*）』を出版し、イギリス海域における漁業権擁護のために排他的な海洋所有権を主張して、グロティウスの『海洋自由論』に対する最初の論駁を行った。ジョン・セルデン（一五八四〜一六五四）は一六三五年に刊行した『海洋閉鎖論（*Mare clausum*）』の中で、海洋は自然法および万民法によっても特定の国家の占有対象となり得ること、またイギリスは非常に古い時代から十七世紀に至るまで近海の領有権を主張してきたし、諸国もイギリスのその領有権を認めてきた、と主張している。[29]

本稿の主要な対象であるイエズス会とポルトガルとの関係では、ポルトガル人の神学者セラフィン・デ・フレイタス（一五七〇頃〜一六三三）の著作が圧倒的な存在感を放っている点で注目される。彼は一六二五年、海洋自由論に対するポルトガル側からの唯一の反論書といわれる『アジアにおけるポルトガル人の正統な支配について（*De Justo Imperio Lusitanorum Asiatico*）』を刊行した。

同書においてフレイタスは、数々の神学書や教皇勅書を縦横無尽に引用しつつ、ポルトガル人は皇帝と国王に優位する教皇からの贈与によって、東インドの大陸・島・海を占有できる、ということを強固に主張し、「東インドにおけるポルトガルの権益を擁護する論調を体系的に展開した[30]」のだった。その際にフレイタスが「その正統性の因ってきたる淵源として、とくにローマ教皇の贈与を強調[31]」し、「旧来のイベリア両国による異教世界二分割領有論を墨守[32]」しているに点にこそ、当時の時代の趨勢（すうせい）に抗った本書の特異性が求められる。

「当時の時代に抗する」とは何を意味しているのか。先述したように、本書が出た頃のポルトガルは国力が衰退し、教皇もかつてのような支配的権威を失い、主権国家の黎明期にあった西欧世界は国家間の紛争解決のために一つの国際的規範、すなわち「国際法」の確立に向けて動き出していた。そうした時代の新しい求めに対する答えがグロティウスの『戦争と平和の法について（*De jure belli ac pacis*）』（一六二五年刊）であった。このような時代の趨勢の中にあって、いたずらに古い権威にしがみつき、ポルトガルの海上帝国の復興とその実現をひたすらに希求し、今や当時の国際環境や法理論には太刀打ちできない理論を駆使し、ポルトガルの海洋支配の絶対性を頑なに主張して譲らなかったこと――それこそが「時代に抗する」フレイタスの頑迷固陋な姿勢であり、彼の論著だったのである。

おわりに

海の攻防が統一政権に与えた影響

日本と海の攻防の歴史というと、本稿の「はじめに」で言及したように、壇ノ浦の戦いや元寇、あるいは村上水軍や松浦党、さらに日本海海戦などが一般的に想起されることが多いであろう。しかし本稿で取り上げたような視点からも、日本をめぐる海の攻防の歴史を学ぶことができるのである。

海の支配をめぐってヨーロッパの聖俗複数の勢力が鎬を削り合い、その時代の日本にも大きな影響を及ぼした。その端的な例として、日本をめぐるイベリア勢力とカトリック勢力の動向が、宣教師追放令や二十六聖人殉教事件に始まり、江戸幕府の禁教令の発布、そして鎖国へと至る一連の対外政策を挙げることができよう。それらの政策を立案し実行させることになったのが、本稿第二章でも取り上げたカトリック勢力による対日武力征服という、日本をめぐる修道会間抗争に対する日本の統一政権が抱いた深刻な「危機感」であった。

パシオのイエズス会総長宛て書簡

まず前者についてだが、ここでは豊臣秀吉の宣教師追放令発布の原因に関する、イタリア人イエズス会士フランチェスコ・パシオ（一五五四頃〜一六一二）の書簡の一節を訳出紹介しよう。パシオは宣教師追放令が発布されて数か月後の一五八七年十月四日付、平戸の壱部（いちぶ）から在ローマのイエズス会総長に宛てた書簡の中で、

　秀吉の考えでは、我々イエズス会士は日本を征服して支配するために、日本に身を置いている、とのことである。[33]

と記している。在日イエズス会士による日本征服と支配を恐れたがゆえに、秀吉が追放令を発布した、という見方をパシオはしているわけである。

ファビアンの『破提宇子』

次に後者の例でいうと、日本人イエズス会修道士として将来を嘱望（しょくぼう）されながらも棄教して教団を去り、その後を江戸幕府のキリスト教政策に加担して生涯を送ったファビアン不干斎（ふかんさい）（一五六五〜一六二一）の場合である。彼は一六二〇年に幕府に献上した、キリスト教を論駁し、修道会の実態を洗いざらい告発した『破提宇子（はだいうす）』という排耶書（はいやしょ）の中で、

　サテ慢心（マンシン）ハ諸悪ノ根源、謙（ヘリクダル）ハ諸善ノ礎（イシヅエ）ナレバ、謙ルヲ本（ホン）トセヨト人ニハ勤（スヽ）ムレドモ、性得（シヤウトク）ノ国ノ習（ナラ）ヒカ、彼等ガ高慢ニハ天魔モ及ブベカラズ。此ノ高慢故ニ、他ノ門派ノ伴天連ト威勢争ヒニ

テ喧嘩口論ニ及ブコト、世俗モソコノケニテ見苦シキ事、御推量ノ外と思召セ。[34]
と書き残し、修道会間の対立抗争の実態を引き合いに出して、修道会司祭の日頃の言動が不一致であることを痛烈に皮肉っている。

そのうえ、カトリック教団とイベリア国家との不可分の関係は、商教分離を唱え自らを徳川将軍の「歴代の御被官」と位置づけた、新興勢力オランダによって巧みに政治利用されて、幕府による全国的禁教令の発布（一六一三年）を誘引することになった。そしてカトリック国のポルトガルとスペインに代わって、プロテスタント国のオランダが幕府の信頼を獲得することに成功し、鎖国下日本において日本との通商を唯一公認されるに至ったのである。

秀吉による「海の平和令」：海賊停止令

織豊政権期以降の日本の歴史を通観すると、本稿第一章で取り上げたような、世界を分割して排他的航海領域を設定し、海洋を領有するというような「海の支配」政策は見られない。しかしこれとは違った目的と形で海、それも日本近海に対する公儀の支配権を宣明したのが豊臣秀吉である。

秀吉は信長亡き後、その実質的な後継者として日本の政治的統一を進めたが、その過程でいくつもの重要な施策を立案実施している。それは最終的に「秀吉による平和」を日本全国津々浦々にまで浸透させて確立し、自らが公儀として日本の「主宰者」となるためであった。そして秀吉の平和は日本の国土にとどまらず、その周辺海域にも布かれることになった。そのために打ち出されたのが「海賊停止令（ちょうじ）」である。

海賊停止令は一五八八年に発令された、海賊衆に対する全三条の定（さだめ）で、瀬戸内海などに跋扈（ばっこ）していた海賊衆に対して、海賊行為をしない旨の連判の誓紙を出させ、海民の武装解除を目的とした「海の平和」政策のことである。秀吉の発布した海賊停止令は、①豊臣政権体制下の大名となる、②特定の大名の家臣となる、③武装を放棄して百姓となる――のいずれかの選択を海賊衆に迫るもので、兵農分離政策を海の平和令を布くことで補完するものだといえよう。

家康の「海の平和令」

開幕直後の徳川家康が抱えた課題の一つは荒廃した国内経済の基盤を復興させ、統一権力の財政基盤を確立することだった。これは国内市場の機能が不十分な状態にあったため、必然的に外国貿易による諸商品の入手が重要な経済政策となることを意味していた。特に中国産の生糸は支配階級の必需品だったので市場では大きな需要があり、全国的に流通し得る商品、すなわち貨幣的富の基礎となる物資であった。したがって中国産生糸の流通の掌握は、家康政権の経済政策の重要課題であり、ここに善隣友好の和親外交が不可避となったのだった。

この課題を解決するため家康は、交易権の掌握と、異国・異域との交易関係の定着をはからねばならなかった。そこで幕府は機会均等主義を採用し、来航する外国船の安全と平和な通商交易を公儀の権威において保障することになったのである。

このことを端的に示す史料が残されている。以心崇伝（一五六九〜一六三三）が控えとして『異国日記』（江戸幕府と諸外国との往復書簡やその発給所務についての記事をまとめたもの）に書き留めた、一六〇九年七月付でオランダ人に下付された日本への渡航免許の朱印状である。そこには、

おらんた船、日本へ渡海の時、何れの津え着岸せしむると雖も、異儀あるべからず候、向後此の旨を守り、往来せらるべく、聊かも疎意あるまじく候也、仍って件の如し。(35)

とあるように、オランダ商船には、日本全国いずれの港（津）においても来港の安全と自由な取引を保障する、と明確に記されている。つまり貿易のために日本に来航する外国商船に対する「海の平和令」が家康によって発布・施行されたわけである。

したがって、日本での外国商船の安全を将軍として高らかに謳った家康にとって、日本近海での商船に対する拿捕や攻撃は、見逃すことのできない行為ということになる。なぜなら日本近海で海賊行為が多発することは、将軍が海の平和を守ることができないでいることを意味するものであって、このような状態が続くならば、内外における将軍の権威が大きく失墜してしまうからである。

鎖国下日本の海の攻防

一六三九年、幕府はポルトガル船の来航を禁じ、ここに鎖国体制が整うことになった。鎖国下の日本は海外からの商船などが日本に入港することはもちろん、日本近海に出没することすら厳禁した。「祖法」である鎖国体制を維持し、併せて日本への再進出を狙う外国船を排除すべく、幕府は一八二

五年に「無二念打払令」（異国船打払令）を発布施行した。これは理由や目的がどうあれ、日本沿岸に接近する「異国船」を確認したら、ためらうことなく撃退することを定めたものである。

つまり幕府は「鎖国体制―外国船の接近厳禁―打払令」のラインを引くことで、日本近海を排他的航海領域としたのである。本稿で紹介した、ローマ教皇らによるデマルカシオンに伴う排他的航海領域の設定とはその目的性質は異なるが、デマルカシオンから四百年近く後に日本は日本流の排他的航海領域を設け、外に向けての「海の攻防」を開始したのだった。

その煽りを食らったのが、一八三七年に来航したアメリカ商船モリソン号であった。日本人漂流者七名の返還と貿易交渉のために浦賀に来航したモリソン号だが、砲撃を受けて退去、その後に寄港した薩摩の山川でも砲撃を受け、モリソン号はマカオに引き下がらざるを得なかった。こうした幕府の措置を渡辺崋山（一七九三～一八四一）と高野長英（一八〇四～五〇）が厳しく批判して幕府の逆鱗にふれ、一八三九年に蛮社の獄が起こったことは詳述するまでもない。

しかし日本が鎖国体制を墨守している間に、世界では産業革命の嵐が吹き荒れ、蒸気機関が発明されて技術力や工業力、軍事力や産業力が飛躍的に発達し、それが帝国主義に連なる事態をもたらすことになった。またヨーロッパでは主権国家の誕生を迎え、国際間の協調が成熟した外交関係を要求することになった。

このような国際環境のもとで欧米の列強各国が、太平洋での捕鯨の際の薪、飲料水、食糧の補給地として日本に着目したこと、カトリック側もローマ教皇庁を中心に日本再布教の計画を練っていたこと、また日本との通商再開の欲求も強く再燃したこと等を背景に、十九世紀になると本格的に日本への進出を実行し始めた。それは当時の日本にとっては現実的な「脅威」となるほどの「武力」をちらつかせて行われもした。

日本を取り巻く「国際」環境、そして日本を取り巻く「海」の環境が、鎖国完成時のそれとは大きく様変わりした以上、幕府も旧来の「無二念打払令」にいつまでもしがみつき、墨守することはできなくなった。それが一八四二年に発令された「薪水給与令(しんすいきゅうよれい)」だったのである。こうして鎖国体制の確立以来、「祖法」を論拠に維持してきた外国船排除のために設定した、日本型の排他的航海領域は崩れ、日米和親条約（一八五四年）による開国を迎えざるを得なくなったのだった。

〈注〉

（1）林子平『海国兵談』（笹山晴生・五味文彦・吉田伸之・鳥海靖編『再訂版　詳説日本史史料集』山川出版社、二〇一三年、二二四頁。（引用史料中のルビは本書に付せられているものである）

（2）高瀬弘一郎『キリシタン時代の研究』岩波書店、一九七七年、八頁。

（3）ローマ教皇勅書には、その勅書のための名称が考案されることはない。勅書本文の最初の数語を抽出し、それを勅書の通称とすることが慣例となっているからである。本文で紹介した二通の教皇勅書の場合、ニコラウス五世の勅書では「Romanusu pontifex」という二語が、カリストゥス三世の勅書では「Inter caetera」という二つの語句から始まっていて、それが両勅書の通称になっていることを意味している。

（4）Archivum Romanum Societatis Iesu, Jap. Sin. 7-I, f. 306.

（5）Archivum Romanum Societatis Iesu, Jap. Sin. 8-I, f. 36v.

（6）Leo Magnino, *Pontifica Nipponica*, parte prima, Romae 1947, pp. 17–8, 19.

（7）L. Magnino, *Pontifica Nipponica*, p. 26.

（8）L. Magnino, *Pontifica Nipponica*, p. 26.

（9）L. Magnino, *Pontifica Nipponica*, p. 26.

（10）L. Magnino, *Pontifica Nipponica*, p. 26.

（11）高瀬弘一郎『モンスーン文書と日本』八木書店、二〇〇六年、四〇頁。

（12）Archivum Romanum Societatis Iesu, Jap. Sin. 8-I, f. 51v. ちなみに引用史料中の「インド」という語はポルトガル領東インドのことを指している。なお訳文中の〔　〕内の語句は高橋が補ったものである。

（13）Archivum Romanum Societatis Iesu, Jap. Sin. 2, ff. 44–5v.

（14）Archivum Romanum Societatis Iesu, Jap. Sin. 2, f. 70v.

（15）*Regimiento e Instruição do que há-de fazer o Padre Nuno Rodriguez que agora vay por Procurador a Roma*, Archivum Romanum Societatis Iesu, Jap. Sin. 22, f. 54v.

（16）Archivum Romanum Societatis Iesu, Jap. Sin. 8-I, f. 241.

（17）De[otra]orden de Nuestro Padre General Claudio Aquaviva para el mismo Padre Visitador, de diez de Hebrero de[15]82, Jap. Sin. 3, f. 3.

（18）高瀬弘一郎、前掲『キリシタン時代の研究』五二二～五三六頁。

（19）Alessandro Valignano, *Sumario de las Cosas de Japón*（1583）, editado por José Luìs Alvarez-Taladriz, Tokyo, 1954, p. 147.

（20）L. Magnino, *Pontifica Nipponica*, p. 37.

（21）L. Magnino, *Pontifica Nipponica*, pp. 62–67.

（22）L. Magnino, *Pontifica Nipponica*, pp. 68–71.

(23) L. Magnino, *Pontifica Nipponica*, pp. 159-64.
(24) 高瀬弘一郎『キリシタン時代の文化と諸相』八木書店、二〇〇一年、五五〇頁。
(25) 高瀬弘一郎、同右書、五五〇頁。
(26) 高瀬弘一郎、同右書、五五一頁。
(27) 高瀬弘一郎、同右書、五四九頁。
(28) 高瀬弘一郎、同右書、五四九頁。
(29) 水上千之「海洋自由の形成(一)」『広島法学』第二八巻一号、十二〜十四頁。
(30) 高瀬弘一郎、前掲『キリシタン時代の文化と貿易』五五六頁。
(31) 高瀬弘一郎、同右書、五七二頁。
(32) 高瀬弘一郎、同右書、五四八頁。
(33) Archivum Romanum Societatis Iesu, Jap. Sin. 10-II, f. 275.
(34) ファビアン不干斎『破提宇子』海老沢有道、H・チースリク、土井忠生、大塚光信校注『日本思想体系25 キリシタン書・排耶書』岩波書店、一九七〇年、四四三頁。(引用史料中のルビは本書に付せられているものである)
(35) 大久保利謙、児玉幸多、箭内健次、井上光貞編『史料による日本の歩み 近世編』吉川弘文館、一九七三年、一一二頁。(なお原文は漢文体で書かれているが、読み易さを考えて高橋が読み下し文に書き換え、一部の語句にルビを付した)

「海でつながる」アイヌと和人

――金成マツ筆録アイヌ口承文学の和人関係モティーフについて――

坂田美奈子

はじめに

明治期に北海道が公式の日本領に編入される前、現在の北海道島は蝦夷地と呼ばれていた。蝦夷は異民族の意味であり、具体的にはアイヌを指していた。日本近世の時代を通じて、和人（文化・民族的に日本本土にルーツを持つ人々）とアイヌは交易関係にあり、海を交通路として行き来していた。この時代の、アイヌと和人の交流については、歴史学研究をとおしてある程度知ることができる。しかし、それは和人の記録に基づいて再構成されたものだ、という限界もある。一方、アイヌがアイヌ語で語り継いできた口承文学には、アイヌと和人が海を媒介に交流していた時代の両者関係がしばしば語られる。

アイヌ口承文学の一般的なイメージは、神々とアイヌの関係を語る神謡や、半神半人の英雄たちが繰り広げる奇想天外な物語を語る長大な英雄叙事詩、アイヌの伝統的な生活や教訓を語る散文説話といったものではないだろうか。神々とアイヌの物語というアイヌ口承文学のイメージは決して間違いではないが、アイヌと和人の関係を語るモティーフや物語も一定数存在する。

この事実は、研究者の間では長い間認識されていたものの、和人関係モティーフは、どちらかというと周縁的な要素と位置づけられてきたようにみえる。しかし、それがアイヌ口承文学において本当に周縁的といえるかどうか、実は、特に検証されてきたわけでもない。このような認識は学術的慣行のなかで形成・維持されてきたものかもしれない。そして、そのような認識のために、和人関係モティーフはアイヌ口承文学に遍在し、繰り返し現れるにも関わらず、捨象され続けてきたのかもしれない。

本稿の目的は、金成（かんなり）マツ（一八七五～一九六一年。北海道登別市出身）というアイヌ女性が、彼女の甥でありアイヌ語学者でもあった知里真志保（ちりましほ）（一九〇九～一九六一年。北海道登別市出身）のために筆録したアイヌ口承文学をとおして、アイヌ口承文学における和人関係モティーフの位置づけを再考し、和人表象の分析から、和人を含む他者との関係をアイヌ口承文学がどのように考えてきたのかを考察することにある。

真志保宛の金成マツ筆録ノート（以下、真志保宛ノート）は「知里真志保遺稿ノート」と呼ばれる資料群に含まれ、オリジナルは北海道立文学館が所蔵している。

このノートには百五十六の物語が含まれているが、真志保が生前、翻訳・出版したのは約五十話で、全体の約三分の一に過ぎない。一九九〇年代末以来、少しずつ翻訳が進められているが、半数近くが現在なお、翻訳も出版もされていない(1)。また百五十六話のうち、約二割に和人関係のモティーフが含まれている。この数字は、アイヌ口承文学は主にアイヌや神々の物語である、という一般的イメージを裏付けると同時に、和人関係モティーフがそれなりの比重を持っているということを示している。この事実から、我々のアイヌ口承文学についてのイメージは、厳密にいえば「他言語に翻訳されたアイヌ口承文学」のイメージに過ぎないのではないか、という問いが生まれる。

思えば、我々がアイヌ口承文学にたどりつくためには、複数のフィルターを通過しなければならない。まずは記録されたか否かに関わるフィルターがある。伝承者と採録者の関係において、伝承者が語る物語と語らない物語がある。伝承者自身が記録する場合には伝承者自身の選択というフィルターがあるかもしれない。

ふたつめは、言語のフィルターである。アイヌ口承文学はアイヌ語で語られ記録されているため、現代アイヌを含め多くの人々は、日本語かその他の言語に翻訳され、かつ活字化されない限り、内容を知ることは難しい。記録された物語の全てが翻訳・活字化されるとは限らないので、媒介者としての研究者・翻訳者の選択というフィルターを通過することになる。

我々のアイヌ口承文学のイメージは、このようなプロセスを経て決定される。アイヌ口承文学のイメージが画一的であるとすれば、もしかしたらそれは我々が我々の画一的なアイヌ文化イメージを再帰的に消費し続けているためなのかもしれない。

以下では、真志保究ノートにおける和人関係モティーフの物語を紹介しながら、そこにある和人関係認識を読み解いていくが、そこから導かれた結果はあくまで「金成マツ伝承のアイヌ口承文学」の特徴と位置づけたい。それが、他地域の、他の伝承者の伝承にもあてはまるかどうかについては、あらためて分析を行う必要がある。

第一章　口頭伝承の筆録者・金成マツ

書き残した膨大な記録

金成マツは一八七五年、北海道胆振国幌別郡幌別村（現・北海道登別市）に、父・金成ハエリレ、母モナシノウクの長女として生まれた。マツというのは和名で、アイヌ名はイメカヌである。モナシノウクの実家は幌別の「総本家」で、モナシノウクの兄パウンデは雄弁家として知られ、モナシノウク自身も優れたアイヌ口頭伝承の伝承者であった。マツが筆録した物語の多くはモナシノウクから継承したものである。

一八九一年、十五歳のとき、マツは腰骨を折る大ケガをし、これが原因で足が不自由になる。同年、イギリス聖公会の宣教師として幌別で活動していたチャールズ・ネトルシップに伴われて函館に行き、一八九二年、聖公会が開校した函館アイヌ学校に妹ナミとともに入学する。(2) ここで、マツはアイヌ語のローマ字筆記を修得したと、自身で述べている。(3)

なお、マツの出身地である幌別は、函館アイヌ学校に先駆けてアイヌのための学校が建てられ、ローマ字によるアイヌ語の読み書きが教えられていたことが知られている。一八八七年ごろ、金成マツの従兄で札幌の師範学校を卒業し、クリスチャンでもあった金成太郎（一八六七〜九七）がアイヌのための学校建設を進めており、紆余曲折を経て、一八八八年に聖公会宣教師のジョン・バチェラーによる「愛隣学校」として正式に開校する。この学校ではアイヌの助手・盤木良武太（洗礼名ペテロス）がアイヌの子どもたちにローマ字による読み書きを教えていた(4)。

一八九三年、十八歳のときマツはナミと共に洗礼を受け(5)、マリアという洗礼名を授けられた。そして一八九八年以降、アイヌへのキリスト教の布教に従事するようになる。最初の勤務地は平取、一九〇九年三月には旭川に赴任した。母のモナシノウクは体の不自由なマツの世話をするため、平取時代からマツと生活していた。

同年秋、マツは妹ナミの娘にあたる知里幸恵（当時六歳）を預かり、以後、生活を共にする。一九二一年には幸恵の弟・真志保（当時十二歳）も一年余りの間、マツのもとで生活している。なお幸恵は言語学者・金田一京助（一八八二〜一九七一年）のもとで『アイヌ神謡集』の校閲を終えた直後、一九二二年に十九歳で急死した。

一九二六年、日本聖公会を退職したマツは登別に帰郷する。二年後の一九二八年、金田一のために口頭伝承の筆録を開始するが、「幸恵の素志を果たす」という決意があったともいわれている。一九三二年には、真志保のために筆録を始めた。マツは口頭伝承の筆録を真志保宛には一九四三年まで、金田一宛には一九四七年まで続けた。筆録ノートの数は百数十冊にのぼった。

マツにはアイヌ名イメカヌ、クリスチャンネーム・マリアという三つの名前があり、このことがマツの人物像を表しているともいえる。マツはアイヌ口承文学の膨大な記録を成し遂げたが、その功績とは不釣り合いなほどマツについての研究は少ない。マツは自ら日本語で著作を残さなかったし、マツの筆録作業の全貌とその価値が未だ認識されていないことから、マツは幸恵や真志保の親族、もしくは金田一と真志保の資料提供者といった「脇役」として扱われることが多い。しかし、マツの残した物語を丹念に読むと、マツは誰よりも深いレベルでアイヌ文化の価値を認識し、アイヌ口承文学の筆録をとおしてそれを伝えようとした人ではないか、と思えてならない。

アイヌ口承文学の諸ジャンル

金成マツの筆録作業の特徴について考察する前に、まずアイヌ口承文学について簡単に解説したい。アイヌ口承文学は口演形態、内容ともに多様で、様々なジャンルに分類されている。口演形態では韻文の物語、散文の物語があり、前者は語り方の違いによって①英雄叙事詩(ユカラ)、②神謡、③歌謡に分けられる。後者は物語の主人公(物語の叙述者)の属性の違いにより、④神々の散文説話、⑤アイヌ散文説話、⑥パナンペ・ペナンペ譚(以下、パナンペ譚)、⑦和人の散文説話、⑧その他(笑い小話、なぜなぜ話など)に分けられる。

主人公の属性の違いは叙述の人称の違いと相関関係にある。アイヌ語には日常語の一人称とは異なる四人称という人称があり、①④⑤の叙述者に使用されるのはこの人称である(中川裕ほか「アイヌ文学 総論」『岩波講座 日本文学史17 口承文学2・アイヌ文学』岩波書店、一九九七年)。四人称には複数の用法があるが、そのひとつが口承文学の叙述者の人称としての用法である。アイヌ口承文学は主人公が自ら語るという設定を取るものが多いが、主人公の人称に四人称が使われることによって、物語の主人公である「私（四人称）」は、物語の語り手（伝承者）である「私（一人称）」と区別される。しかし四人称は日本語には存在しないので、日本語に翻訳される場合すべて「私」と訳される。②は一人称複数形、③は一人称、⑥⑦は三人称で語られる。パナンペ譚には日本の東北地方の民話とよく似たモティーフが登場し、和人の散文説話は和人を主人公とし、和人の国（日本）を舞台とする、和人からアイヌに伝わったと思われる物語群である。三人称で語られるジャンルは、いずれも外来要素が強い。[6]

英雄叙事詩を重視した金田一京助

以上のように様々なジャンルがあるなかで、マツは金田一京助に対しては英雄叙事詩を、真志保に対しては散文説話を中心に筆録した。このような書き分けが行われた理由については、第一に金田一の関心が英雄叙事詩にあったことが大きいだろう。真志保宛に散文説話が書かれた理由はあまり明確ではないが、金田一の一番弟子の久保寺逸彦（一九〇二〜七一）が神謡を中心に研究していたことも影響しているのかもしれない。金田一が英雄叙事詩を、久保寺が神謡を、真志保が散文説話を中心に研究するという、師弟間の住み分けが行われていた可能性もある。

とはいえ、マツが和人研究者に英雄叙事詩を、アイヌの言語学者に散文説話を書き送ったことは、アイヌ文化の文脈にもかなっている。英雄叙事詩はイオマンテ（クマ送り）やイチャルパ（祖先供養）

など儀式の席でも語られる物語で、近世には幕府役人や場所支配人など和人の前でも語られた。近世の和人の文献に残る数少ないアイヌ口頭伝承のテクストは、ほとんどが英雄叙事詩である。(7) 一方、散文説話は家庭やコミュニティ内など日常的な空間で語られることの多い物語で、アイヌの生活習慣、信仰、価値観、考え方、教訓が語られる。近世の和人の文献に散文説話はほとんど記録されていない。

今日にいたるまで、「ユーカラ」という英雄叙事詩を指すアイヌ語（現在の標準的なアイヌ語表記法ではユカラもしくはyukar）がアイヌ口承文学の代名詞となってきたのは、金田一の影響が大きいのは確かである。一方で、英雄叙事詩が近世以来、和人が同席する場で語られることが多かったことも関係しているのではないだろうか。

金田一は数あるアイヌ口承文学のなかで、英雄叙事詩を最も重視したが、それは叙事詩がホメロスの『イリアス』『オデュッセイア』やインドの『マハーバーラタ』のように世界的にも稀少で文化的価値が高いから、というものであった。また、金田一は英雄叙事詩の記録を優先した理由について、それが「オイナ（宗教神話）」よりも先に廃れていく傾向があるため、とも述べている。(8) オイナはアイヌ社会の規範と関係しており、廃れにくいと金田一は見ていた。金田一はアイヌ文化に内在的な理由に基づいて、英雄叙事詩の価値を主張していたのではなかった。

知里真志保に残した散文説話

一方、マツが真志保宛に記録した散文説話は、アイヌ社会内で語り継がれ、もしかすると英雄叙事詩以上に愛着を持って継承されてきた物語群だったかもしれない。藤本英夫は『知里幸恵――十七歳のウエペケレ』(草風館、二〇〇二年)の中で、知里幸恵がアイヌ口承文学のローマ字筆録の練習を始めた時期、本格的に神謡の筆録を開始する以前の大正九年(一九二〇年)のものと思われるノートに、散文説話の一部が記されていたことを指摘している。そうだとすれば、幸恵が最初に筆録したのは散文説話だったということになる。この散文説話の全文が、のちに金田一京助に送られたノートに記録されている。「石狩びと」という物語で、金田一はこれを一九五七年に『民族学研究』に発表している。

散文説話のアイヌにとっての価値を示唆するもう一つの例は、アイヌ・アイデンティティを持つアイヌ文化研究者・萱野茂(一九二六~二〇〇六)である。萱野は一九六〇年代以降、数多くの口承文学を音声記録に残し、自ら日本語に翻訳・出版したが、彼の処女作はアイヌ散文説話集『ウエペケレ集大成』(アルドオ、一九七四年)であった。和人研究者の関心が英雄叙事詩や神謡に偏り、散文説話の価値をほとんど認識していない時代に、散文説話を記録し、伝えようとしたのはアイヌ自身であった。

先に、真志保宛ノートには百五十六の物語が記録されていると述べた。その内訳は、散文説話百十五話、英雄叙事詩六話[9]、神謡六話、歌謡九話、その他(小話など)二十話[10]。散文説話の内訳はアイヌ散文説話九十二話、神々の散文説話八話、パナンペ譚十二話、和人の散文説話三話である。真志保ノートには以上の他、なぞなぞや鳥の鳴き声などストーリー性を持たないものなど雑多な言語資料が含まれ、ジャンルを特定することが難しいテクストもあるが、これらは本稿の分析対象に含まない。

なお、本稿ではこれに加え、真志保がマツから直接聞き取りをしたと思われるものも参照する。

第二章　近世のアイヌと和人

交易を独占した松前藩

アイヌ口承文学の中のアイヌ―和人関係表象を検討する前に、歴史学上のアイヌ―和人関係について簡単に整理したい。

近代以前にアイヌとの関係を担っていた政治権力は主に松前藩であった。松前藩は豊臣政権から対アイヌ交易の独占権を保障され、徳川政権からも引き続きその権利を保障されていた。しかし、十八世紀後半に西洋船が蝦夷地近海に出没するようになると、一七九九年から一八二一年の間、幕府は蝦夷地問題を日本の国防問題と認識しはじめ、蝦夷地政策に介入するようになる。松前藩は一八〇七年には奥州梁川（現・福島県）に転封となり、一八二一年に復領するが、一八五五年の箱館開港に伴い、蝦夷地政策は再び松前藩の手を離れて幕府の管轄となり、そのまま明治を迎える。

「御目見」と「ウイマム」

近代以前のアイヌと和人の関係は、基本的には交易関係であった。交易には和人地で行う交易と蝦夷地で行う交易の二種類がある。前者はアイヌが松前（または箱館）へ渡来して行う儀礼交易で、これにはアイヌ首長層と藩主（または奉行）との謁見が伴った。後者は和人側がアイヌ居住域である蝦夷地に船を派遣し、各地の河口地域で行った交易である。

和人地での交易を、日本語では「御目見（おめみえ）」、アイヌ語では「ウイマム」という。近世の蝦夷通詞（日本語とアイヌ語の通訳を行った和人）が編纂したアイヌ語彙集には、御目見に相当するアイヌ語としてウイマムという言葉がみえるが、両者は同義語とはいえない。日本語の御目見という用語からは、松前藩（または幕府）がアイヌの城下交易を朝貢に準ずる服属儀礼と位置づけていたことがわかる。一方、アイヌ語のウイマムは、服属関係や主従関係、支配関係に相当するような意味を含まない交易関係を示す言葉である。

近代以前の東アジア外交（朝貢冊封関係）では、儀礼の実施そのものに意義があり、その意味について解釈の一致を相互に求めることはなかった。むしろそれゆえに長期的に安定的な関係を維持することが可能であった。松前藩（または幕府）とアイヌの交易もそのような儀礼外交のひとつと考えることができるだろう。

「場所請負制」とアイヌ社会

一方、蝦夷地での河口交易は、松前藩士が蝦夷地に商船を派遣して行っていたもので、当初は藩士自ら交易を行っていたが、十八世紀前半には、商人に交易を請け負わせるようになる。これを「場所請負制」と呼ぶ。ここでいう場所とは、蝦夷地の海岸線に沿って設けられた交易場所のことで、交易を請け負う商人のことを場所請負人と呼ぶ。

場所請負人たちは収益をあげるため、交易だけでなく、蝦夷地で漁業経営も行うようになった。当時、蝦夷地は外国であって、日本人が自由に渡航できる場所ではなかったため、場所請負人の漁業経営はアイヌを労働力として使役する形で行われた。この場所請負制下の漁業労働は、アイヌの酷使、和人男性のアイヌ女性に対する性暴力、伝染病の蔓延によるアイヌの人口減少など、多くの深刻な問題を引き起こした。一方で、和人との交易によって栄えるアイヌ首長たちも存在した。場所請負制は、経済的に繁栄するアイヌと、和人による搾取・虐待に晒されるアイヌの両方を生んだ。

しかしながら、これは単純に「アイヌ社会の二極化」とか「アイヌ社会の貧富の格差」などと呼ぶべきものではない。近代以前のアイヌ社会の単位は村（コタン）で、村長の上位権力としての王は存在しない。つまりアイヌは国家を形成せず、多くの自立した村々が単位の社会であった。したがって松前藩も幕府も村長たちの地位を承認し、儀礼交易「御目見」の主体としていた。

村が社会の単位であるため、村が異なれば、和人との関係のあり方も異なるし、沿岸の村か内陸の村かなど地理的条件によっても、和人との関係性は異なっていたにちがいない。またアイヌの村同士の関係も多様で、良好である場合もあれば、敵対的な場合もある。つまり近世に関しては、アイヌを主語にしたどのような言説もアイヌと和人の関係を包括的に説明することはできない。アイヌ―和人関係の歴史研究は、アイヌ社会のあり方を理解したうえで、請負場所や村単位で、様々な変数を考慮しつつ分析を行う必要がある。

アイヌと和人の歴史的関係を再構成することが困難である最大の理由は、アイヌ側の文献が存在しないことである。歴史学は、主に和人がアイヌについて記した文献をもとに過去を再構成するので、和人に見えていない部分は見えないし、記録に残らない。アイヌは明治以前に文字を使用しなかったので、近代以前のアイヌ自身による文献記録は存在しない。アイヌと和人の関係史に関する歴史学研究は現在のところ、特定の側面だけに焦点をあてれば全体像を歪めてしまい、かといって全体像を把握することもできていないという状況にある。歴史について、我々は知っていることしか知らないというパラドクスの中に常にあるが、アイヌに関してはとりわけそうなのである。

第三章　口承文学のなかの和人たち

ここで歴史学的表象から一旦離れて、本稿の本題である金成マツ筆録のアイヌ口承文学のなかのアイヌ―和人関係について見ていこう。マツ筆録の物語のなかの和人表象は多様であるが、このうち、複数の物語に繰り返し登場する表象のあり方は、いくつかの類型に整理することができる。

交易相手・友人

マツ筆録の物語に限らず、アイヌ口承文学において最も一般的な和人表象は、交易相手としての和人である。真志保宛ノートにおいても、和人との交易が言及される物語は、和人モティーフを含む物語三十五話中二十一話で、そのうちウイマㇺが十七話、ウイマㇺ・河口交易（蝦夷地交易）がともに登場するのが一話、河口交易が三話である。ウイマㇺ相手の殿は十八話中十一話に登場し、ほぼ百％主人公の友人か善人として表象される(11)。

マツ筆録の物語の典型的なウイマㇺの描写は、次のようなものである。主人公の舟が和人の国に到着すると、和人たちがやってきて上陸を手伝ってくれる。そして和人の国の美しさが描写される。交易相手の殿は主人公の長年の友人か、主人公の父の交易相手か、はじめて出会う人物であってもアイヌに好意的で、しばしばアイヌ語で挨拶してくれる善良な人物である。主人公は上等の土産を殿に差し出し、殿も上等な酒やごちそうで幾日も幾日も主人公をもてなす。殿は舟いっぱいの土産を主人公に持たせ、両者は涙ながらに別れる。二人の友情（交易）は末永く続き、息子の代になっても維持される。

アイヌ口承文学のなかのウイマㇺは、和人の政治権力に対するアイヌの服属儀礼ではない。ウイマㇺ関係の成立は友好関係の成立であり、交易相手の殿は常に主人公の善き友人である。しかし、異国である和人の国への航海や滞在には危険も伴う。和人の国は、一つ間違えば命の危険に晒される注意の必要な場所でもあるのだ。

たとえば、「銀の柳林、金の柳林(sirokani susutay konkani susutay)」という物語は、[12] 主人公とその交易相手の殿が、主人公に敵対的なアイヌの交易相手である大殿から宝比べを申しかけられ、主人公たちがこれに負ければ殺してやると脅される。[13] 主人公は神の守護によって宝比べに勝ち、大殿から宝を手に入れる。その宝を交易相手の殿と山分けして主人公は村へ帰還する――という内容だ。

この物語で、主人公のアイヌの青年は、和人の国で強欲で横暴な大殿の命によって命の危険に晒される。しかし、興味深いのは、この物語における対抗関係が、主人公と交易相手の殿、主人公に敵対的なアイヌとその交易相手の殿の間に生じているのであって、アイヌ対和人の構図ではない点である。心根の悪い者たち(アイヌと和人)に、心根の善い者たち(アイヌと和人)が脅かされており、この物語における分断は、異なる民族の間ではなく、性質の異なる人間の間に生じている。ウイマㇺ相手は常に友人、というアイヌ口承文学の鉄則も揺るがない。善良なアイヌは善良な和人と、悪辣なアイヌは悪辣な和人と友人関係を築くというこの物語の命題は、これから見ていくように、真志保宛ノートの和人関係モティーフの物語全体に通底している。

婦女略奪

和人は婦女略奪モティーフの悪役として、しばしば登場する。ここでは婦女略奪モティーフを「男性が女性を強引に我がものにする（しょうとする）」こととし、物理的な誘拐と、関係性の強要（結婚や暴行）の二つのパターンを含める。ここでは二つの物語の概要を紹介する。

「オイナソー——オイナカムイ夫妻の自演（pencay sento aynu menoko eikka yar）」という神謡では、弁財船（和型商船）の船頭がオイナカムイ（アイヌにアイヌ文化を伝えた人文神）の妻を自分の妻にするため、オイナカムイの留守中、部下たちを使ってその妻を弁財船に連れ去る。[14] その際、和人の一人が泣き叫ぶオイナカムイの子供を炉縁に叩きつけて殺害する。最終的にはオイナカムイが妻を救出し、船の底に穴をあけて、和人たちは船ごと海の底に沈む。子供は生き返り、再び家族三人の幸せな暮らしにもどる。

「極悪和人（sirun wen sisam）」という歌謡では、大通詞があるアイヌの娘を自分の妻にしたいと考えるが、その娘には婚約者がいる。[15] 大通詞は婚約を破談にしようと部下の和人をつかって娘を暴行させようとする。彼女が必死の抵抗をして、暴行は未遂に終わるが、大通詞たちの画策により、彼女の婚約者であるアイヌの村長の息子が殺害される。殺害された青年の魂が娘に事件の全容を伝え、和人たちは青年の魂によって報復され死んでいく。

この物語では、和人に買収されて悪事に協力した大勢のアイヌの存在も描写されており、そのアイヌたちもまた、和人と同じように死んでいく。娘は悲しみのため衰弱し、まもなく他界するが、婚約者の青年と神の国で幸せに暮らす。

悪事を行う和人男性の属性は、船頭や通詞、帳場といった、場所請負制下で蝦夷地に出入りしていた出稼ぎ和人である。アイヌに暴力を働く登場人物は、少なくとも金成マツ筆録の物語においては武士身分の和人ではない。そしてこの男たちは大抵単独ではなく、集団で悪事を行うものとされている。事件発生の舞台は和人が交易や漁業のために訪れる沿岸地域のアイヌの村であり、場所請負制下の「場所」を彷彿させる。先述したように、和人男性によるアイヌ女性に対する性暴力は、場所請負制下のアイヌ―和人関係における最も深刻な問題のひとつであった。このような歴史を背景に、和人は婦女略奪モティーフの主要キャラクターになっていったといえるだろう。

ただし、婦女略奪モティーフそのものは、和人の犯罪によって生まれたものではない。婦女略奪は文化の違いを超えて世界中の神話や民話の主要モティーフのひとつであるだけでなく、アイヌ口承文学一般において、数多く見られるモティーフでもある[16]。真志保究ノートにも、神々が女神やアイヌ女性を、アイヌ男性が既婚のアイヌ女性を、その意に反して妻にしようと誘拐したり、夫を殺害したりする物語は多数存在する。和人男性が悪役に配置される物語は、この型の物語のひとつのヴァリエーションなのである。

史実に適合する物語を発見すると、我々はその物語を伝承のコンテクストから切り離して、歴史叙述の文脈に置いて読もうとしがちである。しかし、婦女略奪はアイヌ口承文学の頻出モティーフのひとつでもある。和人が加害者となる物語は、神々やアイヌが加害者となる同一モティーフの物語との比較において読むことができ、和人による婦女略奪は和人固有の問題というよりは、普遍的問題の一部分と位置づけられているのである。

不可解な文化

和人をアイヌ語で「シサム」という。直訳するとシ（真の、本当の）サム（隣人）である。隣り合って住んではいるが、和人はアイヌと異なる人々であると認識されている。和人の社会制度や文化がアイヌとは異なることは物語の中でしばしば言及される。たとえば、和人を表す定型表現に「頭の上にカラスの嘴のようなものをのせている（sapaha kasike ta paskur kepuspe nep kor okaype okay kane）」という慣用句がある。これは近世和人男性の髻をカラスの嘴に例えたものだ。アイヌと和人の違いは髪型・服装にとどまらない。斬首や切腹などの刑罰、身分制度といったアイヌ社会にはない法制度も、和人社会の特徴としてしばしば言及される。

アイヌ社会において、死刑は極めて稀で、重罪の場合も賠償を支払うことで解決され得たといわれる。アイヌの村長は村の指導者であるが権力者ではなかった。アイヌの村人たちは各々自立しており、村の問題は村人たちの話し合いによって解決された。悪事を犯した者に対する処罰も、話し合いによって決定された。このような社会に暮らすアイヌの目には、人間と人間の間に幾重にも折り重なるように上下関係があり、身分が下の者は上の者の言うことに従わなければならず、身分制度の頂点に立つ殿は支配下の人々の命さえ奪うことさえできるという和人社会は、まさに異文化であった。

和人の法制度やその背景にあるものの考え方は、アイヌの理解を超えているので、和人とトラブルになった場合には解決が難しい、と認識されていることも、物語から読み取ることができる。

一つの例として「大殿の娘を小妻にする（kamuy tono matnepo ponmat ne a=kor）」という物語を紹

介する。[17] タイトルにあるponmat（ポンマッ、小妻）とは、「第二の妻（本妻以外の妻）」のことである。近代以前のアイヌ社会では、アイヌ男性は本妻の他に妻を持つことがあった。この物語はアイヌの村長が和人の殿の娘を二人目の妻にした話である。あらすじは次のとおりである。

アイヌの若い村長が交易のため和人の国を訪れる。交易相手の殿には娘がいる。彼女は村長に想いを寄せ、一緒にアイヌの村につれて行ってほしいと頼む。彼は「見つかれば私が一番の悪者にされる」「殿の掟は難しい」からと断るが、娘はこっそりついてくる。一方、この殿の娘に思いを寄せる和人の若者がいて、彼は娘をアイヌの村長に奪われたと思い込み、村長を殺そうと仲間を率いて追って来る。しかし、娘が機転を利かせて身を隠したため、和人たちは娘を見つけることができず、勘違いだったと考え、引き返していく。結局、村長は娘を村に連れ帰る。彼には妻がいるので、殿の娘を小妻にする。殿の娘は自ら進んで髪を切り、シヌイェ（口の周りに入れる入墨）を入れて、アイヌ女性と同じ姿になる。その後、何事もなかったように村長と大殿との交易関係は続き、長い歳月が過ぎる。ある日大殿は、あの日、若者たちが村長を追って行くのを止めなかったことをずっと悔やんでいたこと、それを理由に村長が戦争をしかけてくるのではないかと内心心配していたことを告白し、謝罪する。村長も、大殿の娘を小妻にしたことを今まで言うことができなかったと告白する。二人は互いに真相を知って安堵し喜びあう。

この物語には、一見平穏な交流を続けつつも、互いへの猜疑心に苛まれるアイヌの村長と和人の殿の関係が描かれている。ウイマムを介した友好関係は、文化や社会制度、考え方や言語の違いからくるコミュニケーションの不自由さなど、アイヌと和人の間にある埋めがたい溝の上に築かれており、その脆い地盤を覆い隠しつつ維持されていることが示唆されている。これはウイマㇺ関係がまやかしの友好関係だということではなく、むしろそれだけ不安定要因が多いからこそ、ウイマㇺという「舟」に同乗することが、両者関係の安定を維持する重要なシステムだったということなのだろう。

和人は魚釣りが好き

「日本文化＝農耕文化」というイメージは、一九八〇年代に網野善彦の研究をきっかけに、日本文化の多様性が論じられるようになって久しい今日もなお、一般的には日本人の根強い自己イメージであり続けているのではないだろうか。しかし和人にとっては意外なことに、アイヌ口承文学に登場する和人は「農耕民族」ではない。真志保究ノートのアイヌ散文説話に登場する和人は、交易と漁業を目的としてアイヌの村を訪れている。

これはアイヌ散文説話の話であって、和人の散文説話では傾向が異なるかといえば、そうでもない。和人の散文説話というジャンルは基本的に登場人物のすべてが和人で、日本が舞台の話なので、アイヌ散文説話よりも多様な属性の和人が登場する。しかしやはり農民が登場する頻度は高くない。マツ伝承の和人の散文説話は三編あるが、そこに登場する和人の属性は武士や漁師で農民は登場しない。[18]マツ以外の伝承者の場合もほぼ同様である。久保寺逸彦『アイヌの昔話』（三弥井書店、一九七二年）には、一九三二年に新平賀（現・平取町の一部）で平賀エテノアから聞き取った和人の散文説話七編が収められている。武士、足軽、商人、宿屋、船頭、蕎麦屋、鍛冶屋、山伏、神主、和尚など多様な属性の和人が登場するが、農民が登場するのはそのうち一編のみである。[19]

平賀エテノアに比べると、マツ筆録の物語に登場する和人は、より「魚好き」の傾向が強い。漁師だけでなく、魚好きの大殿、釣り好きの大殿というキャラクターまで登場する。[20] アイヌの目に和人が魚や魚釣りが大好きな人々と映るのは、ある意味当然かもしれない。近代以前に、和人がアイヌの村を訪れる主要目的のひとつは漁業だったからだ。

これは明治期以降、アイヌが農耕を行わないことを理由に未開民族視され、蔑まれるようになったことを思うと、皮肉以上の何ものでもない。アイヌの目に見える和人は魚釣りばかりしていたのだ。

風刺・笑いの対象

次に取り上げる和人関係表象の特徴は、風刺・笑いの対象としての和人である。例えば、「パナンペ放屁譚」では、パナンペが小鳥を拝むと小鳥の鳴き声のような屁をひることができるようになって、和人の殿に褒美をもらう。[21] それをまねたペナンペは屁の代わりに糞を和人にぶちまける。和人たちは怒ってペナンペを斬りつけ、ペナンペは血まみれになって帰ってくる。「パナンペの陰茎松前に達す」[22]では、パナンペが和人の国まで陰茎を伸ばすと、和人の女たちはそれを物干し竿と思い、着物を干す。パナンペは陰茎を引き上げて着物を手に入れる。ペナンペがそれをまねると、和人たちは、今度は騙されないぞと怒ってペナンペの陰茎を斬りつける。

このようにパナンペ譚は、パナンペ(川下の人)とペナンペ(川上の人)がいて、パナンペが成功し、それを真似たペナンペが失敗してひどい目にあう、という型の話である。三人称で語られる散文説話であり、アイヌ口承文学のなかでは、外来文化の影響がみられるジャンルであるということは先に指摘した。「パナンペ放屁譚」の「よい音色の屁がでるようになる」というモティーフを持つ民話は、日本にも複数存在する。そのひとつ「屁っぴり爺」では、罠にかかっていたヒヨドリを助けた爺がよい音色の屁をひることができるようになり、殿さまから褒美をもらう。それを真似た隣の悪い爺が糞をまき散らし、殿様の家来たちにうち叩かれ、血だらけで逃げ帰る。[23]「竹伐り爺」もよく似た話だが、屁ひりで成功する爺はとくに「よい爺」という前提ではなく、鍬に止まった四十雀をつかまえて丸呑みにしてしまうことによって、面白い屁が出るようになる。[24]

川下の人、川上の人という型に着目すると、青森や岩手の民話には下の爺と上の爺が主人公の民話が多数ある。隣の爺型の民話で、下の爺の方が心根がよく、成功し、上の爺は心根が悪く、失敗する。[25]川下の人が成功し、川上の人が失敗するという構図や、人まねをする者が失敗するという点がパナンペ譚とよく似ている。しかし、パナンペ譚の場合、必ずしも善良な者が成功するという話ではない。日本民話の川下の人・川上の人の成功と失敗が道徳的な善悪と対応しているのに対し、パナンペ・ペナンペの成功・失敗は必ずしもモラルの問題と関係がない。心根のよい人間が成功し、心根の悪い人間が失敗するという日本民話の価値観は、アイヌ散文説話にも共通するのに、型としては日本民話によく似ているパナンペ譚がこの点に関しては異なっているという点は、和人とアイヌの関係を考える上で極めて興味深い。

和人関係モティーフに話を戻すと、和人が登場するパナンペ譚において、和人は、よい音色とはいえ、屁の音を聞き、糞をぶちまけられ、陰茎を物干し竿と勘違いして着物を盗まれる。結果、怒ってペナンペを斬り苛む。いずれも下品な行為に対価を払わされ、怒ると刀を振り回す。ペナンペの失敗が物語の最大の焦点とはいえ、この物語の中では和人たちもまた、「怒ると刀を振り回す」という性質をも含めて、ブラックな笑いの対象となっているのである。

一方、アイヌと和人の言語コミュニケーションの質を風刺した話もある。「ユーカラの大家」という小話では、和人の間でユカㇻの大家といわれる和人がいる。実は、その人物のユカㇻはでたらめなのだが、アイヌ語のわからない日本人は感嘆して聞いていた、という話だ[26]。これには対となる「日本語の大家」という小話[27]もある。日本語の得意なアイヌがいる。実はその人物の日本語はいい加減なのだが、日本語のわからない他のアイヌは感嘆して聞いていた、というものだ。この一対の小話は非常にシンプルながら、和人とアイヌの関係の特徴を鋭く表している。すなわち、空間的には隣接し、時間的にいかに長い関係史を持とうとも、言語コミュニケーションの点では驚くほど浅く、いい加減な関係ということだ。

強い殿

真志保宛ノートには、和人の殿がアイヌの悪人を退治したり、アイヌの国にある湖の守り神になったりするという、通説的なアイヌ―和人関係史を知っている者にとっては一見不可解な物語が含まれている。前者は「昔々殿様が魚釣りに山へ行き道に迷う（huskone kamuy tono peray kusu kimta oman awa sitturaynu）」[28]、後者は「ソーレパソーレ――松前の若殿が自分で所作しながら歌った神謡」である。「昔々殿様が魚釣りに山へ行き道に迷う」[29]のあらすじは次のとおりである。

釣り好きの和人の大殿がいる。殿はある日、釣りの帰りに山中で道に迷い、とあるアイヌの家にたどり着く。そこには目つきの悪い六人のアイヌがおり、離れにある草小屋には若いアイヌの娘がひとり住まわされている。アイヌたちが、ここに来た者には三年間仕事を手伝ってもらうことになっている、というので、大殿は三年間働いた。

三年が経過し、一向に帰してもらえる様子がないので、殿が尋ねると、男たちは殿を舟に乗せてどこかへ向かう。殿は舟の上でいつの間にか眠ってしまい、目覚めると一人置き去りにされていた。殿はなぜかおもむろに棒を三本舟に突き立て、着物をその上にかぶせて、自分は陸に上がって隠れた。間もなく魔物が現れ、舟の上にあるものを人間だと思って噛みついた。とたんに棒が顎に突き刺さって魔物は苦しみ始め、殿は刀でとどめを刺す。その直後、殿はまた眠ってしまう。

夢にアイヌの若者が現れて、事の次第を説明する。彼は村長の息子だったが、その村は伝染病のために滅び、彼と彼の母、妹の三人のみが生き残った。そこにあの六人のアイヌがやってきた。一番年長の男は彼の母を無理やり自分の妻にした。やがて六悪人は村長の宝を我が物にするため、宝の継承者である若者とその母を殺害した。幼い妹は生かして置かれたが、数年がたち、煩わしくなってきたので、悪人たちはこの娘も殺してしまおうと考えているところだった。そこで若者は、悪人たちへの報復と妹の救済を委ねるため、殿をあの家に導いたのだった。

殿は若者に報復を約束し、悪人たちを打ち殺し、暴力を受けて瀕死の状態の妹を救出して和人の村へ連れ帰る。娘は和人たちに看病されて快復し、大殿の弟と結婚して、息子が生まれる。この息子が滅びたアイヌの村を再興する。

この物語は三人称で語られており、形式としては和人の散文説話であるが、通常の和人の散文説話と異なり、大殿以外の主要登場人物はアイヌで、物語の主要な舞台もアイヌの村である。和人の国に舞台が移るのは物語の最終盤になってからである。

さらにこの物語は、アイヌ散文説話に数多く存在する「村の滅亡・再生」という話型の物語でもある。伝染病や夜襲などのために、あるアイヌの村が滅びるが、幼い少年もしくは少女がたった一人生き残り、成長して村を再興するという型の物語である。村を再興するために、生き残りの少年／少女は配偶者を得なければならないが、その配偶者が和人であるというケースは、少なくとも筆者はこの物語を除いて見たことがない。

一般的なアイヌ散文説話では、アイヌの主人公が悪人を懲らしめるか、処罰を神にゆだねる。事件がアイヌと和人との間で発生している場合には、アイヌが和人を直接罰するのではなく、その上位にある殿に訴え、殿が和人を処罰することが多い。先に取り上げた「オイナソー」や「極悪和人」のように、神や死者の魂が直接和人を罰することはあるが、生きているアイヌが和人を直接罰するケースは見られない。和人の殿の力は、アイヌに害をなす和人を処罰するためにアイヌが使う力でもあったのだ。しかし和人の殿がアイヌの悪人を成敗する物語は極めてめずらしい。この物語はアイヌ散文説話と和人の散文説話が合わさったような特徴を持つという形式の面でも、また内容の面でも稀有な物語といってよい。

次に「ソーレパソーレ——松前の若殿が自分で所作しながら歌った神謡」のあらすじを紹介する。

「私」は松前藩士の若殿で、読み書き、そろばん、剣術のどれを習っても一向に身につかない。ある日父親は、お前のような役立たずは家の恥であり、殿様に対しても申し訳がない。父が切腹するか、お前が家を出ていくかのどちらかしか道はないと言う。私は家を出ることにする。

あてもなく歩いていると、大きな川のほとりで同じ年頃の美しい若殿に出会う。彼も読み書き、そろばん、剣術ができないために家を追い出された境遇だった。この若殿によると、この川の名はサンピタラといい、この川の神が彼らを呼び寄せたのだという。その理由は、アブタ村に大きな湖（洞爺湖のこと）があって、そこが少々危険なのだが、どの神も守り神になりたがらない。そこで神々はサンピタラの神に、この湖を守る、強く正直で賢い若者を二人選ぶよう依頼した。サンピタラの神は松前藩士の若殿二名を選び、わざと能無しにして追い出されるように仕向けたのだった。二人の若殿は美しい娘をめとり、二人でアブタの湖を守っている。

アブタはアイヌの村であるが、サンピタラの神がアイヌの若者ではなく、松前の若殿を守り神として選んだ点、若殿たちが自分の意志に反して、和人の国からアイヌの村におびき寄せられる点が

「昔々殿様が魚釣りに山へ行き道に迷う」によく似ている。一方「ソーレパソーレ」では、若殿たちに白羽の矢が当たった理由も説明されている。危険で、神々も関わりたがらない案件だから、ということである。和人の殿は、面倒な案件に召喚される傾向があるようだ。

しかしそれは必ずしも、和人の殿がアイヌの神々以上の力を持っているから、ということではない。たとえば、「昔々殿様が魚釣りに山へ行き道に迷う」で、舟に置き去りにされた大殿は、目覚めたとたん、無意識に魔物退治の準備を行っている。それは神々が大殿を援助したのであって、殿が一人で行ったことではないと、アイヌの青年がわざわざ説明を加える場面がある。アイヌの世界観においては、アイヌも神々も万能ではなく、和人も同様である。通常、アイヌ散文説話で、神々の支援を受けて事件を解決するのはアイヌの村長の役目だが、上記二例は、その役割を場合によっては和人の殿が担うこともあり得る、ということを示している。

第四章　口承文学のなかのモラル帰属と社会文化帰属

モラル帰属と社会文化帰属

以上のように金成マツ筆録の物語における和人は、極悪でも正義でもあり得る道徳的には両義的で、不可解な習俗を持つ存在として表象される。これら和人表象のうち、和人の殿が友人であったり、アイヌの悪人を成敗したりするような物語は、アイヌと和人の歴史を知っているものには、ほとんど理解しがたいかもしれない。このような和人表象のあり方を理解するために、アイヌ口承文学的な認識論について考えていきたい。

認識論（epistemology）とは、我々がどのようにものごとを知り、どのように世界を認識しているのかを考察する哲学の一分野であり、アイヌ口承文学の認識論とは、アイヌ口承文学における、世界やものごとの認識のあり方を指す。

真志保究ノートにおけるアイヌ口承文学は、一般的な傾向として、登場人物の性格を道徳と社会文化という二つのレベルでとらえている。ここではそれをモラル帰属・社会文化帰属と呼ぶことにする。モラル帰属は善悪の別に基づく区分、社会文化帰属は、アイヌ、和人、神々などそれぞれ固有の生活圏、文化、習俗などに基づく区分である。

さきに、和人は道徳的には両義的存在として表象されると指摘したが、厳密にいうと、それは和人に限ったことではない。アイヌ口承文学の圧倒的多数を占める物語に和人は登場しない。したがって事件を引き起こす悪役はアイヌや神々、魔物である。道徳的両義性という点では、アイヌも神々も同様なのである。

そこで和人の善悪と、アイヌや神々の善悪の特徴を比較してみると、社会文化帰属の別にかかわらず共通の基準で測られていることがわかる。たとえば次頁の表は、真志保究ノートのアイヌ散文説話

表１　真志保宛ノートにおける善悪の概念

善						
	憐れむ	与える	助ける	感嘆する	もてなす	感謝する
アイヌ語表現例	erampoken	kore	ikaopiwki	erayap	emaraptokor	yayirayke
アイヌ	○	○	○	○	○	○
神々	○	○	○	○	○	○
和人	○	○	○	○	○	○
悪						
	侮る	盗む	嘘をつく	嫉妬する	欲張る	殺す
アイヌ語表現例	koyayikire	ikka	sunke	keske	ipesikasure	rayke
アイヌ	○	○	○	○	○	○
神々	○	○	○	○	○	○
和人	○	○	○	○	○	○

に登場する善いキャラクターと悪いキャラクターの代表的な特徴の一部をまとめたものである。和人の善人・悪人が帯びる道徳的性質は和人の固有性ではなく、アイヌや神々にも共通する性質であると認識されていると考えてよいだろう。

中川裕は、アイヌ散文説話に通底する倫理観を「欲をかかない」「他人をだまさない」「他人をおとしめない」「他人から与えられた恩恵に感謝の念をもつ」「他人が困っているときには手を差し伸べる」という五つの項目にまとめている（中川裕「アイヌ文学　散文説話」『岩波講座　日本文学史17　口承文学2・アイヌ文学』一九九七年）。その上で、この倫理観は神々にも適用されるとし、このような点から、アイヌの世界観において、アイヌと神々は対等な存在と認識されていることがわかると指摘している。

真志保宛ノートのなかの和人関係モティーフの物語の分析をとおして、同様のことが和人に関してもいえる。和人の登場人物もまた、アイヌや神々と同じ道徳基準で人格を評価される。これによって、中川に倣って、アイヌは和人との関係を対等な関係とみなしていたともいえる。

一方、社会文化帰属は多様な社会文化の個性を表す指標である。アイヌはアイヌの国に、神々は神の国に、和人は和人の国に住んでいる。アイヌ、神々、和人それぞれに服装が異なる。アイヌ男性は山猟に行き、家では彫り物をし、和人の国へ交易に行く。アイヌ女性は畑で作物をつくり、山で野草や薪を集め、家で刺繍をし、料理を作る。和人の固有性と認識されている要素は、独特な髪型、刀を身に着けていること、人々の間に上下関係があること、切腹・斬首といった刑罰があること、読み書きやそろばんを習わなければならないことなどである。

善悪は個体の性格として考える

アイヌ散文説話は道徳と社会文化をレベルの異なる基準として思考し、二つのレベルを混同しない。つまり特定の社会文化を善とみなしたり、悪とみなしたりすることはない。どの社会文化グループにも善人と悪人がいる、と考える。

このような認識論を最もよく示すのは、アイヌの神概念である。アイヌの世界には多様な種類の神々がいるが、どの神にも善神と悪神がいる。たとえば、アイヌにとってクマは山の神で、最も尊い神のひとつだが、クマの中には人間を害するものもある。そのようなクマは悪神とみなされ退治される[30]。だからといってすべてのクマを悪神として敵視したり、殺戮したりすることはない。善か悪かは個体の性格の違いであり、特定のグループが悪とみなされるわけではない。

このような認識のあり方は人間にも適用される。アイヌの物語には、他村を襲撃し、強盗を働く悪人の村がしばしば登場する。しかしそのような村にも善人がいて、被害にあった村の生き残りを助けるという物語が多数見られる。(31) したがってあらゆる存在は個人単位で、善いアイヌ、悪いアイヌ、善い和人、悪い和人、善い神、悪い神というように、モラル帰属と社会文化帰属という二つの変数の組み合わせによって表象される。

第五章　散文説話のさまざまなテーマ

善なるものたちの関係構築

以上のような認識論を前提として、次に、金成マツ筆録の物語の頻出テーマを二つ指摘したい。ここでいうテーマとは物語が最終的に目指すもの、結末に表象される世界観のことである。

ひとつめは「善なるものたちの関係構築」である。

社会文化は異なっても、どの集団にも善人と悪人がいるという認識は、他者を無条件に全否定することへの戒めになる。一方で、目の前の他者が善人か悪人かをただちに把握することは困難なので、猜疑心や相互不信の種にもなる。この難問をどう解決するかが、マツ筆録の物語に共通する一大テーマといってよいかもしれない。

しかも、この他者に対する信頼と不信は、アイヌだけが一方的に抱くものではなく、双方向的なものだと認識されている。先に紹介した「大殿の娘を小妻にする」にはこの点がよく表れているが、この主題がより明確なのは「ウラシペッの川口の淑女と和人の悪行の噂を聞く（uraspet petput un katkemat sisam tura hoiyo pahaw a=nu）」という物語である。[32] ある川口のアイヌの村で、村長の妻と和人男性が共謀し、村長を監禁して暴力をふるい、殺害しようとしている。この物語の主人公は別の村を治めるアイヌの村長で、彼が事件に気づき、和人の殿（悪い和人の上司）に談判に行く。二人は協力して事件を解決する。この物語のなかで主人公の妻は、夫を川口の村へ送り出すときに次のように忠告している。

a=kor nispa pirkano	だんな様、くれぐれも
yaytupareno apkas sisam ari	気をつけて行ってください。和人と
a=yep pirka hike kamuy neyno sonno	いう者のよい方は神のように実に
kewtum pirka ne korka	精神がよいけれど、
wen kewtum korpe anakne sonno	悪い精神の者は本当に
hoiyop nitne kamuy koraci	罰当たりの悪神のよう
ne ari ekasi utar huci utar	だ、とおじいさんたち、おばあさんたちが

upaskuma hawe a=nu ruwe ne na	言い伝えているのを私は聞いています

妻の忠告に主人公は、

ruwe un aokay neyakka	そうだな、私も
sonno a=eraman	よくわかっているよ

と答えて家を出る。「和人は恐ろしい」というような他者の単純化をせず、和人には立派な人々もいるが、凶悪な者たちもいる、という認識が、一種の一般認識として夫婦で共有されている様が描かれている。

一方、和人の殿もまたアイヌに対する猜疑心に苛まれていたことが描写されている。殿は事件解決後、主人公の村長に次のように告白する。

huskotoy wano aynu nispa utar nimaraha	昔から、アイヌの長者たちの半分、
irenka yupke kor epirkap	強引な言いがかりをつけて儲けている者たち
anakne neyta pakno neyakka	はいつまでも
kasioniwen wa tumi saptep	自分に否があってもたんかを切り、戦を起こすもの
ne ari inu=an wa an=an tanpe	だと聞いていた。である
kusu tapan wen oruspe anakne	から、このようなひどい事件は
sino hokanpa kuni a=ehotasnu	実に面倒だと不安で
humi rayaykeko	びくびくしていた

an awa tap koraci e=irenka
sonno ratci kuskeraypo sonno
hese turire=an ramusinne=an
wa tono mosir
a=ehekomo easkay hi sonno
e=ekoyayirayke=an

が、このように、あなたの方針が
実に穏やかだったので、本当に
ホッとしました。安心し
て和人の国へ
帰ることが出来ること、深く
感謝いたします。

和人社会においても、アイヌの村長の半分は油断のならないタイプであると認識されていて、殿は主人公の村長が穏やかな方の村長だったため安心したと心中を吐露する。ここには、互いに合わせ鏡のように、アイヌと和人の双方が内心不信感に苛まれ、恐れ脅える関係が描写されている。両者ともに、和人、もしくはアイヌという社会文化帰属の者たちのすべてが悪である、または善であるというような単純な認識は持っていない。そうであるからこその不信感なのである。両者は協力して事件を解決することによって、悪と互いの不信感の二つを同時に克服する。

この物語自体は、悪人たち（和人男性とアイヌ女性）を罰した後、主人公が傷ついた川口の村長を自分の村に引き取り、別の夫婦を川口の村長夫婦に据えて川口の村を立て直し、平和が回復して終わる。この物語は単なる善と悪の闘いではなく、互いの不信感を乗り越えて文化の異なる心根のよい者たちが関係を構築する物語、社会文化帰属の別を超えた、モラル帰属を同じくするものたちの関係構築をひとつの目標にしている。

アイヌ口承文学における和人的要素の意味を理解するためには、それがアイヌ口承文学全体のなかで占めている位置を見定める必要がある。アイヌ口承文学の全体像を把握することは果てしない作業でありほとんど不可能に近いが、マツ筆録の物語群全体のなかで、和人的要素の位置づけを考えることは可能である。それによって和人的要素を過大評価することも、過小評価することも避けることができる。

真志保究ノートに記された物語の多くは、和人関係モティーフの有無にかかわらず、善良なアイヌと善なる他者たちが力を合わせて、危機を乗り越える物語である。善良なアイヌを善良なアイヌが助けたり、善良なアイヌの危機を善神が救ったりする物語なのである。そのなかに、善良なアイヌの危機を善良な和人が助けたり、協力して乗り越えたりする物語もあるのだ。

社会文化帰属の維持

頻出テーマの二つめは「社会文化帰属の維持」である。社会文化帰属の別を超えた善なる関係の構築は、逆説的ではあるが、社会文化帰属の別を前提としている。

マツ筆録のアイヌ散文説話は、ほぼ常に子孫繁栄を語り、末永く主人公の血筋が続くことを示唆して終わる。なかでも先述した村の滅亡・再生という話型において、血筋を絶やさないためには、不可避的に異なる社会文化帰属の者との婚姻関係が結ばれる。滅びた村の生き残りは一人しかいないので、村の再興のためには、主人公は異なる社会文化帰属の者と婚姻関係を結ばざるを得ない。結婚相手は神や他村のアイヌであることが多いが、ときには自分の村を滅ぼした敵の一族に属する善良なアイヌの場合や、先に紹介した「昔々殿様が魚釣りに山へ行き道に迷う」のように和人の場合もある。結婚相手に共通するのは、社会文化帰属が異なっていても、モラル帰属を同じくする相手であるという点である。モラル帰属を同じくする他者との婚姻によって、自らの社会文化帰属を維持するのであり、自身の社会文化帰属が消滅するのではない。

アイヌ口承文学のこのような考え方は、近代以降加速した、アイヌと和人の婚姻関係とその子孫の位置づけについて、明快な回答を与えてくれる。和人との混血をアイヌの衰退と認識する和人的認識論に対し、アイヌ口承文学は、モラル帰属を同じくする他者との婚姻は、アイヌという社会文化帰属の存続のために行われるのだ、と明確に述べている。

以上のように、金成マツの残した物語は、地上のあらゆる存在をモラル帰属と社会文化帰属の二つのレベルで認識し、文化の異なる者たちが関係を構築しつつ、自らの社会をいかに維持していくか、というテーマを語っている。このような主題の物語群のなかに和人関係モティーフの多くの物語は配置されている。しかし、これらの物語は「継承されてこなかった」といえる。

第六章　継承されなかった物語

知里真志保の場合

はじめに述べたとおり、マツは甥・知里真志保のアイヌ語研究のためにアイヌ散文説話を中心とする口承文学を記録した。しかし、真志保宛ノートにある百五十六話のうち真志保が翻訳・紹介しているのは約五十話に過ぎない。このうち和人関係モティーフを含む物語は八話である。真志保宛ノートの中の和人関係モティーフの物語は三十五話（全体の約二割）なので、真志保が翻訳・活字化した物語のなかの和人関係モティーフの割合（約五十話の十六％）は、ノート全体におけるそれよりやや少ない。しかし、より興味深いのは選択された物語の内容の方である。

真志保が生前翻訳したのは、和人の残酷さや暴力に関する表象、もしくは和人が風刺・笑いの対象になっている話がほとんどで、マツ筆録の物語の特徴といえる社会文化帰属とモラル帰属が交差する、奥の深いアイヌ散文説話はほとんど活字化されていない。真志保宛ノートの全体像を知らず、真志保の訳出した物語だけで判断するなら、我々はマツ筆録アイヌ口承文学の和人表象に、アイヌの和人に対する単純な嫌悪・軽蔑・不信感を読み取るだけで終わってしまうだろう。

真志保宛ノートには、真志保の手によるメモが多数書きこまれており、真志保がマツのノートのほ

表２　真志保が生前翻訳したマツ伝承和人関係モティーフの物語

		タイトル	表象類型	ジャンル
1	マツ筆録真志保宛ノート	オイナソー：オイナカムイ夫妻の自演 pencay sento aynu menoko eikka yar	婦女略奪	神謡
2		アララギの女神の自叙の物語 rarmani katkemat	婦女略奪、風刺	神々の散文説話
3		カルカッチウ karkatciw oruspe	不可解な文化（身分制度、斬首）	小由来談
4		パナンペの陰茎松前に達す pananpe ciyehe matomay eus	風刺・笑い	パナンペ譚
5		パナンペ放屁譚 pananpe opke oruspe	風刺・笑い	パナンペ譚
6		ユーカラの大家 yukar kur tak yan	風刺・笑い	滑稽小咄
7		日本語の大家 samcar kor kur tak yan	風刺	滑稽小咄
8		貧しい老和人の話 sine yayko an ipesikasure onne sisam oruspe	魚釣り好き	和人の散文説話
9	真志保による聞き取り	ソーレパソーレ（松前の若殿が自分で所作しながら歌った歌謡）	強い殿	神謡
10		カララント（舟木の神の自演の神謡）	交易相手	神謡
11		カオル（ポロシリ岳の若神が自分で所作しながら歌った歌謡）	その他	神謡

ぼすべてに目を通していることが確認できる（次頁図1）。マツ筆録の物語群は真志保の学術的関心と必ずしも一致していなかったのかもしれないし、あるいは、真志保は一九六一年に五十二歳で亡くなったため、彼がもう少し長生きしていれば、残された物語を取り上げる可能性もあったかもしれない。

　真志保が生前、なぜこれらの物語を取り上げなかったのか、現状では推測するほかないが、彼があえて殺伐とした和人表象のテクストばかりを取り上げているところから類

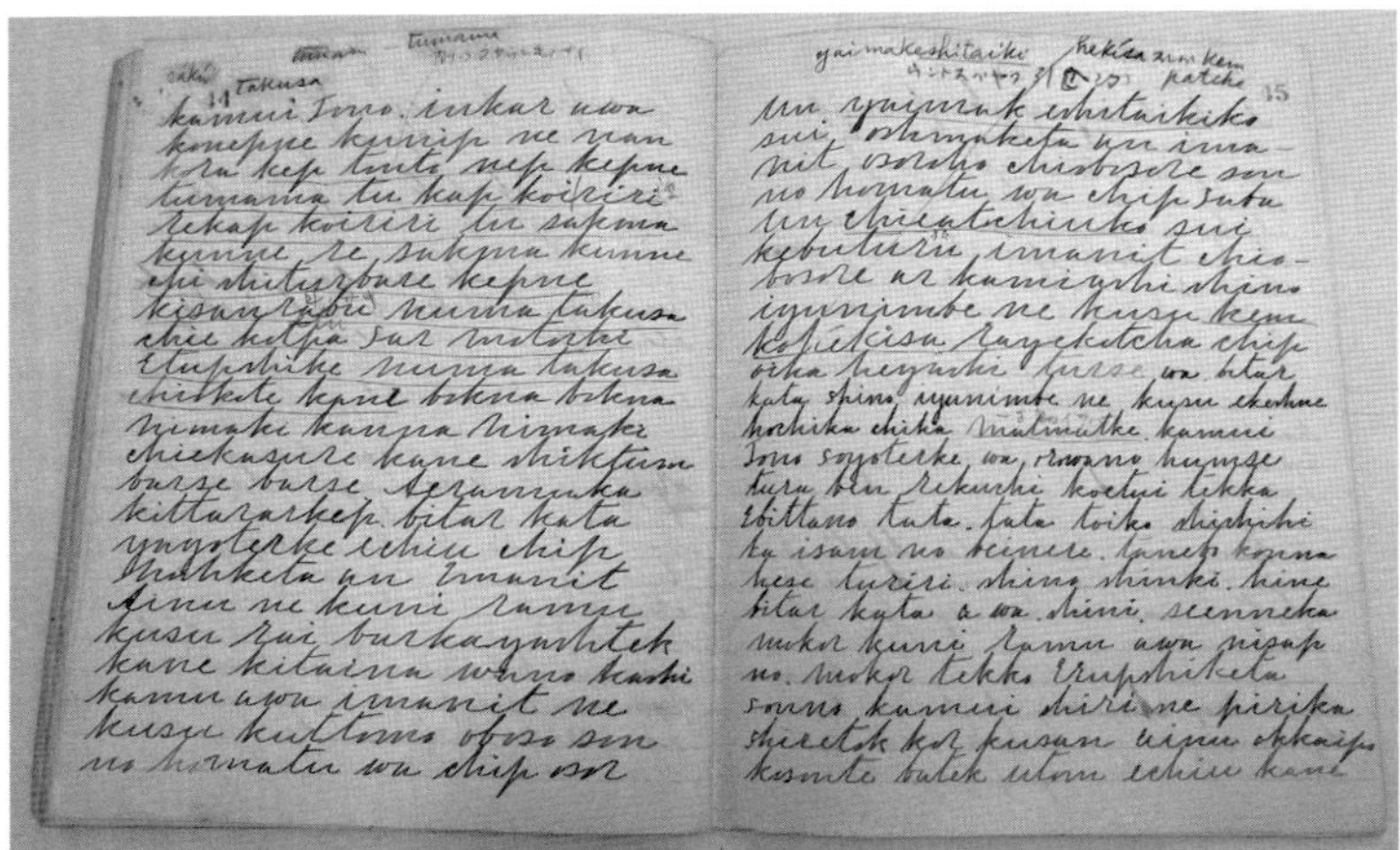

図１　「知里真志保遺稿ノート」のなかの金成マツ筆録ノート（北海道立文学館蔵）。写真は「昔々殿様が魚釣りに山へ行き道に迷う」の一部。真志保によるメモが書き込まれている（筆者撮影）

推すると、真志保はマツが残したような善良なアイヌと和人の友情の物語を心理的に受けつけることができなかったのかもしれない。もしくは積極的に拒絶しないまでも、消化することが難しかったのかもしれない、とも考えられる。

真志保とマツは、親族関係は近くとも、生い立ちや生活環境、人生経験は大きく異なり、アイヌ社会・和人社会双方に対する見方や立場も大きく異なるはずである。マツの母語はアイヌ語だが、真志保の母語は日本語で、アイヌ語は先祖の言葉だが、研究対象でもあった。

真志保の処女作『アイヌ民譚集』（郷土研究社、一九三七年・岩波文庫、一九八一年）の後記には、真志保が生まれ育った近代アイヌ社会と、東京在住中に彼が直面した和人の妄想の中の「アイヌ文化」との間で、真志保が置かれた立ち位置を垣間見ることができる。真志保は、自分が育った登別にはアイヌの家が二、三軒しかなく、日常交際するのは和人がほとんどであったこと、両親ともにアイヌとはいえ、両親が家庭でアイヌ語を使うことはほとんどなかったことを述べている。真志保にとってアイヌ語は「外国語」同然だった。しかし、それを真志保は「同化を強いられた」というコンテクストで述べてはいない。真志保の故郷幌別には開明的なアイヌが多く、英語の読み書きができる七十代の老婆や、「毎日欠かさず新聞を読んで婦人参政権を論ずる婆さん」さえいると述べるが、この点についても、ことさらアイヌは近代化を遂げているわけでもない。アイヌは和人と同時代人で、近代社会を生きている。それは単なる事実なのである。

しかし、一高に進学した真志保は、東京で同級生や身の回りの和人から、アイヌは熊の肉を主食にしている、アイヌの娘は「口辺に入墨」をしている、アイヌは「野蛮人」である、などと折に触れ、聞かされ続ける。自分自身も経験していないような「アイヌ文化」が嘲笑と侮蔑の対象となって、自分を痛めつけるための資源として使われる。真志保は和人が親切にも彼に教示してくれるような「アイヌ文化」が消えていくことに感傷を感じてはいない。「一日も早く新しい文化に同化してしまふことが、今ではアイヌの生くべき唯一の道なのであるから、幌別村が他村に百歩を先んじて、早くも然ういふ状態に立到つたことを、私は寧ろ喜ばしく思ふものである」(『知里真志保著作集1』平凡社、一九七三年、一五一頁)。なお、真志保が「新しい文化」への同化と述べ、「日本文化への同化」と述べていない点には留意すべき点だろう。近代化はグローバル化現象のひとつであって、明治期以降、日本文化も「新しい文化に同化」し、劇的な変容を遂げていた。

真志保は和人に対しても、アイヌに対しても、入り組んだ感情を持っていたとみられる。だがそれは、マツが和人とアイヌ同胞に対して入り組んだ感情を持っていなかった、ということではない。マツはマツなりの単純ではない感情を持っていたにちがいない。真志保は和人にアイヌ女性の入墨（シヌイエ）のことを嘲笑されて不快感を抱いているが、マツはまさにシヌイェを持つアイヌ女性である。マツはクリスチャンであり、当時、アイヌの中にはキリスト教をよく思わない人々も少なくなく、マツたちを「異端者として冷ややかな眼で見ている人達も多い」とマツは述べている[33]。

このように、マツと真志保の和人社会、アイヌ社会双方に対する「入り組んだ感情」はそれぞれに異なる性質を持っていたと考えられる。しかし、根底にある違いは、一言でいうと両者のアイヌ文化観の違いにあるのではないだろうか。マツの母語はアイヌ語で、アイヌ口承文学を含むアイヌ文化について、表面的ではない理解が身についていた。マツは単に言語学者・真志保にアイヌ語資料として物語を託しただけでなく、もしかしたら甥・真志保にアイヌ口承文学の世界観・認識論を学んでほしかったのかもしれない。そのような期待があったとして、真志保はその短い生涯の間、その期待に応えることはなかった。真志保宛ノートと真志保の研究の間に、マツと真志保、伯母と甥であり、アイヌ語の師匠と弟子であった二人の間のアイヌ観・和人観をめぐる葛藤をみることができる。

萱野茂の場合

アイヌ口承文学に残るアイヌ―和人関係の中には、真志保に限らず、現代アイヌにとってただちに受容し難い要素があるのではないだろうか。真志保の態度について考えるために、萱野茂の和人関係モティーフの物語に対する姿勢を参照してみたい。

萱野が『萱野茂のアイヌ神話集成6』（ビクターエンタテインメント、一九九八年）で発表した「和人がイナウを作ったが（sisam kar inaw）」というアイヌ散文説話がある。物語の概要は以下のとおりである。

私（アイヌ男性）には和人の友人がいる。その友人は、殿の命令で蝦夷地の地図を作るために航海にでなければならなくなる。私は彼にイナウ（アイヌの祭具）の作り方を教え、神に祈りながら旅するよう教える。彼は言われた通り、神に祈りながら航海をしたが、和人たちの乗った船は旅の途中で巨大な鳥に襲われる。和人の仲間はみな死に、私の友人だけが傷だらけの姿で帰って来る。彼は「あなたがイナウの作り方を教えてくれたおかげで助かりました」と感謝して間もなく亡くなる。後日、私は誰でもイナウを作ってよいわけではないこと、イナウにつける先祖代々の印は他人が使ってはいけないことを知る。私は早くに父を失ったため、それを知らず、和人に教えてしまったのだった。しかし、それで彼は助かり、私に感謝しながら亡くなった。

萱野の日本語訳は全体的な傾向として、アイヌ語テクストの逐語訳ではなく、かなり意訳的な部分がある。場合によってはアイヌ文化の解説が挿入されることもある。しかし、この物語に関しては、萱野は物語そのものの印象を左右するような加筆を行っている。

物語の結末部分、主人公がイナウに関するしきたりについて説明する場面で、萱野は主人公のセリフとして「(和人に) イナウの作り方を教えたことをすこしばかり後悔しています」という一文を加えている。しかし伝承者によるアイヌ語の語りにそのようなセリフは見られない。アイヌ語テクストには、主人公が本来、一族以外が使ってはいけない先祖代々の印を和人に教えるという、アイヌのしきたり上してはいけないことをしてしまったこと、しかしそれによって、和人の友は少しだけ延命でき、感謝して死んでいったことが語られるのみで、それ以上の価値判断を行っていない。アイヌ文化としては間違った行為だったことが、人道的には (不完全ではあるものの) 善に結果したことに対する戸惑いが、余韻となってこの物語の深みになっている。

これに対し、萱野訳はアイヌ文化に反する行いをした主人公に「後悔の念」を表明させることによって、アイヌ語原文が金成マツ筆録の物語と共有する社会文化帰属とモラル帰属が交差するニュアンスのある世界を、社会文化帰属優位の世界に単純化してしまっている。萱野がこのように「強い」解釈を行った理由について、現在のところ筆者には踏み込んだ考察をする用意はない。しかし、その背景のひとつには、萱野の和人社会への複雑な感情があったのではないだろうか。

萱野は彼の先祖および彼自身の半生を『アイヌの碑』(朝日文庫、一九九〇年) という著書にまとめている。萱野は真志保よりも十七歳年下だが、祖母がアイヌ語で語る散文説話や神謡を聞きながら育った。真志保にとってアイヌ語が「外国語」であったのに対し、萱野はアイヌ語と日本語をともに母語としている。萱野の生まれ育った平取町二風谷には和人人口が少なく、小学校でもアイヌ子弟の数が和人子弟を上回る環境で、大半の近代アイヌの生い立ちにつきまとう、学校での和人からのいじめを経験することはなかったという。

しかし、このように比較的健全な環境で成長した萱野が、アイヌ民具や口頭伝承の収集を始めた当初の動機は、「すばらしいアイヌ文化を残したい」というよりは、和人のアイヌ研究者に対する憎悪であったという。一九五〇年代、萱野は家にあった民具が知らないうちに姿を消していき、しまいには父が一番大切にしていたトゥキパスイ（奉酒箸、アイヌの祭具）までがなくなっていることに気づく。

わたしが彼ら（和人の研究者——筆者注）を憎む理由はいくつかありました。二風谷に来るたびに村の民具を持ち去る。神聖な墓をあばいて祖先の骨を持ち去る。研究と称して、村人の血液を採り、毛深い様子を調べるために、腕をまくり、首筋から襟をめくって背中をのぞいて見る……。

二十代前半の萱野は「アイヌであることをすべて捨てよう」としていたと述べている。健全な幼少時代を過ごした萱野でさえ、そう思い至るような環境が、当時、アイヌが置かれた状況だったのだ。そのような期間を経て、和人研究者への憎悪から「民族意識」が目覚め、和人に奪われる前に自ら民具を収集しようと考えたのだと、萱野は述べている。アイヌ文化の価値を再認識するようになったのは、民具収集を始めた後だった。真志保同様、萱野もまた、紆余曲折を経てアイヌ文化と向き合うことになった人物なのだ。

真志保、萱野ともに、アイヌ口承文学の中の和人関係表象に関しては、ただちに継承し難いタイプのものがあるようにみえる。同じアイヌとはいえ、両者のアイヌ社会・アイヌ文化との関係も、和人社会との関係も、相当に異なる。しかし、和人との関係をとおして、アイヌおよびアイヌ文化を経験しなおすという、一種の屈折を経験している点は共通している。

非アイヌ研究者の場合

アイヌ口承文学の中の和人関係表象のすべてを、そのまま受け取ることに抵抗を感じるのは、アイヌ・アイデンティティを持たないアイヌ研究者もまた同様だったのではないだろうか。

アイヌ口承文学の中に和人が登場すること、和人の散文説話という和人由来の民話群があることについては、アイヌ語学の創始者である金田一京助が既に紹介している。和人関係モティーフは、アイヌ研究の初期の段階で、すでに認識されている事実であった。その後、二十世紀末までに記録され、翻訳・刊行されたアイヌ口承文学テクストのなかには、和人関係モティーフを含む物語も散見される。政治経済的支配関係を語る物語もあれば、そのような型にはまらない物語もみられる。したがって非アイヌ研究者は和人関係モティーフの物語を意図的に排除してきたわけではない。

しかし和人的要素は、金田一以来認識されてはいても、重視されない要素であり続けてきたのではないか。今日、「アイヌの世界観」といえばアイヌと神々の関係、つまりアイヌと自然との関係が説明される（例えばアイヌ民族博物館『アイヌ文化の基礎知識　増補・改訂版』［草風館、二〇一八年］や国立アイヌ民族博物館の基本展示）。アイヌはアイヌを取り巻く自然、すなわち、ひとつひとつの山や川、鳥の一羽一羽、動物の一匹一匹、一本一本の木や草花をすべて神と認識する。火、水、太陽、雷なども神である。これらの多種多様な神々も、人間も、それぞれに異なる役割と能力を持っている。神々は人間の持たない力を持っているが、人間の持つ能力を神々は持たない。したがって両者の関係は相互依存的であり、互いに互いを敬い合うべき関係である。神々は神の国（カムイ・モシㇼ）では人間と同じ姿で人間と同じような暮らしをしており、人間の国（アイヌ・モシㇼ）を訪問するとき、それぞれの装束をまとって降りてくる。クマの神はクマの姿で、フクロウの神はフクロウの姿で降りてくる。人間が見ている自然は、神々が人間界用の装束をつけて人間界を訪れている様子なのである。

アイヌの世界観についての以上のような定式化された説明は金田一に遡る。(34) ここには和人についての言及はない。アイヌ散文説話にも神謡にも、和人関係モティーフは繰り返し語られており、金田一もそれを認識しているが、捨象して構わないとも認識されているようである。

アイヌと自然の関係にしか焦点をあてない、金田一的な「アイヌの世界観」の語りは現代まで連綿と受け継がれてきた。今日まで、アイヌ口承文学の中の和人関係モティーフは、研究者によって、アイヌ文化に本質的な要素ではない、重要ではないとみなされ続けてきたのである。

一方、一九八〇年代以降、和人の暴力・抑圧を語るモティーフに言及する著述が現れるようになる。一九七〇年代に、アイヌによる尊厳回復運動が活発化し、萱野の憎悪を買ったようなアイヌ研究のあり方は、アイヌによる痛烈な批判に晒され、継続困難となっていった。この時期を経て、アイヌは「侮蔑の対象」から、救済されるべき「社会的弱者」として再発見されていった。アイヌは日本の政治権力による支配、和人による暴力や民族差別に苦しめられてきた被害者として見出され、アイヌとアイヌ文化の尊重は日本の政治権力や学術的権威への批判と表裏一体のものとなっていった。このような思考型のもと、社会問題の告発とアイヌ文化の再評価を、相互不可分的な文脈で言及するタイプの言説がアイヌに関する言説の一種の定型となっていった。このような流れのなかで、アイヌ口承文学のなかの、特定のタイプの和人関係モティーフが、和人の悪行の証拠として取り上げられるようにもなった。

他方、アイヌ語研究者の意識も変化していった。一九七〇年代以降、アイヌ語・アイヌ文化研究に着手した非アイヌ研究者は、伝承者との生身の付き合いのなかで、和人がアイヌの人権や尊厳はもちろん、アイヌの生活圏そのものを破壊したという現実に向き合わざるを得なかった。一九八〇年代以降、新しい世代の研究者がアイヌ語研究を担うようになり、近世後期の漁業労働に関係する散文説話が紹介されるようになった(35)。

非アイヌ研究者が関心を寄せたのも、真志保同様、和人による暴力や抑圧を語るモティーフであった。そして、和人関係モティーフの意識化によって、アイヌの世界観・文化観に修正が加えられることもなかった。

アイヌ語テクストに直接アクセスできるアイヌ語研究者の傾向は、その他の学問分野のアイヌ研究に少なからぬ影響を与えることとなる。多くの研究者は翻訳テクストや二次文献を利用する。したがってアイヌ語研究者によるフィルターは拡大鏡の働きをする。結果、日本語訳や二次文献のアイヌ口承文学テクストにおけるアイヌ—和人関係表象が、まさにアイヌの和人表象として受容され、アイヌと和人の歴史的関係をアイヌ自身の言葉によって証明する証拠として参照されることになる(36)。

このように、アイヌの和人に対する不信感、対立関係、支配と抑圧を比較的単純に語る物語が繰り返し参照される一方で、そのような歴史観にそぐわない物語や、分りにくい要素は分析対象になりにくい。アイヌ・アイデンティティの有無にかかわらず、研究者が消化しきれない物語がアイヌ口承文学の中にはあり、そのような物語は翻訳されにくく、翻訳されたとしても参照されにくい。結果として継承されてきたのは、アイヌ口承文学の世界観そのものというよりは、非アイヌ研究者に理解可能なアイヌの世界観だったのではないだろうか[37]。

継承されなかった物語

アイヌ、非アイヌにかかわらず研究者は、マツが記録したようなニュアンスに富み、奥深いアイヌと和人の関係表象を「継承」することができなかった。しかし、それは単純に批判すべきことでもない。むしろ、それを継承できなかった社会背景を考察する方がアイヌ口承文学の未来にとって生産的であろう。

マツの物語の大部分に共通するテーマ、文化固有性を超えて人間の本性は同じである、自然な状態においてアイヌも神々も和人も同様である、といった世界観が、近代のとりわけアイヌ男性に継承し難かったのは、当時の日本社会が社会文化帰属優位の世界であって、それによってすべてが決定する世界であったためだろう。真志保も萱野もまさにアイヌであるがゆえに、和人と同等には扱われないという屈辱を数多く経験してきたのだ。マツの物語に対する真志保のシニカルな態度、和人との関係を語る本格的な物語を取り上げない態度が、真志保のマッに対する回答だったのだろう。アイヌが日本社会で最も見捨てられた人々であった時代に、あえてアイヌ研究に携わった研究者もまた、和人の罪を問う以外の物語を良心が受けつけなかっただろうことも理解できる。

アイヌにも悪人はいるし、和人にも善人はいる、和人はアイヌと異なるが、モラル帰属を同じくする者同士は協力しあえる、モラル帰属を異にする人々は社会文化帰属が同じであっても脅威になる、というある意味で当然の物語を、アイヌも和人も継承できなかった。そのような世界を信じることができなかった。この事実が、二十世紀のアイヌの経験を強烈に物語っている。マッが残した物語を継承できるかどうかは、二十一世紀に生きる我々に残された課題である。

アイヌ口承文学の和人関係モティーフが周縁化されてきたもう一つの理由に、外国や異民族の要素を含まないものを「固有の伝統文化」とみなす考え方もあるかもしれない。しかしながら、それそのものが和人的な認識論に過ぎないのではないか、という問いをたてることも可能である。サハリンや北東アジアの先住民の神話や民話には隣接異民族がしばしば登場する。[38] たとえばニヴフ（アムール川河口下流やサハリンの先住民族）の伝承には、ニヴフ、ウィルタ（サハリン東部の先住民族）、アイヌが同時に作られたという起源神話がある。同様に、チュクチ（シベリア北東端の先住民族）の神話ではチュクチと、その隣接先住民であるコリヤーク（カムチャツカの先住民族）の起源が同時に説明される。ユカギール（シベリア東部の先住民族）にもチュクチの起源神話がある。異民族との関係を説明する神話や民話は、おそらく歴史の過程で加えられたものだろう。しかし、そうであったとしても、自文化についてのみ排他的に語る文化と、隣接民族を自らの世界の一部として語る文化がある、ということが、これ等の事例からわかる。

異民族との関係に言及するか否か、ではなく、どのように言及するかという点に文化の独自性がある。アイヌが和人との関係をどのように語ってきたか、その語り方にアイヌ文化の個性が見出せるはずである。

金成マツの位置づけ

マツが真志保に残した物語は、当然ながら、マツの創作ではなく、マツが母から継承した物語および彼女が親族の女性たちから聞き取った物語群である。和人との関係を冷静な視点で語る物語群はマツが継承した幌別アイヌ女性の遺産といってよいだろう。しかし、このような表象を、後の世代のアイヌも和人も受けつけることができなかった。

真志保ノートのなかの和人関係モティーフの物語は、和人に好意的な物語ばかりというわけではない。暴力的な和人、アイヌに対し侮蔑的で己惚れの強い、何でも金品で解決しようとする愚かな和人男性は和人表象のひとつの典型ともいえる。しかし、マツの物語は特に和人に批判的な印象も与えない。和人の悪人は、悪神やアイヌの悪人キャラクターと共通する性格を持っており、モラル帰属の点では同類である。和人関係モティーフはその他のアイヌの物語から孤立して存在しているわけではなく、その中のひとつのヴァリエーションとして存在する。アイヌ口承文学というコンテクストのなかに和人による悪行の物語を置いて読めば、それが特定のタイプの和人に対する批判であることは間違いないが、より普遍的な観点でとらえられていることが理解できる。

また、真志保宛ノートの和人表象の類型は極めて多様である。正義感に溢れる殿、親切で友好的な殿、強欲で傲慢な殿、横暴な上司に苦しめられる殿、上司を欺く悪逆な部下、貧しい和人漁師など、実に多様な和人が登場するので、多くの物語に触れれば触れるほど、和人を単純化することは難しくなる。この点も、マツの物語が短絡的な和人批判にみえない理由の一つだろう。

しかし、この点についても和人表象に限った事ではない。アイヌ口承文学は一般に、アイヌについても、神々についても、集団のイメージで個体を評価することも、個体のイメージを集団に敷衍することもない。マツの物語には和人もおののくような非道を行うアイヌがしばしば登場する。恐ろしいはずの人食い魔神の中にも心優しいのがいて、アイヌを助けてくれる話も複数ある。アイヌが無垢な弱者で、和人が非道で横暴な悪人といった表象は、個々の物語レベルで成立することはあるが、真志保宛ノート全体としては成立しない。

マツは真志保や萱野よりも上の世代だが、三者の生きた時代は部分的に重なってもいる。ほぼ同じ時代を生きながらも、マツと真志保や萱野を隔てたのは何だろうか。一つ考え得るのは、真志保と萱野が、和人の西洋近代的な人類史観と対峙しながらアイヌ文化に向き合い始めたのとは異なり、マツはアイヌ口承文学的な価値観を通してキリスト教に出会ったのではないか、ということだ。キリスト教の洗礼を受けたとき、マツは十八歳になっていたのである。

一八九四年に函館アイヌ学校を訪れたイギリス人女性エディス・ベアリング＝グールドは、台風の被害を受けた九州の和人に対し、マツが「彼らは私の兄弟姉妹です。私たちすべての父は天におられます」と言って自らの貯蓄を寄付したと記している。田辺陽子は『英国聖公会宣教協会の日本伝道と函館アイヌ学校』（春風社、二〇一八年）で、これをキリスト教的隣人愛の実践と述べているが、アイヌの道徳においても、心根の善い人間は困っている人を憐れみ、助け、自分の持てるものを与えるものである。マツはキリスト教的人類愛の前に、アイヌ的価値観を知っていたはずである。金田一はマツの信仰について「不思議な事に、キリスト教の信仰と、アイヌの神の信仰とを二つとも持って、今日まで何の衝突も矛盾も感ぜずに暮らして来ている」と述べている。[39] マツにおけるキリスト教とアイヌの信仰の両立・共存を、金田一は「不思議な事」と述べるが、真志保宛ノートの物語の数々を読めば、マツはアイヌの思想や価値観を補強するものとしてキリスト教に出会ったのだろうと考えずにはいられない。

一方でマツがクリスチャンだったがゆえに、アイヌの物語をキリスト教的価値観で脚色したのではないかという可能性については、少なくとも筆者はそうは考えない。マツの物語は、多くのアイヌ女性から聞いた物語群であること、「和人がイナウを作ったが」のように、幌別以外の地域の物語にもモラル帰属と社会文化帰属の二つの変数が働いていることを観察できることなどを考慮すれば、冷静さと公平さはアイヌの認識論そのものの性格だろうと考える。

おわりに

マツはアイヌであるだけでなく、シヌイェのあるアイヌ女性であり、ハンディキャップがあり、生涯独身で、クリスチャンだった。つまり、彼女は日本社会においてのみならず、アイヌ社会においても、女性のなかでもマイノリティだった。当時、クリスチャンを嫌うアイヌは少なくなかった。アイヌが善良な弱者である、という社会文化帰属とモラル帰属の混同を、マツはそもそもしなかっただろう。シヌイェを持つことは、シヌイェのないアイヌ以上に和人から奇異の視線を受けたことだろう。マツが和人との関係において、真志保や萱野よりも、傷つけられることが少なかったなどとは誰も言えないだろう。

彼女が残した物語の冷静で公平な世界観はマツの創作ではなく、彼女が受け継いだアイヌ文化の遺産である。それを真志保は「継承しなかった」。言語の継承が認識論の継承を可能にすることは確かだが、言語が継承されれば認識論もそのまま継承されるわけではないことを、アイヌ口承文学の記録と継承の関係は示している。真志保や萱野はアイヌ語を継承することはできたが、アイヌ口承文学に残るアイヌの世界観の特定の部分を受け継ぐことに抵抗していたようにみえる。

私たちは、真志保や萱野が特定のタイプの伝承に抵抗を示したことを責めることはできない。伝承者たちの置かれた社会的状況を目の前にして、非アイヌ研究者たちが、和人の加害者としての側面に関心を向けざるを得なかったことも理解できる。このような過程を経たからこそ、マッの残した物語群が投げかける問いは今、より重く、深淵に感じられる。

西洋近代における人間についての「科学」では、社会文化帰属の別が人間の価値の別とほぼ同義であった。このような認識論に出会ったときに、公平であること、社会文化帰属にかかわらず、モラル帰属を同じくするものと関係を結ぶべし、というアイヌ口承文学的な認識論こそが、アイヌという社会文化帰属そのものを貶める和人や西洋人と自らを画するものとなる。善良な和人との友情の物語を不問に付し、悪逆な和人に苦しめられる善良なアイヌの物語だけに焦点をあてるならば、社会文化帰属ですべてを判断しようとする和人や西洋人と変わらない。一見アイヌにとって不都合に見える物語も、理解に苦しむ物語も含めて、より多くの物語を知っていることが、心の柔軟性、強さ、寛容さを育むということを、マッは聖書の物語を読む前に、アイヌの物語によって知っていたにちがいない。

以上のような認識論が継承されなかった理由は、継承する側の伝承への信頼と伝承者に対する敬意の喪失であり、その背景にはアイヌが置かれた社会的状況がある。その同じ時代状況の中でマッが、同時代のアイヌにとって受け入れがたい物語も含めて伝承を記録したことは、マッの圧倒的なマイノリティという社会的立場が普遍的な価値に対する強い敬意と信頼を可能にしたためなのではないかと考える。

アイヌ口承文学のなかのアイヌ―和人関係は、両者が海で隔てられ、海でつながっていた時代のアイヌによる表象であり、記憶である。両者の間から海が除かれ、陸続きになったとき、両者関係の肯定的な側面を語る物語は、アイヌにも和人にも受け入れがたくなっていった。海は両者の間にある地理的、文化的、社会的距離を維持しつつ、両者をつなげる交通路でもあった。海という物理的バッファーゾーンの喪失は、社会文化帰属の別を超えた敬意を可能にする、心理的バッファーゾーンも同時に破壊してしまったといえる。

そのような状況下で、マツだからこそ残すことが出来た数々の物語がある。それらをとおして、私たちは一度失われたアイヌと和人の関係を再発見することができる。善なるものたちの同盟を作り直すこともできるのである。

（文中敬称略）

＊本稿は、帝京大学博物館ミュージアムセミナー『海』から読みとく歴史世界」（二〇二三年）の講座「継承されなかった物語――金成マツ筆録アイヌ散文説話のアイヌ―和人関係表象」、フランス日本研究学会（二〇二三年）での口頭発表 Stories Uninherited: Representation of Ainu-Japanese Relations in Ainu Folk Tales Transcribed by KAN'NARI Matsu を加筆修正したものである。

〈注〉

（1）一九九〇年代以降、三十六の散文説話が翻訳されている（北海道教育庁生涯学習部文化課編、白老楽しく・やさしいアイヌ語教室刊行物＝いずれも章末参考文献を参照、また藤田護「金成マツ筆録ノートの口承文学テクストの原文対訳及び解釈：散文説話『六人の山子（iwan yamanko）』」『千葉大学大学院人文公共学府研究プロジェクト報告書』３２５集、二〇一八年）。このうち一話「感冒の神と一緒に宝物を見せ合う」（『金成マツ筆録盤木アシンナン口述ウエペケレ８話の研究』白老楽しく・やさしいアイヌ語教室、二〇二〇年に収録）は、真志保が翻訳している（「シカトル神と宝比べ」『知里真志保著作集２』平凡社、一九七三年、三二五～三二九頁）。

（２）ネトルシップがマツを函館に伴った理由は、障害のあるマツが将来生計を立てられるようミシンを習わせるため（蓮池悦子「知里ノート［道立図書館蔵］の中の金成マツノート目録」『アイヌ文化』12号、アイヌ無形文化伝承保存会、一九八七年）、函館の病院で治療を受けるため（小野邦夫『金成マツ（ＤＶＤ）』北海道アイヌ協会登別支部、二〇一一年）などといわれている。ナミの回想によると、函館アイヌ学校でマツは「オルガン鳴らしたりミシンやったり」しており、助手のような立場で在学していたらしい（小川正人「函館と近代アイヌ教育史：谷地頭にあったアイヌ学校の歴史」『市立函館博物館研究紀要』25号、二〇一五年）。

（３）仁多見巖「ジョン・バチェラー伝（その五）」『北海道地方史研究』35号、一九六〇年。

（４）富樫利一『維新のアイヌ金成太郎』未知谷、二〇一〇年。

（５）モナシノウクもこの年、洗礼を受ける（富樫利一『息吹よふたたび　アイヌの人と共に』彩流社、二〇二一年）。

（６）人称と外来要素の関係については中川裕「アイヌ散文説話における外来的要素と人称」『日本文学』42巻1号、一九九三年を参照。

（７）菅江真澄「えぞのてぶり」（一七九一年）に、長万部で聞いた「ユウガリ」の要約がある（菅江真澄『菅江真澄遊覧記２』平凡社ライブラリー、二〇〇〇年、二九一～二九三頁）。蝦夷通詞・上原熊次郎による『藻汐草』（一七九二年）には「ユーガリ　浄瑠理の事」と題したアイヌ語テクストがある（上原熊次郎『藻汐草』国書刊行会、一九七二年）。最上徳内「渡島筆記」（一八〇八年）にも「ユウカリ」の要約二編がある

（最上徳内「渡島筆記」『近世庶民生活史料集成4』三一書房、一九六九年、五三一～五三四頁）。

（8）『金田一京助全集7』三省堂、一九九二年、七〇頁。

（9）蓮池悦子（「伝承と伝承者：金成マツ」『岩波講座日本文学史17』岩波書店、一九九七年、二八三頁）によると、うち五篇は金田一宛と重複しているが、一篇あたりの語彙数は真志保用の方が圧倒的に多いという。

（10）この数字は筆者が北海道立図書館蔵「知里真志保遺稿ノート複写資料」（請求番号ア92－C－13～38）、同「知里真志保遺稿ノートマイクロフィルム」（請求番号HM458）に基づいて数えたものである。真志保宛ノートには、ジャンル分類の難しいテクストや、後年の製本乱れによるものか、異なる物語が一つに綴じられていたり、同じ物語が別々に綴じられていたりするもの、前後の欠落した不完全なテクストもある。したがって、数え方によって数字は異なってくる。蓮池悦子は、真志保宛ノートのすべての言語テクストの内訳を、英雄叙事詩六話、散文説話百五十一話、歌謡等五十八曲、計二百十五、総頁数三千八百五十六頁としている。蓮池作成による真志保宛ノートの目録の項目総数は百八十六である（蓮池悦子「知里ノート（道立図書館蔵）の中の金成マツノート目録」『アイヌ文化』12号、アイヌ無形文化伝承保存会、一九八七年）。なお、同目録に掲載されていない物語も六点存在することを筆者は確認した。

（11）マツ以外の伝承者による物語には、交易相手の殿が必ずしも「善人」とはいえない例も見られる。平賀サダロ伝「母と父がその息子を和人にやって置いてきた」では、ウイマㇺ相手の殿がアイヌの村長の子どもを欲しがり、村長夫婦はやむなく子どもを和人の国に置いて帰る（田村すず子『アイヌ語音声資料3』早稲田大学語学研究所、一九八六年）。これとよく似た物語を白沢ナベも伝承している（中川裕「白沢ナベ口述カムイユカㇻ　ソレイパソレ：和人の若殿の物語」『千葉大学ユーラシア言語文化論集』21号、二〇一九年）。また、ウイマㇺ・モティーフと似てはいるが混同すべきではないモティーフに「呼び出し」のモティーフがある。和人の国からアイヌの村長に和人地に来るようとの伝言や手紙が繰り返し来て、村長が和人の国へ行くと危険が待ち受けており、最悪の場合殺害される。和人の国訪問が主体的なものか、強制的なものかで、その意味は大きく異なるのである。この点は、和人の政治権力による「御目見」の制度化の意味を考える際に重要な論点となるだろう。「御目見」が義務化され、アイヌの意に関わらず和人側が来訪を強要したとすれば、それはウイマムではなく呼び出しなのである（坂田美奈子「アイヌ口承文学におけるウイマム概念」『歴史学研究』958号、績文堂出版、二〇一七年）。

(12) 北海道立図書館蔵「知里真志保遺稿ノート複写資料」（請求番号ア92－C－14）、北海道教育庁社会教育部文化課編『トゥイタㇰ（昔語り）3』北海道教育委員会、二〇〇〇年。

(13) アイヌ口承文学に登場する「殿（tono）」は和人男性に対する敬称で、武士を指すことが多いが、それ以外の和人を指して使われることもある。「大殿（kamuy tono）」は藩主を指すことが多いが、単に相対的に身分の高い武士を指す場合もある。神の大将を殿と呼ぶこともあるが（isepo tono［兎の殿］など）、アイヌに対しては使わない。殿はアイヌではない存在に対する敬称といえるかもしれない。

(14) 北海道立図書館蔵「知里真志保遺稿ノート複写資料」（請求番号ア92－C－27）、『知里真志保著作集1』平凡社、一九七三年、一九〇～一九八頁）。

(15) 北海道立図書館蔵「知里真志保遺稿ノート複写資料」（請求番号ア92－C－27）。

(16) 稲田浩二、小澤俊夫編『日本昔話通観1　北海道（アイヌ民族）』同朋舎、一九八九年のモティーフ・インデックスには「妻女奪還」という項目がたてられており、誘拐された女性を主人公が奪い返すというモティーフを含む三話およびそれらの類話十七話が掲載されている。物語の採録地は北海道の南西部から道東および道央に渡っている。

(17) 北海道立図書館蔵「知里真志保遺稿ノート複写資料」（請求番号ア92－C－33）。

(18)「貧しい老和人の話（sine yayko an ipesikasure onne sisam oruspe」（北海道立図書館蔵「知里真志保遺稿ノート複写資料」（請求番号ア92－C－34）、『知里真志保著作集2』平凡社、一九七三年、四三三～四三五頁）、「ある仕事のできない和人が娘を育てる話（sine irapokkari sisam matnepo resu oruspe）」（北海道立図書館蔵「知里真志保遺稿ノート複写資料」〔請求番号ア92－C－34〕）、「昔々殿様が魚釣りに山へ行き道に迷う（husko ne kamuy tono peray kusu kim ta oman awa sitouraynu）」（北海道立図書館蔵「知里真志保遺稿ノート複写資料」〔請求番号ア92－C－34〕）、『金成マツ筆録豊年ヤイコレカ・ニサシテク・フッチャンル口述ウエペケレ5話の研究』白老楽しく・やさしいアイヌ語教室、二〇二四年、九六～一二八頁。

(19)「両親の仇を討った若殿の物語」一九三二年採録、久保寺逸彦『アイヌの昔話』三弥井書店、一九七二年、二五二～二六三頁。

(20)「ウラシペッの長者、殿に魚釣りをさせられる（uraspet nispa tono orowa a=cepkoykire）」（北海道立図書館蔵「知里真志保遺稿ノート複写資料」〔請求番号ア92－C－33〕）、「昔々殿様が魚釣りに山へ行き道に迷う（huskone kamuy tono peray kusu kimta oman awa sitouraynu）」（北海道立図書館蔵「知里真志保遺稿ノート複写資料」、『金成マツ筆録豊年ヤイコレカ・ニサシテク・フッチャンル口述ウエペケレ5話の研究』白老楽しく・やさしいアイヌ語教室、二〇二四年、九六～一二八頁）。

(21)『知里真志保著作集1』平凡社、一九七三年、八～一三頁。

(22) 同右、二八～三一頁。

(23) 土橋里木『甲斐昔話集』郷土研究社、一九三〇年、五四～五六頁。佐竹昭広『民話の思想』中公文庫、一九九〇年、一五三～一五五頁。

(24) 関敬吾『桃太郎・舌きり雀・花さか爺』岩波文庫、一九五六年、二一～二三頁。

(25)『柳田國男全集10』ちくま文庫、一九九〇年、四三～四四頁。

(26)『知里真志保著作集1』平凡社、一九七三年、四四四頁。

(27) 同右、四四三～四四四頁。

(28) 北海道立図書館蔵「知里真志保遺稿ノート複写資料」、『金成マツ筆録豊年ヤイコレカ・ニサシテク・フッチャンル口述ウエペケレ5話の研究』白老楽しく・やさしいアイヌ語教室、二〇二四年、九六～一二八頁。

(29)『知里真志保著作集1』平凡社、一九七三年、二一二～二一六頁。
(30) 一度過ちを犯したクマ神が人間に謝罪し反省し、許される物語もある。たとえば金成マツ筆録「ウンマヤの長者と私は仲良し (ummaya un nispa a=ekatarotke)」北海道立図書館蔵「知里真志保遺稿ノートマイクロフィルム」(請求番号HM458－113)。
(31) 例えば、盤木アシンナン口伝「貧しい爺と婆の口喧嘩 (wen kur ekasi newa wen kur huci upaekoyki)」(北海道立図書館蔵「知里真志保遺稿ノート複写資料」(請求番号ア92－C－14)、『金成マツ筆録盤木アシンナン口述ウエペケレ8話の研究』白老楽しく・やさしいアイヌ語教室、二〇二〇年、二四～五八頁)。滝本イチ口伝「イシカリの村長は息子たち、村人たちと共謀し悪い企てをしている (iskar un kotan kor kur poho utar newa utarihi utar tura sonno ukosamke wa wen kewtum korpa)」北海道立図書館蔵「知里真志保遺稿ノート複写資料」(請求番号ア92－C－22)。金成マツ口伝「シカトルケ神に助けられた話」『知里真志保著作集2』平凡社、一九七三年、三三五～三三八頁。
(32) 北海道立図書館蔵「知里真志保遺稿ノート複写資料」(請求番号ア92－C－33)。
(33)「神の教へを信じ神の恵に生きる女：旭川の旧土人金成マツ　シヤモの嘲笑と闘ふて（一）」『北海タイムス』一九二二年七月二十七日付。
(34)『金田一京助全集10』三省堂、一九九三年、八～一二頁。
(35) 中川裕『アイヌの物語世界』平凡社ライブラリー、一九九七年。志賀雪湖「アイヌ口承文芸における『歴史』」『歴史評論』639号、歴史科学協議会、二〇〇三年。
(36) Philippi, Donald L. "*Songs of Gods, Songs of Humans: The Epic Tradition of the Ainu*" Tokyo: University of Tokyo Press, 1979, p247
Siddle, Richard "*Race, Resistance, and the Ainu of Japan*" London: Routledge, 1996, p126
Walker, Brett L. "*The Conquest of Ainu Lands: Ecology and Culture in Japanese Expansion 1590-1800*"

Berkeley: University of California Press, 2001, pp.209-211.

(37) このような傾向に対し、筆者はかつてアイヌ散文説話における和人関係モティーフに着目し、アイヌ散文説話の世界はアイヌ、神々、和人からなる世界であること、属性の違いが対抗図式として認識されることはないことなどを指摘した（坂田美奈子『アイヌ口承文学の認識論：歴史の方法としてのアイヌ散文説話』御茶の水書房、二〇一一年）。しかし当時、収集できたサンプル数に限りがあり、研究手法も確立しておらず、未熟な点が多かったことは否めない。しかし、真志保宛ノートの全体に目を通した今、基本的な論旨については現在も有効であると考えている。

(38) E・A・クレイノヴィチ、枡本哲訳『サハリン・アムール民族誌——ニヴフ族の生活と世界観』法政大学出版局、一九九三年、二六四〜二六五頁。服部健『服部健著作集』北海道出版企画センター、二〇〇〇年、一六七頁。C・F・コックスウェル、渋沢青花訳『北方民族（上）の民話』大日本絵画巧芸美術、一九七八年、二四頁。荻原眞子『北方諸民族の世界観：アイヌとアムール・サハリン地域の神話・伝承』草風館、一九九六年、一一一〜一一二頁。

(39)『金田一京助全集12』三省堂、一九九三年、三四一頁。

〈参考文献〉

アイヌ民族博物館『アイヌ文化の基礎知識　増補・改訂版』草風館、二〇一八年

稲田浩二、小澤俊夫編『日本昔話通観1　北海道（アイヌ民族）』同朋舎、一九八九年

上原熊次郎『藻汐草』国書刊行会、一九七二年

小川正人「函館と近代アイヌ教育史——谷地頭にあったアイヌ学校の歴史」『市立函館博物館研究紀要』25号、二〇一五年

荻原眞子『北方諸民族の世界観——アイヌとアムール・サハリン地域の神話・伝承』草風館、一九九六年

小野邦夫『金成マツ（DVD）』北海道アイヌ協会登別支部、二〇一一年
萱野茂『ウエペケレ集大成』アルドオ、一九七四年
萱野茂『カムイユカラと昔話』小学館、一九八八年
萱野茂『アイヌの碑』朝日文庫、一九九〇年
萱野茂『萱野茂のアイヌ神話集成6』ビクターエンタテインメント、一九九八年
「『金成まつユーカラ集』解題」金成まつ筆録、金田一京助訳註『アイヌ叙事詩ユーカラ集1』三省堂、一九五九年
『金成マツ筆録金成アシリロ口述ウエペケレ10話の研究』白老楽しく・やさしいアイヌ語教室、二〇一七年
『金成マツ筆録盤木アシンナン口述ウエペケレ8話の研究』白老楽しく・やさしいアイヌ語教室、二〇二〇年
『金成マツ筆録知里ハツ口述ウエペケレ5話の研究』白老楽しく・やさしいアイヌ語教室、二〇二一年
『金成マツ筆録滝本イチ口述ウエペケレ7話の研究』白老楽しく・やさしいアイヌ語教室、二〇二三年
『金成マツ筆録豊年ヤイコレカ・ニサシテク・フッチャンル口述ウエペケレ5話の研究』白老楽しく・やさしいアイヌ語教室、二〇二四年
『金田一京助全集7』三省堂、一九九二年
『金田一京助全集8』三省堂、一九九三年
『金田一京助全集10』三省堂、一九九三年
『金田一京助全集12』三省堂、一九九三年
金田一京助『ユーカラの人びと』平凡社ライブラリー、二〇〇四年
金田一京助「アイヌの昔話二篇――知里幸恵集拾遺」『民族学研究』21巻3号、一九五七年
久保寺逸彦『アイヌの昔話』三弥井書店、一九七二年
E・A・クレイノヴィチ、枡本哲訳『サハリン・アムール民族誌――ニヴフ族の生活と世界観』法政大学出版

局、一九九三年
C・F・コックスウェル、渋沢青花訳『北方民族（上）の民話』大日本絵画巧芸美術、一九七八年
坂田美奈子『アイヌ口承文学の認識論——歴史の方法としてのアイヌ散文説話』御茶の水書房、二〇一一年
坂田美奈子「アイヌ口承文学におけるウイマム概念」『歴史学研究』958号、績文堂出版、二〇一七年
佐竹昭広『民話の思想』中公文庫、一九九〇年
志賀雪湖「アイヌ口承文芸における『歴史』」『歴史評論』639号、歴史科学協議会、二〇〇三年
菅江真澄『菅江真澄遊覧記2』平凡社ライブラリー、二〇〇〇年
関敬吾『桃太郎・舌きり雀・花さか爺』岩波文庫、一九五六年
関敬吾『一寸法師・さるかに合戦・浦島太郎』岩波文庫、一九五七年
高倉新一郎「我国最初の植民地法制」『法律春秋』第5巻4号、南郊社、一九三〇年
高倉新一郎「アイヌの刑罰」『法律春秋』第6巻3号、南郊社、一九三一年
高倉新一郎「能登西雄談話聞書」『北海道社会事業』第37号別冊、北海道社会事業協会、一九三五年
田辺陽子『英国聖公会宣教協会の日本伝導と函館アイヌ学校』春風社、二〇一八年
田村すず子『アイヌ語音声資料3』早稲田大学語学研究所、一九八六年
『知里真志保著作集1』平凡社、一九七三年
『知里真志保著作集2』平凡社、一九七三年
富樫利一『維新のアイヌ金成太郎』未知谷、二〇一〇年
富樫利一『息吹よふたたび　アイヌの人と共に』彩流社、二〇二一年
土橋里木『甲斐昔話集』郷土研究社、一九三〇年
中川裕「アイヌ散文説話における外来的要素と人称」『日本文学』42巻1号、一九九三年
中川裕『アイヌ語をフィールドワークする』大修館書店、一九九五年

中川裕『アイヌの物語世界』平凡社ライブラリー、一九九七年
中川裕「白沢ナベ口述　カムイユカㇻ　ソレイパソレ：和人の若殿の物語」『千葉大学ユーラシア言語文化論集』21号、二〇一九年
中川裕、志賀雪湖、奥田統己「アイヌ文学」『岩波講座日本文学史17』岩波書店、一九九七年
仁多見巌「ジョン・バチェラー伝（その五）」『北海道地方史研究』35号、一九六〇年
能登屋円吉『番人円吉蝦夷記』国書刊行会、一九七二年
蓮池悦子「知里ノート（道立図書館蔵）の中の金成マツノート目録」『アイヌ文化』12号、アイヌ無形文化伝承保存会、一九八七年
蓮池悦子「伝承と伝承者：金成マツ」『岩波講座日本文学史17』岩波書店、一九九七年
服部健『服部健著作集』北海道出版企画センター、二〇〇〇年
藤田護「金成マツ筆録ノートの口承文学テクストの原文対訳及び解釈：散文説話『六人の山子（iwan yamanko)』」『千葉大学大学院人文公共学府研究プロジェクト報告書』３２５集、二〇一八年
藤本英夫『知里幸恵：十七歳のウエペケレ』草風館、二〇〇二年
北海道教育庁社会教育部文化課編『トゥイタㇰ（昔語り）1』北海道教育委員会、一九九六年
北海道教育庁社会教育部文化課編『アイヌのくらしと言葉5』北海道教育委員会、一九九七年
北海道教育庁社会教育部文化課編『トゥイタㇰ（昔語り）2』北海道教育委員会、一九九八年
北海道教育庁社会教育部文化課編『トゥイタㇰ（昔語り）3』北海道教育委員会、二〇〇〇年
北海道教育庁社会教育部文化課編『アイヌのくらしと言葉7』北海道教育委員会、二〇〇一年
北海道教育庁社会教育部文化課編『トゥイタㇰ（昔語り）4』北海道教育委員会、二〇〇二年
北海道教育庁社会教育部文化課編『アイヌのくらしと言葉8』北海道教育委員会、二〇〇三年
北海道教育庁社会教育部文化課編『トゥイタㇰ（昔語り）5』北海道教育委員会、二〇〇四年

ポン・フチ『改訂版　アイヌ語は生きている――ことばの魂の復権』新泉社、一九八七年
松浦武四郎『丁巳東西蝦夷山川地理取調日誌（下）』北海道出版企画センター、一九八二年
松浦武四郎『松浦武四郎選集4』北海道出版企画センター、二〇〇四年
最上徳内「渡島筆記」『近世庶民生活史料集成4』三一書房、一九六九年
茂木敏夫『変容する近代東アジアの国際秩序』山川出版社、一九九七年
『柳田國男全集10』ちくま文庫、一九九〇年
山本祐弘『北方自然民族民話集成』相模書房、一九六八年
Philippi, Donald L. *Songs of Gods, Songs of Humans: The Epic Tradition of the Ainu* Tokyo: University of Tokyo Press, 1979
Siddle, Richard *Race, Resistance, and the Ainu of Japan* London: Routledge, 1996
Thompson, Stith *Motif-Index of Folk-Literature: A Classification of Narrative Elements in Folktales, Ballads, Myths, Fables, Mediaeval Romances, Exempla, Fabliaux, Jest-Books, and Local Legends* Bloomington and Indiana: Indiana University Press, 1955-1958
Walker, Brett L. *The Conquest of Ainu Lands: Ecology and Culture in Japanese Expansion 1590-1800* Berkeley: University of California Press, 2001

水中に残された歴史を読みとく

——水中文化遺産の研究事例——

佐々木蘭貞

第一章　水中文化遺産・水中考古学とは

「水中考古学」や「水中文化遺産」という言葉を聞いたことがある人は多いだろう。だが、それが指している物を具体的に知っている、もしくは訪れたことがある人はどれくらいいるだろうか。おそらく、それほど多くないと思う。

しかし、実は世界では「水中文化遺産」は決して珍しい存在ではない。ユネスコ（国際連合教育科学文化機関）の推測では、世界に三百万隻の沈没船遺跡があるといい、そのほかの水没遺跡も数百万件あるとされる。後で触れるが、例えばスウェーデンで生まれ育った人で、水中文化遺産を扱った博物館を訪れたことがない人はいないであろう。スウェーデンには国を代表する文化遺産、ヴァーサ号博物館があるからだ。多くの国では義務教育で水中文化遺産について学ぶ。それは、先進国だけの取り組みではなく、例えば西アフリカのトーゴなどでも実施されている。

過去・現在の「うみ」を未来へ

私がここで扱うのは、諸外国では「Maritime Archaeology（海洋・海事考古学）」と呼ばれている学問である。そもそも考古学とは過去の人類の痕跡から当時の生活の様子を学ぶこと、そして、過去から現在へと継承されたモノを未来へと引き継ぐためにできることを探る学問である、と考えている。研究の対象は過去の事象や物であり、現在の立地は過去の生活に何ら関係はない。

私の研究対象は、「うみ」と人の関係の歴史である。この場合の「うみ」は、海・湖・河川などすべての水域を含む。人々が「うみ」という環境とどのように向き合い、それを利用し、もしくは影響を与えてきたのかを学んでいる。それは、例えば船やみなと（港・湊）とその痕跡、そこで使われた道具であったり、漁労・水産の歴史、「うみ」にまつわる信仰・伝承も研究の対象となる。海や内水域を使った貿易のネットワークも大きなテーマである。さらに、海岸・内陸における水害などの防災の歴史も近年は重要度を増している。

港の痕跡は水際に立地し、また、沈没船も陸で発見されることもあるが、やはり人と「うみ」の関係の歴史を示す証拠は水中に眠っていることが多い。その水中に存在する遺跡を調査するため「水中考古学の手法」が発達した。私達の研究は「水中にある文化遺産の研究」と誤認されがちだが、そんな浅い学問ではない。「うみ」の文化遺産からよみがえる証拠は、現在の我々と深くかかわっており、また、人類の未来を予測・検討する題材にもなる。

現在、ＳＤＧｓ（持続可能な開発目標）が掲げる十七の目標の一つに「海の豊かさを守ろう」という項目があり、この中で海洋汚染防止や生態系の回復、資源管理などのターゲットが設定されている。また「国連海洋科学の十年（二〇二一～二〇三〇年）」では、海洋に関する様々な問題の解決に科学がどのように関わっていくべきかの議論を進めている。

多くの人は、こうした議論のテーマとして海ゴミ（プラスチック）、生物多様性の維持、海水面上昇、気候変動、海洋資源の利用、持続可能な漁業活動などを連想するだろう。だが、水中文化遺産の保護も一つのテーマとして捉えられている。特に日本では「海離れ」が問題視されており、豊かな「うみ」を守るために、人と「うみ」を結び付けることが重要となる。海洋への関心の高まりの渦中に文化遺産保護の必要性を投げ込むことで、その意識を高めることを目指している。

海洋問題を話題にするとき、「未来へ残したい海」とは何か、を問われることがある。まず、現状の理解なしに未来に何を残すのかを語ることはできない。そして現状の把握には過去の理解が不可欠である。その答えを導き出すための証拠こそが、私の研究対象である。

「うみ」と人の関係の歴史を表す証拠

今から数万年前の氷河期、海水面は今よりもずっと低かった。ちょうどそのころ、今の日本人の祖先と考えられる人々が日本列島にやってきた。その後、海水面が上昇して今の日本列島の形となるが、日本の周囲の海底には、確実に人々が住んでいた痕跡がある。それは玄界灘や南西諸島、あるいは北の海かもしれない。まだ発見されていないが、日本人のルーツを知る手掛かりがあるかもしれない。瀬戸内海からナウマンゾウの化石が引き揚げられていることは、良く知られた事実だ。また南西諸島・徳之島の「ウンブキ鍾乳洞」から縄文土器が発見されている。当時は人々が生活できた空間が洞窟の中にあったのであろうが、この鍾乳洞は現在は完全に水没している。洞窟の中を泳いで行って遺跡を調査する……まさに探検隊の気分だ。

水中文化遺産と聞くと沈没船のイメージが強いが、水没遺跡も多い。オランダ・イギリス沖の遠浅の海域はドッガーバンクと呼ばれているが、氷河期（約一万年前まで）には大きな陸地（ドッガーランド）が広がっていた。この海域から石器時代の遺物が漁師の網にかかったり、洋上風力発電開発に伴う事前調査の際に発見されることがよくある。これらの遺跡は調査が進んでおり、ヨーロッパの石器時代の理解に貢献している。

伊豆諸島の神津島は、古来黒曜石が採取された場所として知られており、縄文時代の人々は丸木舟を使って島から本州へ、この石器の材料を運んでいた。そうすると、航路途中の水中にも黒曜石が散乱している場所があるはずであり、当時の舟もどこかにあるかもしれない。さらに内陸に目を向ければ、長野県諏訪湖では旧石器時代から縄文時代にかけての矢じりが大量に発見されている。湖にも多くの文化遺産が眠っている。例えば、琵琶湖の周囲には百件以上の遺跡が確認されている。

弥生時代・古墳時代には稲作や金属器が大陸からもたらされた。しかし、だれがどのようにそれらを伝えたのかはわかっていない。金属の場合だと、完成品を持ってきたのか、それともインゴット（地金）か。職人集団はどれほど日本に来たのか、もしくはこちらから技術習得を目指して人々が短期間でも移住したのかなど、未解明なことが多い。それらの謎を解くには、弥生・古墳時代の沈没船の発見を待つしかない。スリランカの「ゴダワヤ沈船」は、およそ二千年前の沈没船であるが、インドから金属製品などを運んでいたようだ。現在、調査進行中である。弥生時代の沈没船遺跡を彷彿させる発見であり、今後の調査成果に注目したい。

日本文化は、対外交流によって花開いた。遣隋使や遣唐使がすぐに思いつくが、残念ながら、それらの船はまだ発見されていない。しかし、東南アジアでは唐の時代の貿易船が発見されている。インドネシアの「ベリテュン号」はインド洋から来た船であり、中国から陶磁器類を積んでインド洋に戻る途中に沈没している。海のシルクロードを行き来した船なのである。日本近海でも、同時代の船が見つかる可能性は十分にある。

海の生業、交易の実態を示す証拠も数多く見つかっている。「海揚がり遺物」といわれ、特に瀬戸内海各地域では、漁師などが引き揚げた土器や陶磁器類が知られている。漁師からの情報をもとに発見、調査された遺跡がある。福岡県新宮町の相島海底遺跡では、平安時代の瓦が百枚以上確認された。これと同じ瓦は、福岡の窯跡と平安京、相島沖の三件しか出土事例がない。つまり生産地、消費地、そして流通の過程の三つの遺跡で見つかったことになる。しかし、なぜ九州で造られた瓦が平安京にまで運ばれたのか。その謎を解くカギは水中に沈んでいるのかもしれない。

日本の水中文化遺産といえば、元寇・蒙古襲来の遺跡として知られる鷹島海底遺跡が有名である。後述する長崎県松浦市鷹島の沖には、鎌倉時代の弘安の役（一二八一年）の際に嵐で沈没した船が発見されている。世界的にも良く知られており、ユネスコも「沈没船遺跡の例」としてコロンブスの船、スペインのアルマダ艦隊の船、タイタニック号と並べて紹介していた。この遺跡については、第二章で詳しく見てみよう。

日宋・日明貿易、戦国時代の交易の痕跡は各地で発見されている。海揚がり品の中から貿易陶磁器が見つかる場所もある。奄美大島の倉木崎海底遺跡や長崎県小値賀島の遺跡では、中国や東南アジアからの貿易品の発見が報告されている。また中国や韓国では、数十隻の沈没船が調査されていて、二百トンを超える大型の商船がアジアの海を渡っていた様子がリアルに再現可能だ。

東南アジアでも百隻以上の歴史的沈没船が確認されており、その中にはヨーロッパの船もある。日本・アジアの海で活躍した貿易船については第六章で詳しく解説する。

災害の痕跡も

日本は災害大国である。水害の証拠や水没した遺跡が各地で発見されている。これもまた、水中文化遺産だ。

富士五湖の一つ、本栖湖の湖底からは縄文土器や古墳時代の土器片などが見つかっている。平安時代の貞観の噴火（八六四年）により富士山から流れ出た溶岩が周囲の地形を大きく変えたのだが、この時に水没した遺跡だと考えられている。また高知県では白鳳地震（六八四年）で水没した黒田郡の伝承が残っており、発見に向けた探査が行われている。

琵琶湖周辺にも、明智光秀の坂本城、豊臣秀吉が住んだ長浜城の一部などが地震により水没して遺跡となっている。後の時代では、一八八八年の福島県・磐梯山噴火と山体崩壊による、堰き止め湖（桧原湖）の形成により、会津・米沢街道の宿場町として栄えた桧原宿が沈んだ。こちらの遺跡は現在、調査が進んでいる。災害と水中文化遺産についても詳しく解説する。

近現代の水中遺跡

幕末や明治時代の水中遺跡も著名なものが多い。幕府がオランダから購入した軍艦「開陽丸」（北海道江差）、坂本龍馬の「いろは丸」（広島県尾道）のほか、ウィーン万博からの帰路静岡県伊豆半島沖に沈んだフランス籍の貨客船「ニール号」も有名である。

また、沈没船は国際交流の原点ともいえる様々な事件を記録している。徳川家康とスペイン人との交流、一八九〇年に沈没したオスマン帝国の「エルトゥールル号」などについては、第七章で見ることにしよう。これらの遺跡は、過去の記憶を呼び起こし、現在の我々にも影響を与え続けている。

近現代の水中遺跡では、沈んだ軍艦を思いつく人も多いだろう。太平洋戦争で活躍した船舶、飛行機、戦車などが太平洋各地の海底に眠っている。航空母艦「赤城」や「加賀」など、ミッドウェー海戦（一九四二年）で沈んだ船舶の調査が、ちょうど二〇二三年に行われたし、沖縄周辺海域にはアメリカ海軍の駆逐艦「エモンズ」をはじめ、軍用機も沈んでいる。敗戦時に海底に遺棄された特殊潜航艇「海龍」などは伊豆下田などで発見されている。太平洋諸国では、海に沈む軍艦や軍用機がダイビングスポットになっている所もあり、地域の経済に役立っているケースもあるが、オイル漏れなど環境汚染の問題なども残る。

保護・保存に向けた取り組み

また近現代の沈船は、売却すれば金銭的価値の高い積み荷を搭載していることもあり、トレジャーハンティングや盗掘の対象となったという歴史もある。スペインのガレオン船など金銭的価値の高いものだけ引き揚げて、残りはそのまま放置されてしまうこともあった。近年は、そのような行為は文化遺産の破壊だという認識が世界的に強まっており、国際的な取り決めによって遺跡を守ろうという動きが顕著になっている。

水中文化遺産を保護する動きは世界的な流れとなっている。日本にも徐々に伝わってきているが、今まで縁遠かった水中に存在する文化遺産をどのように保護していくのか、それにはどのような問題があるのか、国際的な取り組みとは何なのかなど、よくわからないことが多いはずだ。そこで、水中文化遺産の保護保存についての国際基準となるユネスコ水中遺産保護条約について、最後に触れることにする。

文化遺産はそれ一つ一つにユニークな価値があり、一度破壊されると復元することができない、持続不可能な「資源」である。さらに、水面下に埋もれている文化遺産は、人の目になかなか触れる機会がない。海洋開発は大掛かりな装置を使い遠隔操作で掘削や埋め立てを行うことが多い。陸の工事では作業員が遺物を目にする機会もあるだろうが、海の工事では遺物を目にする機会はほぼない。さらに、海に遺跡があるという認識すらなければ、水中文化遺産は、誰にも気付かれずに破壊されて消滅していく運命をたどることになる。陸の遺跡に比べ「見えない・見つけにくい」遺跡だからこそ、保護の必要性を訴えることが重要だ。

重い腰を上げた日本政府

日本の歴史と文化は、「うみ」と密接に関わってきた。二十一世紀は海洋の世紀とも呼ばれ、世界の目は「うみ」を向いている。水中文化遺産を適切に保護・管理していくことは、国として重要な課題であると思う。

二〇一三年、文化庁は水中遺跡調査検討委員会を立ち上げ、諸外国の水中遺跡保護体制についての情報収集および国内でパイロットプロジェクトを実施し、その成果をもとに日本にとって相応しい水中遺跡保護体制の検討を進めた。三十年以上前から、日本政府の水中遺跡の保護・管理体制は世界的にも遅れており不十分であるとの指摘を受けてきたので、やっと重い腰を上げたことになる。水中遺跡調査検討委員会が刊行した『水中遺跡保護の在り方について（二〇一七）』では水中遺跡を保護する必要性を全国の地方自治体に理解してもらうこと、特に水中遺跡の把握・周知を重要課題として提示した。そして、二〇二二年度には『水中遺跡ハンドブック』において、水中遺跡とは何か、保護の必要性、調査の始め方、関連する法律、許可申請や委託業務について、保存処理、活用事例など水中遺跡を取り扱う際に必要・考えなくてはならない情報を網羅している。

今私が書いているこの論考も、文化庁や世界と日本の水中考古学界隈の動きを意識している。現在、様々な自治体が水中遺跡に関して「できること」を進めている状態にあるが、これは十年前に比べれば大きく前進している。地道に思えるかもしれないが、大きな流れを作り出すのも小さな一歩からである。しかし、水中文化遺産の持つ魅力をより多くの人に知ってもらわないと、なかなか努力が実らない。水中文化遺産を学ぶ意義とその魅力を常に考えながら書いてみた。

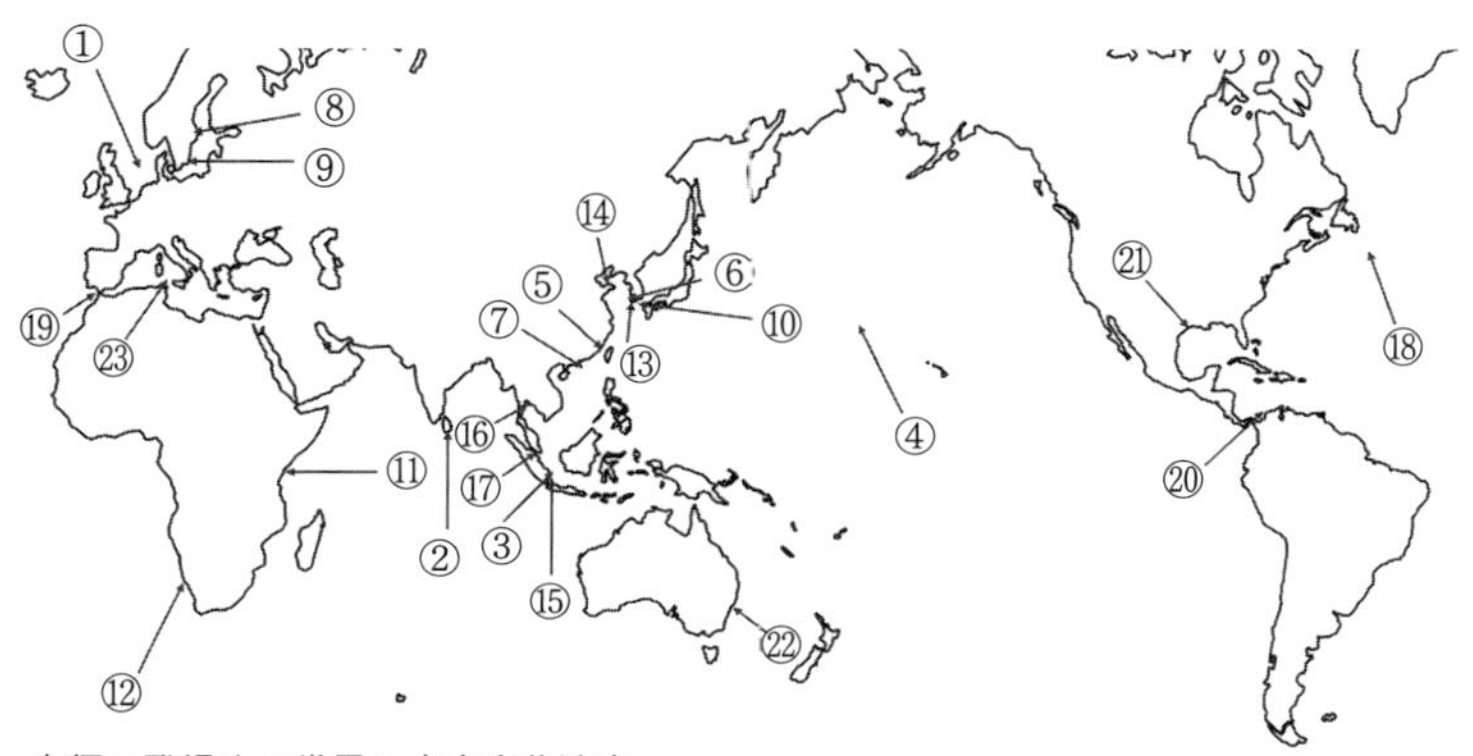

本編に登場する世界の水中文化遺産

	国・エリア	遺跡名	章
①	北海	ドッガーバンク	1
②	スリランカ	ゴダワヤ沈船	1
③	インドネシア	ベリテュン号	6
④	ミッドウェー	空母「加賀」「赤城」	1
⑤	中国福建省	泉州沈船	2
⑥	韓国全羅南道	新安沈船	5
⑦	中国広東省	南海１号沈船	5
⑧	スウェーデン	ヴァーサ号	3
⑨	スウェーデン	クローナン号	3
⑩	韓国・済州島	済州島沖遺跡	5
⑪	ケニア	ンゴメニ沈没船	6
⑫	ナミビア	オラニエムント沈没船	6
⑬	韓国・珍島	珍島船	6
⑭	中国山東省	蓬莱古船	6
⑮	インドネシア	ジャワ沖沈没船	6
⑯	タイ	シーチャン沈船	5
⑰	インドネシア	ゲルダーマルセン号	8
⑱	カナダ沖	タイタニック号	8
⑲	ジブラルタル	メルセデス号	8
⑳	コロンビア	サン・ホセ号	8
㉑	米国テキサス州	ベル号	8
㉒	オーストラリア・シドニー湾	特殊潜航艇	8
㉓	チュニジア	スカーキーバンク	8

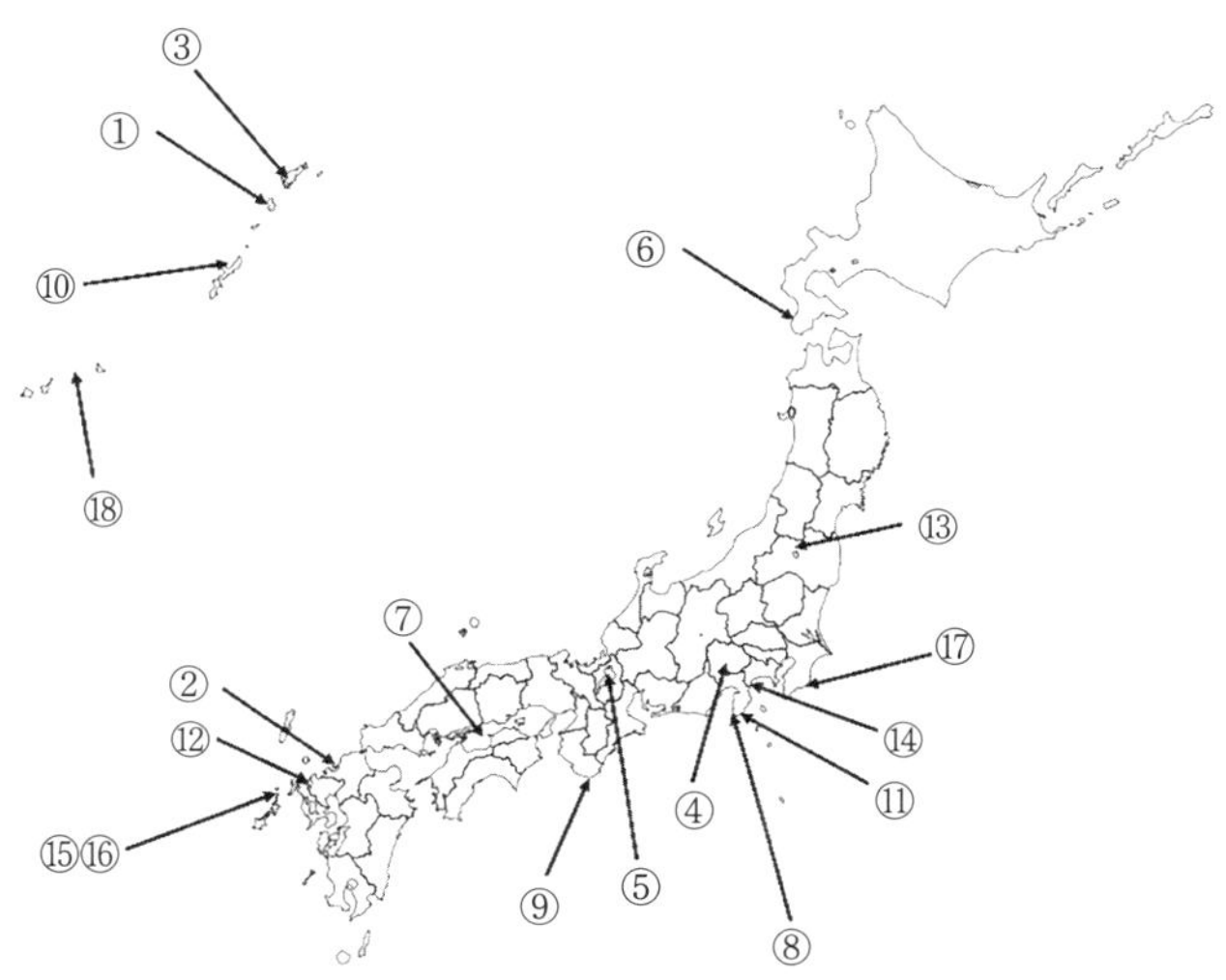

本編に登場する日本の水中文化遺産

	エリア	遺跡名	章
①	鹿児島県・徳之島	ウンブキ鍾乳洞	1
②	福岡県新宮町	相島海底遺跡	1
③	鹿児島県・奄美大島	倉木崎海底遺跡	5
④	山梨県・本栖湖	本栖湖湖底遺跡	1
⑤	滋賀県	琵琶湖の遺跡	1
⑥	北海道江差町	開陽丸	1
⑦	広島県尾道市	いろは丸	1
⑧	静岡県南伊豆町	ニール号	1
⑨	和歌山県串本町	エルトゥールル号	7
⑩	沖縄県	米駆逐艦エモンズ	1
⑪	静岡県下田市	特殊潜航艇「海龍」	1
⑫	長崎県松浦市	鷹島海底遺跡	2
⑬	福島県北塩原村	桧原宿	4
⑭	神奈川県小田原市	旧根府川駅駅舎	4
⑮	長崎県小値賀町	山見沖海底遺跡	5
⑯	長崎県小値賀町	前方湾海底遺跡	5
⑰	千葉県御宿町	サン・フランシスコ号	7
⑱	沖縄県・多良間島	ファン・ボッセ号	7

第二章　元寇船の発見

長崎県松浦市の「鷹島海底遺跡」は、鎌倉時代の蒙古襲来（元寇）の沈没船が発見されたことで有名となった。弘安の役（一二八一年）の際、日本に攻め込んできた中国元朝（モンゴル帝国）の艦隊が嵐により沈んだという。いわゆる「神風」の伝説が生まれた中世日本史上の一大事件である。中国に伝わる文献資料によると、伊万里湾の鷹島に三千隻以上の船が集結したが、そのうちの九割が、大風により沈んだという。ここでは鷹島海底遺跡の調査の歴史を簡単に振り返り、私が実施した研究についても少し紹介したい。

鷹島調査の歴史

鷹島では、今でも干潮時に岸を歩くとたくさんの遺物を見ることができる。主に陶磁器のカケラだが、形のしっかり残った壺なども見かけたりする。地元漁師の家には引き揚げられた壺が飾られていることもある。また、錆びた鉄製品なども発見されている。島の市杵島（いちきしま）神社には、江戸時代末期に漁師が引き揚げた青銅製の仏像（銅造如来坐像）が置かれているなど、地元を歩いて調べるだけで水中遺跡のポテンシャルを窺うことが出来る。

鷹島海底遺跡の調査の歴史は古く、地元の郷土史家などが調査の必要性を示唆していたのだが、その呼びかけに答えたのが一九八〇年代に行われた茂在寅男氏（東京商船大学＝現・東京海洋大学名誉教授、故人）を中心に進められた調査である。当時、茂在氏は精力的に様々な活動を行っており、「海の寅さん」と呼ばれた海洋調査のスーパーマンである。

茂在氏は、独自に開発した海洋音響装置を使って遺物の集積する場所を特定し、そこに潜水士を送り込んで、海底から様々なモノを引き揚げた。壺や錆びた鉄製品などが主である。これらの遺物は、主に中国で作られたものであり、時代も概ね宋（九六〇～一二七九年）から元（一二七一～一三六八年）の時代にあたるが、百％モンゴル軍の船があった！　と言える決定的な証拠を見つけることはできなかった。

ところが、この調査を聞いた鷹島の住人が、潮干狩りの最中に拾った奇妙な金属製のハンコを調査団に提供する。このハンコこそ、「官軍総把印」（長崎県指定有形文化財）である。モンゴル宮廷内で使われたパスパ文字が刻まれており、モンゴルの将校クラスの持ち物だったはずだ。明らかに弘安の役の際に使われたものであり、元軍の船団が鷹島にいた確固たる証拠となった。

調査の中心だった茂在氏は、実は考古学者ではなく、本来は航海計器が専門の研究者だった。氏が大学の退官後水中考古学に携わるようになったということもあり、調査で引き揚げた遺物の記録を作らなかったりしたことから、氏に対しては批判的な意見もある。しかし私は、茂在氏の功績は大きいと感じている。元寇船の調査が可能であることを示したこと、そして鷹島南岸の海域が一九八一年、文化財保護法による「周知の埋蔵文化財包蔵地」に指定されたことは大きい。一度包蔵地に指定されると、一帯の開発を行う際には、必ず調査を実施して遺跡の有無を確認する必要が発生する。これ以降鷹島で行われた多くの調査は、公共事業による護岸工事などに伴うものであり、茂在氏がいなければその後も調査が行われることなく工事が進められたであろう。

発掘調査の主体は遺跡を管理する鷹島町（現・松浦市）だが、町には潜水できる職員がいなかったので、委託業務として九州・沖縄水中考古学協会（現・アジア水中考古学研究所）が主に実施した。調査の基本は工事範囲の掘削を行い、遺物の有無を確認することにあった。その結果、鷹島南岸のいくつかの地点では、二〇〇〇年ごろまでの調査でバラバラに砕けた船体、陶磁器、武具などの錆びた鉄製品など、二千件にもおよぶ遺物が発見された。

大型いかりや「てつはう」の発掘

特に注目される発見は、神崎沖で発見された大型のアンカー・いかり（碇）であろう。その大きさから、船の大きさが三十メートル以上であったことがわかる。また、いかりの向きを調べると、南から吹く風に対して船が留まるよう打ち込まれていた。この地域で南風がもっとも強く吹くのは、南西から迫る台風がちょうど伊万里湾の北側を抜けて東に進んでいくときである。この強い南風にあおられ、多くの船は沈んだのだろうか……。もしかしたら、そう簡単なシナリオではないかもしれない。私は、台風通過後の風向きの変化に対応が遅れたことが、艦隊の壊滅につながったのではないかと考

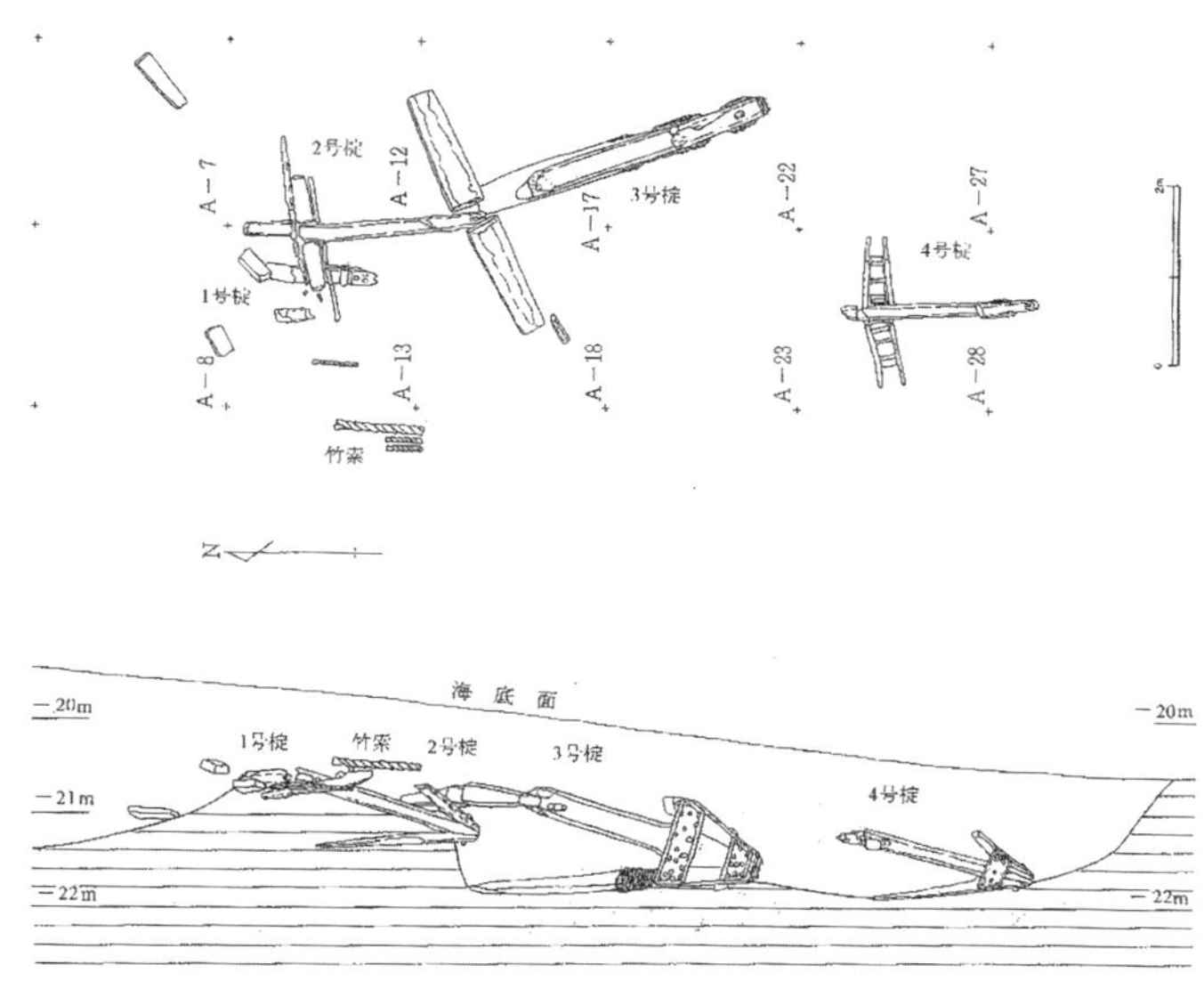

図1　いかりの出土状況
（松浦市教育委員会提供）

えている。本来であれば、台風の目に入っているときに船の向きを変えていかりを打ち直す必要がある。ところが、船は密集して隊を組んでいたはずである。風が止んだ時点で指揮官が迅速に指示を出して、すべての船のいかりを上げ、向きを変えて陣形を組みなおし、再びいかりをおろす。この一連の動作を短時間でこなすのは決断力に優れた指揮官と海を知り尽くした船乗りたちの操る艦隊であっても至難の業であろう。

いかりの他に興味深い遺物は、『蒙古襲来絵詞』に描かれ日本史の教科書にも登場する「てつはう」であろう。後代の「鉄砲」とは違い、球形のいわゆる炸裂弾である。火薬を使用した武器が実践に使われた例として、世界最古級の発見である。

この球の上面には穴が開いており、ここ

図2　出土した「てつはう」（松浦市立埋蔵文化財センターにて筆者撮影）

から導火線が出ていたのであろう。中には鉄片と火薬が詰め込まれており、投石器で相手に向かって投げ、炸裂した際に四方に鉄片が飛び散るという仕掛けだ。また、底がわずかに平らにしてあるのは、船の中で転がらないようにする工夫であろう。

鷹島での水中調査には副産物もあった。鎌倉時代の遺跡の下の層から、石器や縄文土器が出土したのである。縄文時代の初めごろは海面水位が今よりも低かったから、このように水没遺跡として残った。同様の遺跡が、今後日本各地で発見される可能性があることも示した形だ。

引き揚げられた木材を研究

私が鷹島海底遺跡の調査にかかわったのは、二〇〇〇年以降である。それまでの調査ですでに五百点の木材が引き揚げられていたが、すべてバラバラの状態で発見されていた。沈没船の発見はなく、砕け散った複数の船材が散らばった状態で発見されている。

これらの木材は、脱塩と保存の処理を待つのに水浸けにしたままで、誰も分析を行っていなかった。船の考古学に詳しい研究者が国内にいなかったこともあり、バラバラの五百点の木材は船何隻分なのか、朝鮮半島の船か中国の大型商船かそれとも戦闘に使われた中～小型船なのか、あるいは日本の船なのか。そもそも、木材は果たして船材なのか他の道具の一部なのか、あるいは流木なのかもわからない状態であった。

船材とわかるようなものもいくつかあるが、すべてボロボロであり、ここから船を復元するというのは、例えるなら数箱分のジグソーパズルをミキサーにかけて粉砕し、その中から手づかみで取れた紙きれをもとに全体像を組み立てるようなものだ。

ちょうど大学院の修士論文を書かないといけない時期だった私は、かなり無謀な挑戦ではあったが、鷹島に数か月住み込んで木材を一つ一つ詳しく観察・分析した。この研究を修士論文として発表した後、さらに二年ほど研究を続け、その成果を *The origins of the lost fleet of the Mongol Empire* （Texas A&M University Press, 2015）として出版している。

鷹島で実施した研究は、船材の形態の特徴による分類、部材ごとに分類しての研究、接合方法の特定、樹種同定などである。それらの手法を使って、どのような船だったのか、どこから来た船だったのかを考察した。

船材の形から、その船がどこで造られたかの見分けが可能なことがあり、鷹島の場合、多くの木材は中国船の特徴を示していた。朝鮮半島の船は平底、箱形である。底板や横の板の断面は正方形に近く、厚さ・幅とも五十センチ以上のものもある。中国船の断面は緩やかなカーブや鋭い角度を持っているが、外板などの板材は韓国の船に比べて薄い。初見でも、朝鮮半島で作られた船に由来する板材が極端に少ないことがわかった。

鷹島で発見された木材と類似する構造を持つ同時期の中国船としては、福建省で発見された「泉州船」や韓国全羅南道の「新安船」などがある。どちらも福建省で作られた船だと推測されている。有名な「南海1号沈船」(中国広州・海陵島沖、二〇〇七年引き揚げ)は、私が鷹島で研究をしていた時には発見されてはいたが、まだ発掘はされていなかった。

いずれの船も、船底中央底部に船首から船尾にかけて長い一本の竜骨を持ち、船の内部を区切る隔壁がある。竜骨は船の重心を低く保ち波を切って進むために必要であり、隔壁は、船の構造を支える重要な役割を果たす。外板は比較的薄い板状であり、数枚重ねている場合もある。船の断面はV字形で、喫水は深い。なお中国北部の船は、もう少し緩やかなカーブを持ち、断面の形はU字形に近い。また、外板も厚く、丸太から作った角材に近い形をしている。私が見た木材は、どれも福建省の船の特徴に近いようだった。

部材の接合方法に注目

船材の接合方法にも注目した。船の出身地を知る確実な方法だからである。古今東西、船材の接合方法は伝播しにくい。幸い、朝鮮半島、中国、東南アジアから発掘された沈没船から多くを学ぶことができる。中国の船は、鉄釘を多く使用して造られているが、朝鮮半島の船は、ほぞなど木の組み合わせによって作られ、鉄釘を全く使用しない。鷹島出土木材で接合痕のあるものの八割近くは鉄釘による接合であった。朝鮮半島特有の接合方法を確実に用いたと言える木材はなかった。さらに、鉄釘の形や大きさにばらつきが少なく、おそらく木材の多くは同一の造船場で使われただろうと想定できる。

さらに樹種同定の結果を見ると、中国北部や朝鮮半島には生息しない楠が多いことがわかった。楠は福建省以南では船材として最も重宝された樹種である。私の研究では船材とそれ以外の木材に分類したが、大型の船材の八割ほどが楠であった。こうした研究の結果から、鷹島沖に沈んだ船は中国揚子江から福建省周辺で作られたものがほとんどで、朝鮮半島の船は来ていない、ということが導き出される。実は、陶磁器などの出土遺物も朝鮮半島由来の遺物はほとんどないようだ。

朝鮮半島から来た船団と中国から来た船団が集結して日本に襲来した、というのが元寇のイメージとしてあるかもしれない。文献史料を見ると、中国から来た船団（江南軍）の被害状況については、十隻のうち一隻しか助からなかったと書かれている一方、朝鮮半島から来た船団（東路軍）の被害状況は、特筆すべきものはなかったようだ。『蒙古襲来絵詞』の詳細な研究で著名な服部英雄氏（九州大学名誉教授）は、当たり前のように二つの船団が集合したとみるのは間違いだと指摘する。江南軍は集合時期から数か月遅れて到着している。すでに最前線にいた東路軍をわざわざ後方に撤退させるだろうか。そもそも文献史料に、東路軍が後方に下がったという記述は見当たらないことから、資料上からも鷹島には朝鮮半島の船はなかったと指摘できる。考古学と歴史学、どちらも最新の研究では同じ結論を向いているのが興味深い。

木材を詳しく見ていくと、揚子江以南で作られた船に特徴が似ていることが分かった。さらに隔壁や外板などの部材は、二つの大きさに区分できる。これは、大小二つの船があったと考えることが出来そうだ。ひとつは全長二十〜三十メートル、幅が七メートル以上、二百トンを超える大型の商船タイプの船で、もうひとつは全長二十メートル未満、幅が三〜四メートルほどの小回りの利く中〜小型船である。このほかに、和船でいう伝馬船のような船もあったと思われるが確固たる証拠は見つかっていない。また、先述の通り、鉄釘のバリエーションがあまりないことから考えても、発見された木材はせいぜい二〜三隻の船の残骸なのではないかと考えている。

「流木」の用途

鷹島で住み込みでの研究を始める前、いろいろな方から、「鷹島の木材は流木など船材ではない木材がいっぱい混じっているから、研究対象として難しい」と言われていた。確かに、流木にしか見えない木材も目立つ。しかし、水中遺跡（特に沈没船遺跡）は、「用途のない物はない」という考え方が主流だ。船は限られたスペースしかないので、積み荷や積み込まれた道具には必ず「その船に積まれた理由」がある。特に、軍事作戦に必要のない物をただなんとなく持ってくるなどありえない。鷹島

図３　『蒙古襲来絵詞』（宮内庁蔵）

で発見された流木（のような木材）にはいずれも、明確な用途があるはずである。

鷹島の「流木」は八十本あった。それらを一本一本見ていく。長さ一メートル以上ある木材が数本あったが、細かな枝は切り落とされており、中には先端をとがらせたものもあった。おそらく地面に突き刺して使ったのだろう。上陸してすぐに拠点を作るために柵などを組むことも考え、あらかじめ部材を用意しておいた可能性もある。

太ければ柵として申し分ないが、細いと柵としては使えない。細長い棒の用途はなかなか思いつかなかったが、ある時『蒙古襲来絵詞』を見ていると、細長い棒が描かれているのを発見した。盾を持った弓兵が棒を持っていたのだ。弓兵は、おそらく棒を地面に突き刺し、盾の支柱としたのだろう。盾に隠れて敵の弓を防ぎつつ、すきをついて弓を引く。堅い地面には使えないが、砂浜の上陸時には活躍しそうだ。

流木の多くは五十センチほどであったが、両端がきれいに切りそろえられていた物も複数あった。脇に抱えて運びやすい大きさだ。これらは薪として持ってきたのではないかと考えた。そこで薪と考えられるものを分類したところ、そのほとんどは松であった。

わざわざ松の木の枝を選んでいた理由は何か。松の特徴は、濡れても着火しやすい、燃え尽きやすい（熱が残らない）、そして煙が多いことだ。最初の二つの特徴は、船上での使用に適している。木造船で最も恐ろしいのは火事だから、熱が残る木材はできるだけ避けたい。だが、煙が多いと料理の際に匂いが残ったりして何かと使いにくいはずだ。ではなぜ敢えて松の木を選んだのだろう。それは煙を必要とした、つまり「狼煙（のろし）」として使ったのではないかと考えられる。

当時、日本に詳しい水先案内人がどれほどいたかわからないが、そう多くはないだろう。彼らは船一隻ごとではなく、船団ごとに配置されたのだろう。船団をひとまとまりにして日本まで先導するには、狼煙によるコミュニケーションが重要だったと想像できる。遣唐使船も狼煙を使っていた。先頭の船が煙を焚いて、残りの船はその目印を頼りに進む。船団をまとめ上げる道具、それが松の木の薪だったのではないだろうか。

私の仮説はあくまで、考古学的状況証拠をもとにした推測だけで、狼煙を使った証拠は見つかっていない。元軍の船団が狼煙を使ったとする記述が文献史料に出てくれば、確証に近づくはずだ。

「釘だらけの棒」の謎

他にも面白い推測が可能な木材の例を紹介したい。学術的な根拠はほとんどなく、想像の羽を伸ばしてみただけなので、論文などで発表できるようなものではないことをお断りしておく。

ここに一本の木材がある。一・二五メートルと細長いが、用途がわからない。この木材には三十本以上の釘が打ち込まれた痕跡があった。これは何に使った木材なのだろうか？　なぜこれほど多くの釘が使われたのだろうか？　釘の位置・方向・間隔はランダムで規則性はないように見える。

パッとひらめいたのは、棍棒のような武器だ。この鉄釘だらけの棒を振り回されたら脅威である。怪力男でもいたのだろうか。ただ、振り回して使うには細長く、武器として使うには強度が足りないように思える。武器でなければ防御に使った道具なのかもしれない。日本の武士の夜襲を恐れて船の縁に釘をたくさん刺しておいたのではないか？　暗がりの中、船をよじ登ろうと手をかけると、武者返しのように手に釘が刺さる仕掛けだったのかもしれない。これも文献史料などの記録が欲しいところだ。

最後にもう一つ。特徴的な形をした木材があるが、これはいかりの巻き上げ機の一部である。船の甲板上部に備え付けられたものだ。この木材は黒焦げに炭化していた。船が燃えたことが、これからわかる。個人的には、これは日本側が放った火ではないかと推測している。真相はわからないが、そう考えるとドラマの戦闘シーンが思い浮かぶ。

私が行った研究は、バラバラな木材からいかにストーリーを導き出すか、ということに主眼を置いた、いわば挑戦的な内容であった。単体で出土している上に複数の船のものであるため解釈は難しく、答えは出てこない。それでも、いつか新たな発見が私の提唱した説を証明してくれると信じている。

最も大変な「保存処理」

二〇〇〇年ごろまでに鷹島で実施された調査の多くは、護岸工事などに伴う緊急調査であった。日本の埋蔵文化財発掘のシステムでは、周知の遺跡として登録された場所で開発が行われる際には、開発事業主の負担で調査が行われることになっている（「原因者負担」）。

鷹島の水中遺跡は、岸に近い場所であり波の影響を常に受けていたと言える。そのため、流されてきた木材は攪拌され、堆積する。緊急調査は、こうした状況下にある場所を掘っていた。しかもその場所は、開発で削られたり埋められたりするため、出土した遺物は引き揚げて保存する必要がある。原因者が負担するのは発掘作業のみであって、その後の維持管理費用や保存処理は、その自治体の負担となる。

ここに大きな問題点がある。水中考古学というとすぐに、水中での発掘調査は陸よりも大きなお金がかかるというイメージがついて回るが、実際とは異なる。水中遺跡で最もお金と時間がかかるのが、実は発掘後の保存処理と管理費用なのである。日本のシステムでは残念ながら、この最も大変な作業が自治体負担となっているのだ。

すでに何度か登場している、「保存処理」とは何か。水中に長い間浸かっていた遺物は、乾燥すると劣化が始まる。水中は酸素から遮断された安定した環境にあるが、それが変わると、遺物の表面が割れ、変色、変形、そして時にはボロボロに崩れ去ってしまうこともある。それを食い止めるための様々な処置を「保存処理」と呼ぶ。薬品などを使って遺物を安定して空気中に保管し、可能であれば展示できる状態に維持することだ。

その処理は、金属や有機物（木材や骨など）の種類によって、またその状態によって異なる手法を用いる。例えば、木材の保存処理にはＰＧ（ポリエチレン・グリコール）が使われてきた。木材をＰＧ溶液に漬け込んで細胞の中にＰＧを含浸させる。文化財の保存処理では一般的な方法であり、日本でも各地の埋蔵文化財センターなどで使われている。陸の遺跡であっても、出土した遺物には保存処理が施されているから、文化財を扱う考古学者や博物館員であれば、保存処理の重要性は十分に理解している。この保存処理作業、専門的な知識が必要であるだけでなく、処理には数年から時には数十年を要することがある。

鷹島町には当時、保存処理についての知識、人材、予算のどれもが準備されていなかった。しかし、緊急発掘はしないといけない。引き揚げられた遺物は、とりあえず水槽に置かれることになった。予算の都合がつけば保存はするが、将来はわからない状態だ。水中遺跡の特性を理解していないというよりは、国のシステムが水中遺跡の保存処理の必要性に対応できるものではなかったのである。

動き始めた新たな調査

そんな中、新たな調査が動き始めた。琉球大学の池田榮史教授（現・国学院大学教授）が研究代表の、科学研究費補助金基盤研究（Ｓ）による調査・研究が平成十八（二〇〇六）年度から始まったのだ。

まず、これまでの鷹島での研究活動の総括と伊万里湾の埋没環境の調査から、埋もれた沈没船を探し出す手法の研究から手をつけた。新たな発掘ではなく、ひとまずこれまでに引き揚げられた遺物の整理を行いながら、広い範囲に探査を実施して沈没船のありかを特定しようとした。発見しても引き揚げずに、伊万里湾の広い範囲の状況の確認を優先させる計画である。

池田教授の研究活動については、報告書や一般図書（『海底に眠る蒙古襲来』吉川弘文館、『元軍船の発見　鷹島海底遺跡』新星社）も出版されているので、それらを参考にしていただきたい。ちょうどそのころ（二〇〇六年）、平成の市町村合併で鷹島町は松浦市の一部となったこともあり、新たな調査へと展開できる――関係者はそう信じた。

一九九〇年代以降、海の中を調べる海洋探査技術は急速に進歩した。海の中を調べるには、例えば鉄の有無を確認する磁気探査や金属を見つける金属探知機などが思いつく。水中ではレーザーやGPSなどはほとんど使えないが、その代わりに音波が役に立つ。

具体的にはまず、マルチビーム・ソナー（音響測深器）を使って伊万里湾全体の海底地形を三次元データとして記録した。この装置は、複数の帯状の音波を発し、その反射速度から水底の地形を点群データ（x・y・z座標）として読み取ることができる。伊万里湾は、海底谷など特徴的な地形があり、平坦ではないことがよくわかる。その後、サブボトム・プロファイラを使用して海底面下の堆積層断面を観察した。この装置は、陸の考古学調査でも使用する地中レーダーと同じような働きをする。力強い音波を海底面に向けて発し、その反射強度から層位の違いを見抜く。例えるなら、スイカを叩いて出る音の違いから、実が詰まっているか中身がスカスカなのかを確認する方法に似ている。密度の濃いモノが埋まっていると強く反応する。

こうした調査で、伊万里湾で得られたデータを観察すると、堆積層の中に、何か硬い物が埋もれている地点が数か所発見された。

これまでの発掘調査から、弘安の役の遺物は一〜一・五メートルのシルト（細粒土）に埋もれていることがわかっている。また、その下に貝殻を多く含む層がある（縄文の遺物はさらにその下にある）。サブボトム・プロファイラでは、この貝殻の層を見ることができる。この層の上に固いものが埋もれているという反応があれば、それが元寇の時代の遺物ということになる。

次に、この何かが埋もれている可能性のある場所で「つき棒」による調査を行った。潜水士が海底面に長い金属の棒をずぶずぶと突き刺す。何か硬い物があれば棒は刺さらずコンコンと音がする。砂と密度の異なるものがあれば、若干感覚が異なる。微妙な違いを察知しながらいくつかポイントを探っていく。

ついに発見した鷹島「沈没船」

そして二〇一一年。この何かが埋もれている場所で掘削を行い、ついに大きな船を発見した。「鷹島1号沈没船」である。この発見を受け、文化庁では神崎港を中心とした約三十八万四千平米の海域を国史跡「鷹島神崎遺跡」に指定した。さらに、二〇一四、二〇一五年には「鷹島2号沈没船」を発

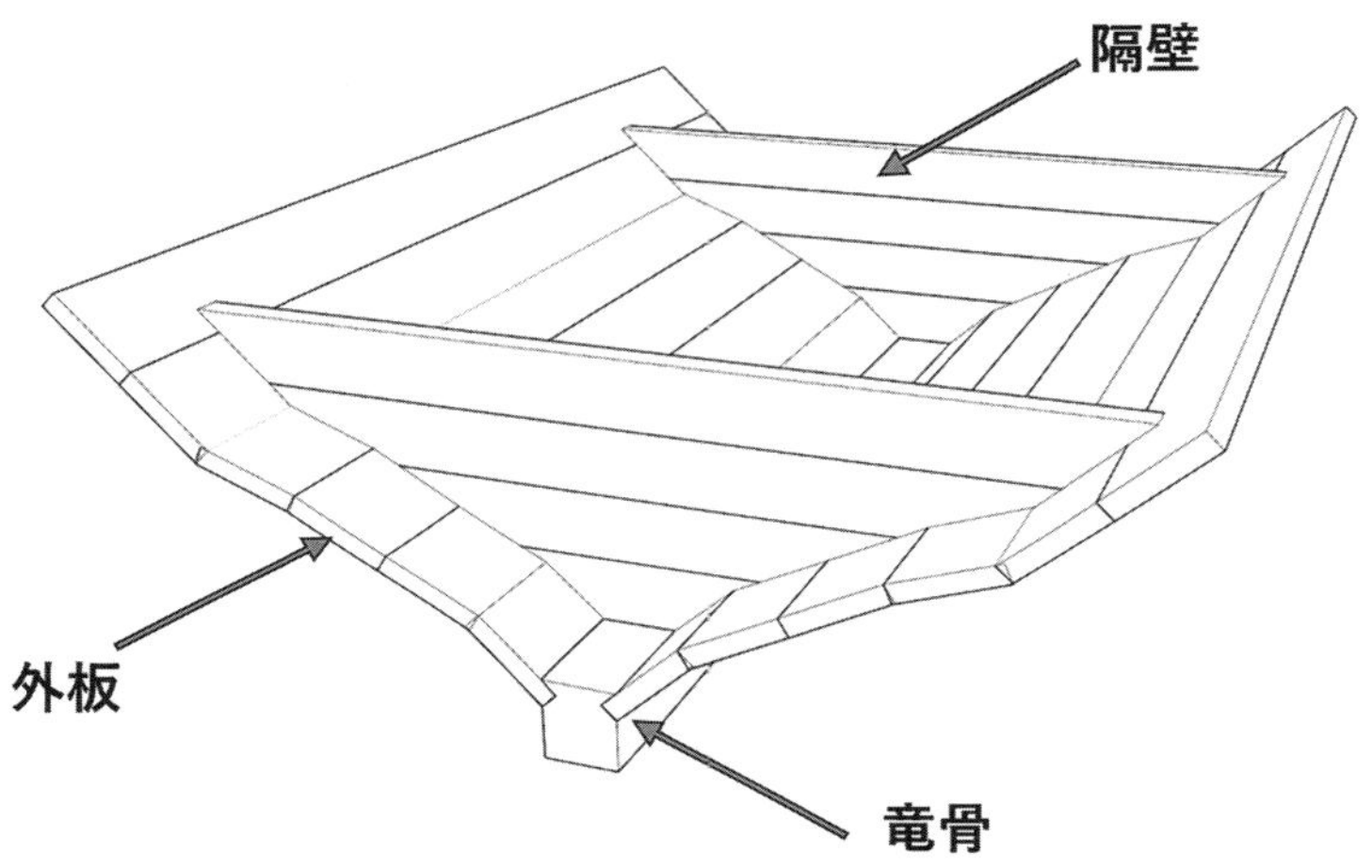

図4　中国伝統船舶の基本構造図（筆者作成）

見し、ニュースなどでも大きく報道され、水中遺跡は一躍メジャーな言葉となった。

1号沈没船は水深約二十五メートル、海底面から一メートルほど掘り下げた位置に埋もれていた。船のバックボーンとなる竜骨が十三メートルほど残っており、ちょうど東西方向に伸びていた。そして、南北に外板が少し開いた状態で見つかっている。外板の表面には竜骨に直交する木材（隔壁板）が配置されていた。

2号沈没船は1号沈没船の東側に位置しており、水深十三〜十五メートルの位置にある。船首を南に向けて沈んでいた。1号船とは異なり、竜骨と外板、隔壁が組みあがった状態で発見され、当時の船の断面の形がV字型であったことがわかる。残存長は約十二メートル、船の幅は三・二メートルほどだが、これは船の底部のみが残っているためである。船にはたくさんの岩が積まれていたようだが、これはバ

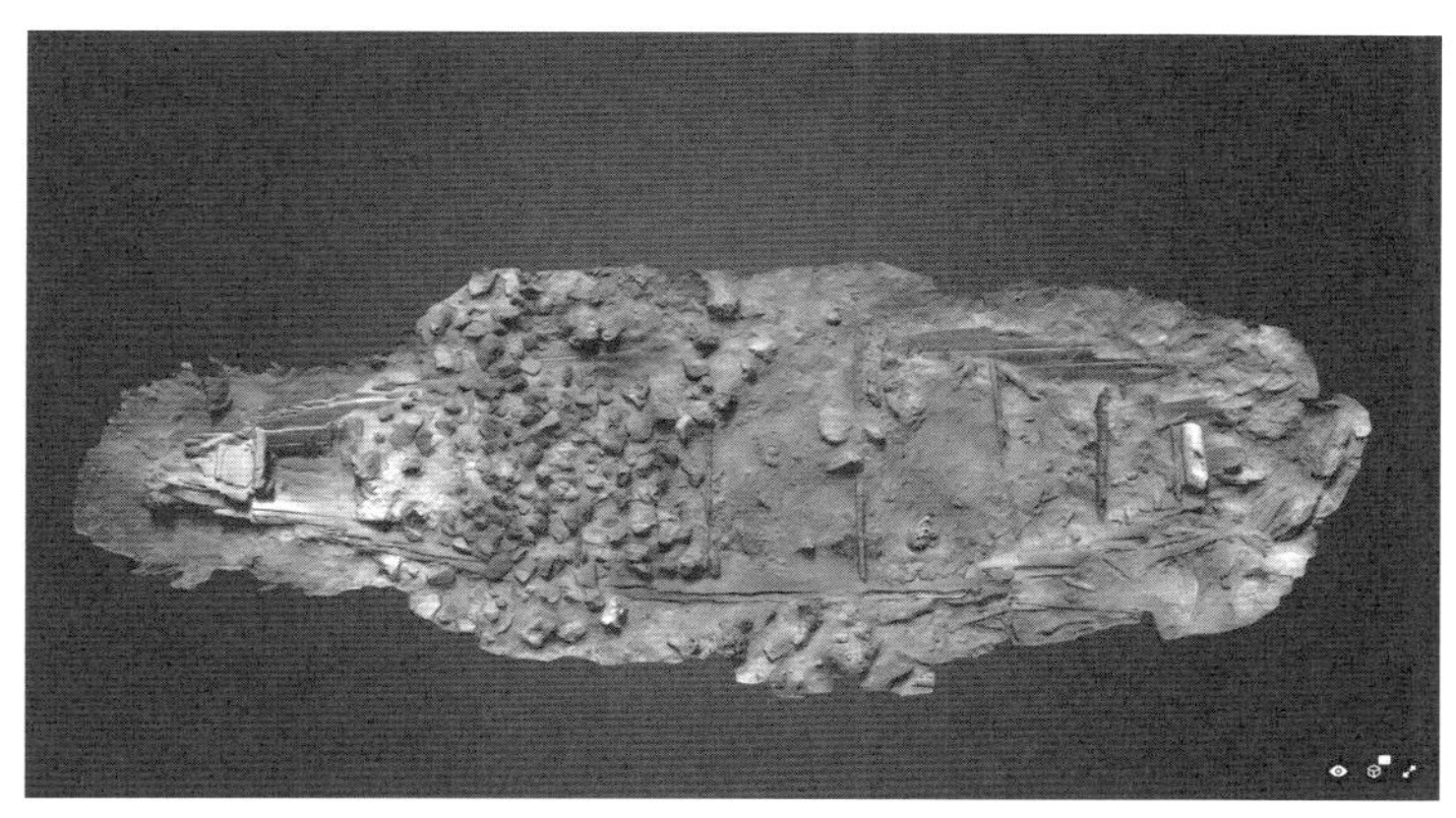

図5　鷹島2号沈没船俯瞰画像
（琉球大学、松浦市教育委員会［撮影・編集 町村剛］）

ラスト（重し）かもしれない。隔壁は九か所で確認できる。

1号船、2号船とも中国の船であることは間違いない。1号沈没船は竜骨の長さなどから、大きさは三十メートル弱だと思われる。竜骨の太さは五十センチあり、泉州・新安沈没船と変わらないか、若干小さい程度だろう。人や荷物を積んだ商船タイプだと思われる。

船の復元においては、船の断面の形が最も重要である。残念ながら1号沈没船は船体が開いた状態で埋もれていたため、断面図の復元は難しい。一方、2号沈船は断面図を作ることができる。

2号船の断面形状と泉州・新安の断面形を比較したところ、泉州船の形状に近かった。そこで、泉州沈船の船首第一隔壁の断面ラインの縮尺を縮めて鷹島2号船に当てはめたところ、船長約二十メートルの船と推定することができた。小ぶりながら尖った船首を持つ、スピードを重視した船であろう。兵を陸まで運ぶ上陸船だったのだろうか。鷹島2号船は、船全体からすると、おそらく残存部は十%程であると思われる。今後の調査の成果を加えることで、より正確な復元が可能となる。

水中に埋め戻した二つの船

これら二つの船は現在、水中にそのままの状態で保存されている。第八章でも触れるが、ユネスコは水中遺跡の現地での保存を第一のオプションとしている。つまり、遺跡は発掘せずに水中にそのまま残すということだ。とはいえ、手を加えないと劣化が進んでしまうため、遺跡を安定した状態にする必要がある。鷹島では砂で遺跡を覆い、さらに酸素を通しにくいシートをかぶせている。発掘後の船体が酸素に触れないよう、いわゆる真空パック状態に保っているわけだ。これによりバクテリアが不活性になる上、木材を好んで食べるフナクイムシ（二枚貝の一種）も侵入できない。この状態を維持できれば、理論上は数百年たっても遺跡は劣化しない。

海外の多くの遺跡がこの方法により現地（水中）で保存されている。せっかく発見したのに、引き揚げないで埋めてしまうとは、なんともったいないことかと思うだろう。遺跡を引き揚げてしまえば保存処理が待っているのだが、大型遺物の保存処理のノウハウや費用、設備などの準備もなく引き揚げてしまうと、結果として遺物を消失させてしまう可能性が高い。実際に、他国では引き揚げた遺物が消滅してしまった例もある。

とはいえ、埋め戻せばすべてが終わりではない。水中の環境は絶えず変化している。最近の研究では、砂の堆積が五十センチあればバクテリアは不活性となるが、それよりも薄くなってしまうとバクテリアは活性化する。そのため、定期的に遺跡の状況を確認する必要がある。鷹島では半年に一回潜水して遺跡の状況を確認している。データロガーを設置して海底面のpHや溶存酸素量などの変化を常に計測している。また、遺跡のそばに木材や金属などを一緒に埋め戻しており、それらを引き揚げては状態の変化をチェックしている。それらの木材や金属に劣化が認められれば、船体にも何か異常が起きている可能性があるから、その場合は、別の保存方法を模索する必要がある。

海底で遺跡を埋め戻すと、もう見ることができなくなる。一般公開はもちろん、研究者でもアクセスできなくなるので、遺跡を埋め戻す前にしっかりと記録を残すことが必要となる。

幸い、近年のデジタル技術の発展は遺跡の三次元測量・デジタルモデル復元を可能とした。写真実測、フォトグラメトリーと呼ばれる技術で、沈没船をあらゆる角度から撮影しそれらの写真を合成することで、３Ｄモデルを生成することができる。時には遺跡一つで数千枚の写真を必要とするほど大変な作業ではあるが、それでも二十年前は水中の記録作業は耐水紙と鉛筆に頼っていたのを考えると、随分と楽な作業となった。一日の潜水時間が限られる水中作業では、効率的に遺跡の記録を残すことが重要である。上述の復元作業も、このデジタルデータがあったからこそ可能となった。

遺跡は現状、きちんと保存されているのだろうが、船体そのものを掘り下げていないので、まだまだ分からないことが多い。将来的には船体を引き揚げて保存処理を施し、公開することが我々水中考古学者だけでなく、松浦市や多くの人が望んでいる。

松浦市では新たな取り組みとして、これまでに引き揚げた遺物を利用して新しい保存処理方法の確立を目指している。トレハロースと呼ばれる人工甘味料を利用して有機物を保存する方法である。多くの研究者が集まり開発を進めている、日本独自の保存処理方法だ。

これまで使われてきたPGは、金属が付着した状態で使用すると腐食してしまう。そのため、鉄釘を多用した船体の保存には適していない。一方のトレハロースは鉄釘のついた状態でも安全に船体を保存できる。しかし、大型の遺物にもこの方法が使えるのかなど、まだ検証すべき点は多い。そこで技術を確かなものとするために、鷹島で実験を繰り返している。現在は大型のいかりの保存を行っている。これが成功すれば、次は船体ほどの大きさに挑戦することになるだろう。今後、体制が整えば、沈船を引き揚げる可能性もあるかもしれない。

第三章　最も有名な沈没船「ヴァーサ号」

次に、世界で最も有名な沈没船遺跡、スウェーデンの軍艦「ヴァーサ号」を見てみよう。

一六二六年、スウェーデン国王グスタフ二世アドルフ（一五九四〜一六三二）の命令で、六十四門の大砲を積み豪華な装飾を施した全長七十メートルを超える超巨大軍艦が起工された。当時は北欧随一の超大国となっていた、スウェーデン王国の絶頂期である。国の繁栄と軍事力を誇示するには、巨大軍艦を作り国民そして敵国に見せつけるのが一番と考えたのだろう。

ヴァーサ号の処女航海（一六二八年）では、その様子を一目見ようとストックホルム湾に多くの人々が集まった。ところが、名声を手に入れ長いキャリアを誇るであろうと思われたその船は、その最初の航海の途中で転覆・沈没した。国王や貴族をはじめ多くのストックホルム市民がヴァーサ号の雄姿を見るはずだったが、そのキャリアはわずか千三百メートル。国家の財産が一瞬で海の藻屑と消えた。

ヴァーサ号の記憶は人々に歴史として残された。一九五〇年代になって、ヴァーサ号を見つけようとアマチュア考古学者が動いた。彼は船から鉛の筒をまっすぐに海底に落として、海底面で採取されるものを探るという方法を用いた。幸いにも、木材が集中的に採取される場所を特定し、潜水士が潜ってみると、なんとヴァーサ号の船体がほぼ丸々海底に残っていることがわかった。時の国王グスタフ六世アドルフ（一八八二～一九七三）は、この発見の重要性にすぐに気付き、船体の引き揚げと国をあげての考古学調査を呼び掛けた。ちなみに、国王は歴史学者として知られ、皇太子時代に訪れた日本や朝鮮半島で発掘調査に参加したほどである。正倉院に保管されていた三彩陶器が「唐三彩」ではなく、日本で作られた「奈良三彩」だと指摘したことでも知られる。

ドックをそのまま博物館に

一九六一年、前代未聞の引き揚げ事業は、世界の注目を集めた。三百三十三年間海底に浸かってい

図6　ヴァーサ号引き揚げ直後、ドックにて（左上）保存処理（右上）展示の様子（下２点）©Vasa Museum

た船体の九十五％以上が残存する状態にあった。潜水士が船体の下に穴を掘りケーブルを通す。ケーブルを引き上げると、まだ自ら浮くことができたので、そのままドックまで曳航し、その場所で船内の発掘を進めていった。そしてまさにこのドックの土台をそのままに、「ヴァーサ号博物館」が建設された。現在では年間百万人を超える入場者数を誇る、北欧ナンバーワンの文化施設となっている。日本でよく知られたノーベル賞博物館の入場者数の三倍以上であり、ストックホルムの観光スポットとして経済に大きく貢献している。

私も一度、ヴァーサ号博物館を訪れたことがある。博物館の二重の扉をくぐると、目の前に長さ七十メートル、高さ五十メートルの木造軍艦が現れる。巨大木造船を丸ごと見られるという体験は、その場に行かないと味わえない。初めてヴァーサ号を見た時の感情は、言葉では表現できないが、その存在感を感じ取ることができ、なぜか泣いてしまった。

船との距離は、身を乗り出せば触れそうなほどだ。巨大な船をグルっと囲むように展示フロアが配置されている。フロアは、それぞれ船のデッキの階数に揃えられており、各階で出土したものが、対応するフロアごとに展示されている。展示品はロープや帆、靴、骨、武器などだ。

私は研究者として博物館を訪れたので、特別にヴァーサ号の中に入ることができた。そう簡単に船の中には入れないので、貴重な体験である。アポなしで入れるのは、各国のトップクラスのみという決まりがあるそうだ。イギリスのチャールズ皇太子（現・チャールズ三世）が博物館を訪れた際、中に入れるか伺いがあったそうだが、その時は丁重にお断りしている。また、日本の皇太子（今上陛下）も博物館を訪れているが、船の中には入っていない。

船内に入ると、デッキもしっかりと残っている。歩くとミシミシと音がする。当時も同じような音がしたのだろうか。天井は高くなく、左右も少し狭いようだが、奥行きは長く感じられる。この船が造られたのは日本では江戸時代初期。その当時のお城にいるような気分に近いのだろうか――当時の軍艦は、まさに動く城である。

難しく、時間とお金が必要な保存処理

先にも述べたように、水中考古学と聞くと、引き揚げや発掘に莫大なお金がかかるという印象を受けるであろうが、それはある意味間違っている。水中文化遺産に係る研究の一連作業で一番お金がかかるのは、保存処理である。水中発掘作業の費用は、保存処理の数パーセントでしかない。

木製遺物であれば、遺物よりも少し大きめの容器に薬品（PGやトレハロースなど）をたっぷり入れ、遺物を漬け込む。通常、この処理に一〜二年を必要とする。ヴァーサ号は全長七十メートル、マストを含めると高さは五十メートル。それだけ大きな「容器」や大量の薬品を準備するのが難しいのは明らかであろう。そこでスウェーデンの研究者は、船内外にスプリンクラーを設置し、溶液を噴射し続けるという方法を採用した。二十四時間シャワーを浴びせ続けるわけだが、最終的に博物館が一般にオープンしたのは、引き揚げから約三十年経った一九九〇年であった。残念ながら、引き揚げと保存に尽力した国王グスタフ六世アドルフは一九七三年に逝去している。

保存処理が終わっても維持管理は終わらない。保存処理は決して完璧ではない。温度二〜三度、湿度二〜三％の変化で劣化が始まってしまう。ヴァーサ号博物館では船全体、つまり十五階建ての建物がすっぽり入る大きな吹き抜けの空間全体を、上から下まで安定した環境に保つ必要がある。そのため、博物館には特殊な空調設備が造られた。空調が止まると、船が崩れてしまう可能性もある。船の保存から展示は、まさに国家プロジェクトとして行われた。当時は、スウェーデンの「アポロ計画」（米国による月への有人飛行計画）と言われたほどだった。

PGを含んだ木材は、自然の木材に比べ重たくなる。そのため、ヴァーサ号にはひずみが生まれている。船体が重みでどんどん開いてきているという。部分的な再処理や別の保存方法を使って局所的な処理が絶えず行われている。どの部分にひずみが生まれているのか、どこを処理するのかを調べるために、現在は定期的に船体の精密な三次元計測が行われている。

保存処理に関する問題点は他にもある。一九六〇年代はまだ、ＰＧの特性について理解されていなかった部分があった。ＰＧは鉄と相性が悪く、特に塩素を含んだ鉄に反応して有毒なガスを発生させたり、鉄が大きく膨れ上がってしまう。たちが悪いのは、直ぐには反応せず、処理後十数年経ってから現れることだ。ヴァーサ号でも、最初は何事もなかったが、やがて船体の表面に白い硫酸塩の結晶が浮かび上がり、鉄釘の周りも徐々に膨れ上がってきた。鉄釘の鉄分が溶け出し、木材の中にまで溶け込んでいたのだ。ＰＧと反応した鉄分は、船板一枚一枚を内部から朽ちさせた。これらの問題への対処は、それまで誰も挑んだことがなかった。

ヴァーサ号は展示中でストックホルムの観光収入に影響が出るため、展示されたままの状態で処理をする必要があった。すべての船材を調べ、局所的な処理を施すことが決まった。また、鉄釘やボルトを一本一本すべて抜きとり、ＰＧなどと反応しない金属のものと差し替えた。この作業には数年を要した。

現在は、それなりに安定しているように見えるヴァーサ号だが、もともとドックだった場所にそのまま造られた施設であり、周りの建物の老朽化、空調設備の入れ替えなども問題となってくるだろう。五十年後百年後まで船体をそのままの状態に保全することはできるのだろうか。

ヴァーサ号沈没の理由

ヴァーサ号の歴史に話を戻そう。なぜ、この船は千三百メートル進んだところで沈んでしまったのか。

発掘調査の成果で最初に見えてくるのが、アンバランスな船であったということである。どうやら船は細長い上に高く作りすぎていたようだ。大砲も積みすぎており、また豪華な装飾も船の上部を重くした。安定した船の航海のためには、重心を低くすることが望ましい。不幸にも、沈没時には必要最低限の荷物しか積んでいなかった。船の上部が重く、船底は逆に軽いという、船として最も好ましくない重量の配分であった。

次に文献史料を見てみよう。

国王はヴァーサ号の建造にあたり、当時もっとも進んだ造船技術を持つオランダから技師を雇っていた。ところが、招聘した船の棟梁はスウェーデン到着後すぐに病死してしまった。この設計者不在の状況で、国王が設計にいろいろと注文を付けたと言われている。お雇いオランダ人船大工と現地の職人が国王の権力に逆らえるはずもない。真相は分からないが、船の長さや高さを変更したとする説もある。デッキの数を増やしたり、大砲の大きさや数も変更されたらしい。最終的には、二十四ポンド砲を四十八門載せている。ちなみに、一六六〇年ごろに建造され一六七六年に沈没したスウェーデンの軍艦「クローナン号」も発掘調査が実施されているが、長さは五十三メートル、幅は十三メートルほどだった。

さらに、国王は建造を急がせたという。設計図から船の安全性を計算する方法は、当時まだなかった。それでもヴァーサ号の底部が出来た時点で、航海性能のテストは実施している。船乗りの集団を一斉に左舷へ右舷へと走らせ、船がどれだけ傾くか調べたのだ。その結果、ヴァーサ号は「安定性に問題あり」とされたが、国王がスケジュール通りに船を完成させるよう要望し、問題はそのまま放置されたようだ。バラストをもっと積んでおけば多少安定したのだろうが。そもそも、船の総重量と必要となるバラストの重さの計算式などなかった時代である。

船材を調べていくとさらに驚くべき事実が浮かび上がってきた。細かな部分でも寸法が合っていない、ひずみの多い船体であったことが分かったのだ。左右対称であるはずのパーツの寸法が異なっていたり、不可思議な隙間などがあったりする。文献を調べると、共に働いていたスウェーデンとオランダの船大工は、それぞれ若干異なる尺を使用していたことがわかった。これだと、同じ設計図を使っていてもパーツの大きさは微妙にずれてしまう。

船を作る上で重要な棟梁の不在で、注文の多い絶対権力者から急かされ、尺の違いから実寸が異なり、さらにはコミュニケーション不足もあったような状況で、世界最大の軍艦の建造は進められていたのだ。

ヴァーサ号の沈没は、大きな事件であった。その事故の責任を追及するための調査、そして裁判が行われており、それらの記録も一部残っている。結論から言うと、国王の責任も指摘はされたようだが絶対権力を裁くことはできず、責任問題は有耶無耶のままであった。

ヴァーサ号とは何なのか

私は帝京大学の授業では、必ずヴァーサ号の話をすることにしている。それは、ヴァーサ号が水中文化遺産を象徴する存在であると同時に、例外中の例外の遺跡であること、また沈没船の引き揚げと保存処理の最たる成功事例でありながら、沈没船遺跡を引き揚げてはいけないことのシンボルでもあるためである。

水中文化遺産の代表でありながら水中文化遺産らしくない。さらに、最高の成功例でありながら決して真似してはいけない事例である——矛盾していると思った読者もいるだろう。

ヴァーサ号のように完璧な状態で残っている遺跡は珍しい。これは、バルト海が水温も塩分濃度も低く、また、バクテリアなどの活動も活発ではないという特殊な環境の賜物である。さらに沈没後も、シルトの堆積により埋もれていたなど安定した環境にあったことにも起因している。暖かい海に生息する、木材を喰いつくすフナクイムシも冷たいバルト海では生息できず、有機物の保存には最適な環境であった。そして、発掘や保存処理、展示などに莫大な予算が付いたことも大きく、苦労は多かったものの輝かしい実績となった。最終的な報告書も発掘後五十年を過ぎてから出版されており、遺物の分析や新たな研究手法の導入により、ヴァーサ号の研究は終わることがない。

ヴァーサ号の問題は、皮肉なことに、この遺跡が水中文化遺産を代表する事例になってしまったことにある。多くの人は水中文化遺産と聞くと、「ああ、ヴァーサ号のような遺跡か」と思い込んでしまう。そういう人は、未だに埋まっている（沈んでいる）水中文化遺産を見ることがないし、小さなごく普通の水中文化遺産の存在に気が付かない。水中にある遺跡は大規模な遺跡で、学術研究が基本であり、引き揚げたら保存処理には大規模な予算を必要とするという間違ったイメージを定着させたのが、ヴァーサ号と言えるだろう。

「水中遺跡は沈没船がメインで大規模な遺跡が多い」わけではない

陸上であれば、工事などで遺跡が出てくることはよくあるし、実際に陸の遺跡を目にすることもある。しかし、海の場合は遺跡が見えない。だから、本当は遺跡がたくさんあるのに、「水中文化遺産＝巨大な沈没船の研究」と聞くと、なんとなくそう思ってしまうから危険だ。

ヴァーサ号の発見以降、世界では水中文化遺産の発見が相次いだ、しかし、どの遺跡もヴァーサ号の規模には到底及ばない。石器時代の遺跡も多く発見され、また、水没した住居の遺跡などもある。ダイビングで潜ると、目の前に石器が数点転がっているような遺跡もある。船体は全く残っておらず、積み荷だけが散乱する遺跡などさまざまだ。他国でもヴァーサ号のような遺跡を求めたが、見つかるのは小さな遺跡ばかり。船体が二十％も残っていれば、保存状態の良い遺跡と言える。

問題は、人々が水中遺跡を想像すると最初にヴァーサ号を思いつき、それが典型的な水中遺跡であると思い込んでしまうことにある。ヴァーサ号は奇跡的な保存状態で発見され、奇跡的な成功を収めた特異な事例なのにもかかわらず、これが典型例と誤解されたがために、水中遺跡を積極的に、陸の遺跡と同じように保護管理していくという考えが生まれにくくなった。

例えば、日本の自治体で「水中遺跡の調査や管理」を考えると、予算的に到底無理であるとの考えに至ってしまう。うちの自治体には船の専門家はいないから水中遺跡の調査は難しい、との意見を聞いたこともある。日本で一番多い水中遺跡は縄文時代の遺跡で百例を超える一方、船体が発見された遺跡は未だ十例にも満たない。

「水中遺跡は学術調査が基本」ではない

世界では、数万件の水中遺跡が調査されている。デンマークでは二万件ほどの水中遺跡が登録されており、ウクライナも二千件の登録された水中遺跡がある。近年は、イギリスやデンマークなどで洋上風力発電の開発に際して事前に水中を探査し、遺跡の有無を確認するというアセスメントを徹底している。そのため、水中遺跡の数はますます増え続けている。

陸の遺跡の発掘調査は、開発工事などに際して実施される行政発掘がほとんどである。開発で壊されるから発掘をするのであって、掘りたいから掘るわけではない。陸の遺跡は、そこにあっても丸ごと発掘することはほぼない。ピラミッドもパルテノン神殿も、また、大きな古墳も未発掘の部分が多い。ヴァーサ号の発掘は、大仙古墳（仁徳天皇陵＝大阪府堺市）かピラミッドを丸ごと発掘しつくして、別の場所に展示しているようなもので、陸の調査ではありえないだろう。ところが、本当は陸の発掘も水中の発掘も同じなのだ。ヴァーサ号の発掘は、あり得ないことをやってのけてしまった例なのである。

アプローチの基本は「現地保存」

水中遺跡で一番大変でお金が掛かるのは保存処理と展示であると前述した。では、一国で数万件の水中遺跡があるのに、それを一つ一つ引き揚げて保存をしているのか、と疑問に思った読者もいるかもしれない。「基本は陸の遺跡と同じである」と答えよう。どういうことか？

現在、水中遺跡へのアプローチの基本は、開発とのバランスを考えながら、可能な限り現地保存をすることにある。ユネスコも、原位置での保存を第一のオプションとしている。開発の前に遺跡を探して、位置を記録し、水中で保管する――これが世界のスタンダードだ。発掘せずに水中で遺跡を保存し管理する。一つ一つの遺跡にそれほどお金をかけず、国など大きな単位で俯瞰的に遺跡を管理することが水中遺跡の保護につながる。

今後、ヴァーサ号と同様に、貴重で保存状況が良い水中遺跡が発見されたとしよう。だがその船は、おそらくヴァーサ号のように引き揚げられる可能性は低い。国内や地域全体の遺跡と比較し、学術的な価値が明確にあり、また、保存処理とその後の管理が徹底して行われる場合においてのみ引き揚げが行われることになるだろう。

第四章　災害と水中文化遺産

以下の章では、日本とアジアの水中文化遺産を紹介するが、それぞれ大きなテーマごとにまとめている。災害、交易、船体、そして国際交流。それぞれの遺跡がテーマにどのように関わっているのかを読み取って欲しい。

「うみ」は我々に豊かな恵みを与えるだけでなく、時に災害という形で我々に牙を剝くことがある。第一章を思い出して欲しいが、水中・海事考古学は水域（「うみ」）と人間の関係を学ぶ学問である。その意味で、様々な水害――津波、液状化による地盤沈下、大雨による土砂崩れ、洪水など――も研究の範疇に入ってくる。特に水没などの被害を受けた住居や町が、当時の様子をそのまま残していることがある。これらの遺跡の発掘調査と、時には歴史資料調査などを合わせて研究することで、災害のメカニズムの解明、生き延びた人々の生活の変化、災害からの復興の取り組みなどを鮮明によみがえらせることができる。災害水中考古学とでも呼べる領域が、今まさに生まれつつあり、災害大国日本にとって重要な研究となりうる。ここでは、国内で芽生えつつある研究事例をいくつか紹介したい。

本栖湖の湖底遺跡

富士五湖の一つである本栖湖（山梨県）は透明度が高く、ダイビングが盛んな湖として知られる。ダイバーが土器などの遺物を発見していることが話題となり、旧上九一色村（現・甲府市および富士河口湖町）が一九九八年に湖底の遺跡調査を実施した。この時は縄文時代中期の土器、古墳時代前期（五世紀前半）の甕のカケラなどが報告されている。なぜ湖底に遺跡があるのだろうか。

活火山である富士山は、噴火を繰り返しながら周辺の風景を大きく変えてきた。特に有名なのは『日本三代実録』に記録が残る貞観六（八六四）年の大噴火であろう。当時、「剗の海」と呼ばれる大きな湖が存在していたが、流れ込んだ溶岩が湖を堰き止め、精進湖と西湖に分かれた。この時、多くの民家も土石流や溶岩に飲み込まれたと伝わる。

この噴火で、溶岩流は本栖湖にも流れ込んだが、溶岩流の分布を見る限り、湖全体の水位を一気に押し上げるほどではない。富士山科学研究所によると、本栖湖、精進湖、西湖はもともと一つの大きな湖であり、現在でも湖面の水位は一緒に変動している。貞観より遡ること数千年前の別の噴火によって、本栖湖はすでに独立した湖となっていたが、地底ではつながっていたようだ。本栖湖は、地質学的に下流に位置しているため、剗の海から地底を通った大量の水が本栖湖の水位を上げたと考えられる。文献史料によると、本栖湖の水位は徐々に上昇したとされ、科学的証拠と合致する。現在湖底にある遺物は、貞観の噴火によって水没・埋もれた物であると推測できるが、水没した時点ではすでに人は住んでいなかったようだ。つまり、陸で半遺跡化した後に水没したと考えられる。急激な土砂・溶岩の流れ込みがなかったとすると、住居跡などが湖底の堆積層の下に温存されている可能性が高い。

富士河口湖町教育委員会の杉本悠樹学芸員によると、本栖湖は駿河（静岡県）と甲斐（山梨県）をつなぐメインルートの中継地として、古墳時代にすでに機能していた可能性もあるという。この街道の甲府盆地の入り口には、東日本最大級の前方後円墳である「甲斐銚子塚古墳」がある。三角縁神獣鏡などの副葬品が出土していることから、この街道が重要であったことを示している。その街道の中継地に住んでいたのは、現地の人々なのか中央から移住してきた人々なのか。

現在、帝京大学文化財研究所では、自然の作用により水没した遺跡であると想定し、その証拠をつかむべく様々な機材を使用した探査を実施している。

地震で水没？　幻の「黒田郡」

地震や津波と聞くと、南海トラフが連想される。高知県もこの予想される大地震による津波の影響を受ける可能性があると言われているが、歴史にも津波による被害の記録が残されている。『土佐大震記』には、白鳳地震（六八四年）により一夜にして水没したとされる黒田郡（こおり）の伝説が残る。白鳳地震以外でも、津波や沈降の被害を物語る証拠として、社殿の改築や移転が行われたことを示す碑文などが、高知県の海岸のいくつかの集落に点々と残っている。水没した痕跡を見たという伝承もいくつかの地域で聞かれるが、明確な考古学的証拠は未だ発見されていない。先代の災害の記憶が後世の史実と相交じり新たな伝承を生んだようだ。それは、災害の事実は語り継ぐ必要があったことを如実に示しているようだ。

黒田郡の集落を探す試みは、任意団体やマスコミなどによって試されてきたが、大きな成果はなかった。そのような中、JAMSTEC（海洋研究開発機構）高知コア研究所の谷川亘主任研究員は、黒田郡の伝承の解明を科学的に試みようとした。谷川氏は地球科学を研究のフィールドとしており、南海地震による地盤の沈降する地域と伝承が残る地域に空間的な共通性があると考えた。高知県沖は、南海トラフ地震の発生が予測されている。過去の南海地震の爪痕を解明することは、将来の地震予測にも役立つ可能性があり、データに基づいた防災都市計画にも貢献できる。谷川氏は、地震の記述の残る碑文・文献を集め、同時に広い範囲で海底に残る地殻変動の痕跡を調べた。また、水没した集落の伝承地で潜水調査を実施した。

数か所で実施された潜水調査のうち、爪白海岸（土佐清水市）の調査を紹介しよう。ここでは、水中から石柱を数本回収している。石柱には加工の痕跡が認められ、また、爪白の神社境内の石段や地区内に残る建物の基礎として使用されている石柱とほぼ同じ大きさであった。表面に付着していた珊瑚などの炭素同位体年代測定を実施したところ、一九五〇年以降という年代が出た。つまり、それまで石柱は堆積物の下に埋もれており、近年の台風などにより露出したと考えられる。問題は、石柱はいつごろ海底に没したのか、ということだ。神社などの記録をたどると、どうやら石柱は江戸時代には利用されていたようだ。また、一七〇七年の宝永地震では大きな被害を受け、いくつかの地区は近くの高台に移動した記録が残る。石柱は、宝永地震もしくは安政地震（一八五四年）の津波で流された可能性がある。黒田郡はまだ見つかっていないが、地球科学調査と文献史料調査、そして水中考古学調査のマッチングによる成果を期待したい。もしかしたら、災害の瞬間をそのまま残している遺跡が発見されるかもしれない。

磐梯山噴火で生まれた桧原湖

続いて、私が参加している調査を紹介したい。

福島県桧原湖（北塩原村）は、冬にはワカサギ釣りで有名であるが、湖の底には会津米沢街道の宿場町として栄えた桧原宿が沈んでいる。一八八八年の磐梯山の噴火は山体崩壊を引き起こし、火砕流は多くの命を奪った。明治時代の大災害であるが、桧原宿の住民は噴火による直接の被害はなかった。しかし、崩れた土砂が堰き止め湖を形成し、水位は徐々に上昇し、やがて村を完全に飲み込んだ。幸い、村人が移転する時間は十分にあったようである。

現在、桧原湖の湖岸にはポツリと鳥居がたたずみ、丘の上には大山祇神社がある。湖岸の鳥居からまっすぐ沖に向かうと、水没した鳥居がある。これら二つの鳥居自体は、四十年ほど前に建てられたらしいが、鳥居から沖に向かって切り株が並んでおり、当時の参道のままだという。参道をまっすぐに進めば水没した村があるはずである。だが、これまで水位の低い時に実施された自治体による踏査や探検クラブなどによる簡易的な水中探索以外には、学術調査は実施されていなかった。

二〇二一年、前出の黒田郡の調査を行っていたＪＡＭＳＴＥＣ高知コア研究所の谷川氏を中心に、帝京大学・東海大学・京都大学など複数の研究者が集まって本格的な学術調査を開始した。サイドスキャン・ソナーなどの機器を使った探査、潜水や水中ドローンによる目視確認作業、堆積層の分析など学際的な調査である。サイドスキャン・ソナーは、マルチビーム・ソナーと同じく音波を使用している。ただし、三次元のデータではなく反射強度を映し出す装置であり、位置情報は読み取れないが硬いもの柔らかいものなど質感も映し出す。音波を使ったパノラマ写真とも考えることができる。

ソナーでは、鳥居や参道（ぽつぽつと並んだ切り株）の他、人工物のような反応がいくつか見られる。当時の村の様子を知る手掛かりとなる地割図が地元の資料館（会津米澤街道桧原歴史館）に残されており、これによって街道の位置や水路、建物の配置を知ることができる。ソナー画像と地割図を比べると、交差する道路や建物の基礎と対応しているようだが、目視確認する必要がある。

二〇二二年には潜水調査を実施し、岸から百二十メートルの地点で石積み遺構を発見した。ソナー画像でも強い反射を示している参道と街道の交差点であると推測された。そこで二〇二三年にその交差点の中心付近で掘削調査を行ったところ、硬く締まった水平状の地面と掘り込んだ溝のような跡が見つかった。おそらく街道の中心を流れていた水路であろう。木材（渡し板）や大きな敷石のような構造物も確認された。

調査では、湖底の堆積層のサンプルも採取した。すべてのサンプルにおいて火山由来の物質が混じる湖底の緩い堆積層（上層）と、生活面のあった硬い層（下層）が明確に分かれていた。生活面では、採取場所によって堆積物の特性は一様ではなく、道路や畑などで堆積物に違いが見られるようである。また、サンプルの一つにすり鉢の破片が混じっていた。桧原湖の調査はまだ始まったばかりだが、調査を進めていけば、当時の村の様子も再現可能かもしれない。

水中遺跡はタイムカプセルである。桧原宿も例外ではないが、住民はすでに移住していたので災害の瞬間を捉えているわけではない。しかし湖底の遺跡に残るものは、残されるべくして残されたものであると私は考えている。避難に際して持っていく必要のない、（当時の人にとって）価値のないものだっただろう。一般に、価値のあるものは大切に保管されて残るが、大切でないものは残らないため、何が「必要のないもの」であったのかはよくわからない。そんな「必要のないもの」を通して当時の価値観や物質文化を探る研究からは、新たな視点が生まれるかもしれない。

関東大震災で崩落した旧根府川駅

神奈川県小田原市の根府川の沖に、大きなコンクリートの塊や金属片が散乱している場所がある。東海道線旧根府川駅舎の痕跡であると言われる。

一九二三年九月一日に発生した地震（関東大震災）は、大規模な地滑りを発生させ、標高約五十メートルの崖の中腹に位置していた駅舎、停まっていた列車や乗客、さらには集落を巻き込んで海に崩れ落ちていった。地滑りの痕跡は広範囲に広がっているようだ。この遺跡の調査もまだ始まったばかりである。

当時の集落や駅舎について、それほど多くの記録は残っていない。だが海の底には忘れられた物語が埋もれているかもしれない。また、この遺跡から災害のメカニズムを知ることも可能ではないか。例えば駅舎の痕跡の広がりや土砂の堆積状況から、崖崩れの規模や方向などが分かるかもしれない。当時の様子を再現するだけでなく、得られたデータを活用して今後起こるであろう崖崩れの危険予知にも役立つかもしれない。

震災からすでに百年が過ぎた。貴重な文化遺産であり、調査そして遺跡の保護も徹底して欲しい。「大正時代の遺跡」とは耳に馴染まないかもしれないが、関東大震災の痕跡を直接見ることができる場所は多くない。災害の物的証拠を見れば、心に強く災害の印象が残り、災害に備える気持ちも芽生えるであろう。水中災害遺跡の価値はそういうところにもある。

第五章　水中文化遺産に見る「交易」

水中文化遺産の研究は、旧石器時代の水没遺跡や洞窟遺跡、沈んだ港や町や災害の痕跡など多種多様であるが、一昔前までは沈没船の研究が主流であった。私も船とその積み荷の研究が面白いと感じて水中に飛び込んだ一人である。ここでは、貿易の形態を考えるにあたり、謎を問いかける遺跡を紹介したい。海外との交流を垣間見ることのできる遺跡を紹介し、また、日本をはじめアジア地域で発見された著名な沈没船遺跡に触れてみたい。

「南海1号沈没船」と「新安沈没船」

まずはアジアの海で活躍した沈没船、特に商船を見てみよう。アジアでは、これまで数多くの沈没船が発見され、発掘調査が実施されてきた。韓国や中国ではそれぞれの国で数十隻の古代船発掘の経験があり、東南アジアでも百隻以上の歴史的沈没船が確認されている。

中国で最も有名な沈没船遺跡「南海1号沈没船」（一九八七年発見、二〇〇七年発掘）は、隔壁と竜骨を持つ中国南部で作られた典型的なジャンク船である。南宋時代（一一二七〜一二七九年）の大型商船で、東南アジアに向かっていた。

この遺跡は、その特異な発掘方法で話題を呼んだ。船（遺跡）の周りをコンテナで囲い、周囲の砂ごと引き揚げて新設の博物館（広東省海陵島）へと運び込む。そして博物館の中で発掘作業を行うというものだ。全長三十メートル以上、積載量二百トン以上もある大型船の発掘・引き揚げ方法としてはかなり大胆だ。発掘作業だけで数年を要し、その間、博物館を訪れた人は発掘作業と引き揚げられた遺物を同時に見学することができた。

積載品には陶磁器のほか、金属のインゴットや装飾品もあった。また動物の骨や種子・花粉なども採集されている。

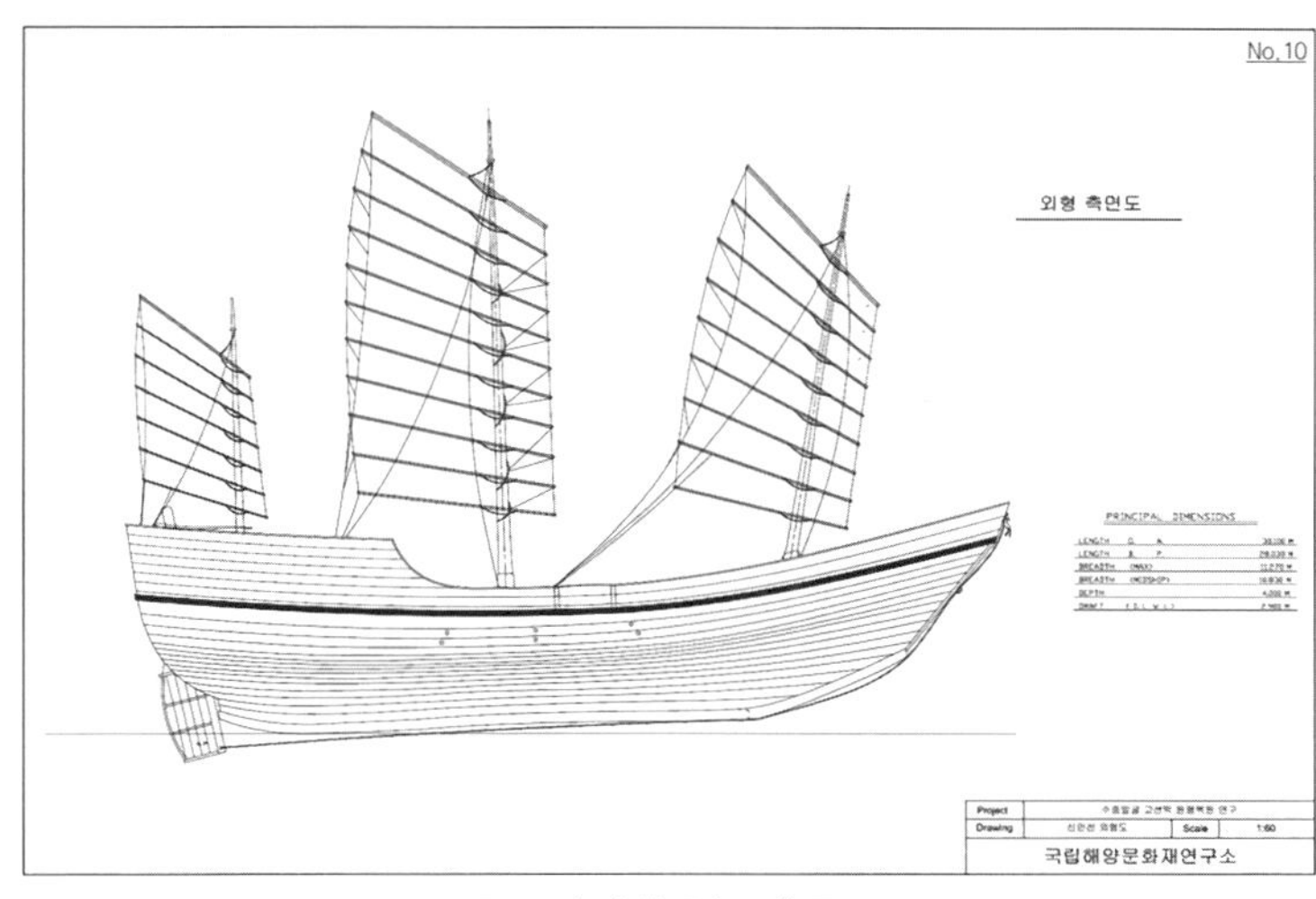

図7　新安沈没船の復元図
（出典：『고선박 (난파선) 복원 보고서 4 - 신안선 원형복원』）

ただ、その積み込み方は雑だったようだ。船内や船底に陶磁器がびっしりと積まれ、木箱などに入れられた様子もなく、木の枝のような緩衝材が多少あったくらいで、荷物が数点壊れようが関係ない、と言わんばかりである。この船はおそらく、低品質の商品を大量に運んで、マーケットに安く流す予定だったのだろう。

次に韓国・全羅南道新安郡沖で発見された沈没船を紹介したい。一九七〇年代に発見・発掘された「新安沈没船」だ。長さ二十メートル以上、重さ二百トン以上で、中国の南海1号船と同じく中国ジャンク船の特徴を持ち、断面を見るとV字型の船体をしている。引き揚げられた青銅の沈錘に「慶元路」という銘があり、慶元府（現在の浙江省寧波市）を出発した船であると想定される。また、発見された木簡に「東福

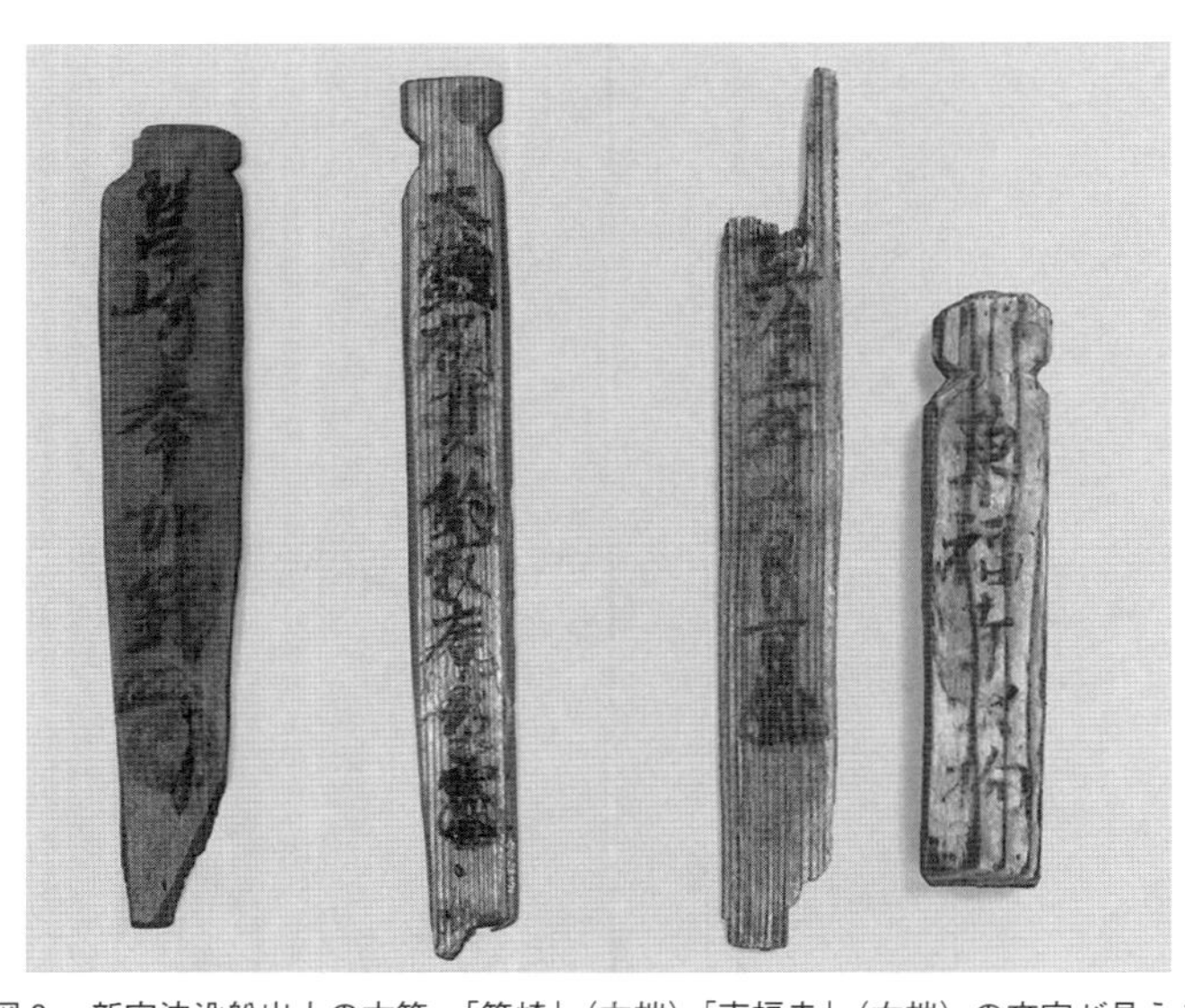

図8　新安沈没船出土の木簡。「筥崎」（左端）「東福寺」（右端）の文字が見える
（出典：韓国国立博物館『新安沈船Ⅲ』）

寺」（現在の京都府にある）や「筥崎」（現在の福岡市にある）の文字があったことから、日本の寺社が仕立てた船であろうと思われる。行先は博多湾、当時の日本の玄関口であろう。木簡の中には「至治三年」の文字が見られるが、これは一三二三年に当たる。日本では鎌倉時代末期、中国は元の時代になる。元寇という二国間を分断する戦いがあったが、貿易は活発に行われていたようだ。

積み荷は、白磁や青磁など高級品の数々であり、ほぼすべてが中国製品だった。朝鮮半島で流通していたものではなく、日本国内で「唐物」と呼ばれた、上流階級で流行っていた品々である。「博多遺跡群」（福岡市博多区）から出土する陶磁器類や、日本の寺社の社殿に収められた宝物に相違ない。

興味深いのは、商品の積み方だ。南海1号船とは真逆で、積載品は木箱に収められて大切に運ばれていたようだ。幸運を願ったのか、「大吉」と書かれた木箱もあった。新安沈没船の発掘調査では、このように船の年代や出発地点と向かった先、積み荷など様々な情報を得ることができた。

貿易船は当時の交易の形態を知る貴重な歴史の宝だといえ、日本近海でも沈没船の発見が期待されている。

陶磁器だけが見つかった奄美の海底遺跡

沖縄本島、佐渡島に次ぐ大きさの鹿児島県奄美大島。この島の南西側の宇検村、焼内湾の入口にある枝手久島と奄美大島の間に「倉木崎海底遺跡」がある。水路の幅は四百メートル程と狭く、水深も約三メートルと浅い。

ここでは一九九七年から二〇〇一年にかけて、宇検村教育委員会が青山学院大学の協力を得て潜水調査を実施した。十二〜十三世紀ごろの中国産の青磁や白磁などが海底に散乱しており、約二千三百点が引き揚げられた。これらの遺物は博多へ向かっていた船に積まれていたものと思われる。

博多は日本の玄関口であり、日本初のチャイナタウンがあった。平安時代から数百年間、長崎が江戸幕府直轄の港となる十七世紀までの間、日本を訪れた貿易船はそのほとんどが博多の港を利用した。

ＪＲ博多駅と博多港を直線で結ぶ現在の大博通りの下には、平安時代以降に栄えた港町が眠っている

（「博多遺跡群」）。毎年数十件の発掘調査が実施されており（二〇二四年現在、第二百六十次調査）、二〇二四年二月に国の史跡にも指定された。中国からの輸入品だけでなく朝鮮半島や東南アジアとのつながりも、出土遺物から見ることができる。倉木崎海底遺跡出土遺物は、龍泉窯や同安窯など博多遺跡群から出土する中国からの輸入陶磁器資料と瓜二つである。

二〇一四年、倉木崎海底遺跡において、文化庁の委託を受けた九州国立博物館は探査機器を利用した調査を実施している。当時、私は九州国立博物館で研究員として勤務しており、この調査を現場で担当した。この調査は、水中遺跡検討委員会のパイロット事業として行われた、日本の遺跡調査において事例の少ない探査機器を利用して、それぞれの機器の有用性や運用上の問題点・課題を考えるためのプロジェクトである。サイドスキャン・ソナー、サブボトム・プロファイラ、磁気探査、潜水による金属探知機調査、水中ロボットなどを使用した。

桧原湖の調査でも紹介したサイドスキャン・ソナーは、音波を利用して海底面を可視化する探査機であるが、今回、特に大きな遺跡のようなものは発見できなかった。海底の堆積状況を確認するために、鷹島海底遺跡で活躍したサブボトム・プロファイラを使用したが、この海域では、荒い砂が薄く堆積しているのみであり、大きな遺物などが埋まっている様子はなかった。磁気探査を使って鉄釘や鉄製品が埋もれているか探したが、調査範囲に一部のゴミを除いて鉄はほとんど存在していなかった。金属探知機や水中ロボットによる調査でも、金属製遺物や船体などの大きな遺物の集積は認められなかった。

一見、残念な結果にも思えるだろう。しかし探査結果は、「陶磁器以外の遺物はなかった」ことを示しており、これこそが探査の成果である。つまり船体をはじめ他の種類の遺物は、ここにはないということだ。では、なぜ陶磁器のカケラのみがあるのだろうか？　船が沈没したわけでもなく、陸から遺物が流れ込んだわけでもない。奄美地方でこれだけ多くの輸入陶磁器が見つかる場所は珍しい。目的地は奄美ではなかったはずである。中国を出発した船の多くは五島列島を経由して博多に向かうのだが、それが南風に吹かれて奄美まで流されたのか、逆に琉球を経由してきた船なのかはわからないが、ともかく近くを通っていた船が何らかの理由で狭い水路に迷い込み、座礁を免れるため積み荷を捨てたという可能性を考えることができるようだ。もしくは、座礁したが、浅かったため大きな木材はすべて引き揚げられたのか。

数年前、韓国・済州島の北の沖で同じような龍泉窯や同安窯の遺物が韓国の水中考古学チームによって発見された。報告された写真を見る限り、倉木崎で出土した遺物とほぼ同一形態・模様にも見える。どちらも中国を出発し、博多を目指した商船であろう。こちらも船体はまだ発見されていないが、沖合で沈没した船であると想像できる。

鉛のインゴットが見つかった小値賀の水中遺跡

長崎県・五島列島の北側に位置する小値賀島。地図を見れば、この島の海上交易における重要性が理解できるであろう。ここより西には中国大陸に到達するまで島は存在しない。いわゆる遣唐使船や、中国から日本へ向かった商船も立ち寄ったことが想像できる。そして、魅力的な遺跡も島の沖に眠っている。

小値賀島の東側の海域は、交通量は多いがちょっとした海の難所だったのであろう。野崎島から中通島にかけて半島（魚目地区）が続くため、南北に細長く延びた水路のようである。東西へ抜けるルートがほとんどなく、近くを通る船は必ず通過したであろう。小値賀島の東側海域から中国の貿易船のものと思われるいかり石が引き揚げられており、古くから沖には沈没船があるかもしれないと言われていた。二〇〇一年からアジア水中考古学研究所が潜水調査を開始し、十六世紀末～十七世紀頃の東南アジア（主にタイ）で造られた遺物を発見した。この「山見沖海底遺跡」から「ハンネラ土器」と呼ばれるタイの典型的な土器も発見されており、博多遺跡群からも類例が報告されている。

発掘された中で最も興味深い遺物は、鉛のインゴット（地金）だ。手のひらに収まるサイズだが、これと全く同じものが、タイの「シーチャン沈没船」で発見されている。十六世紀（戦国時代）で鉛と言えば鉄砲玉の原料であり、タイから大量に輸入されていたようだ。ベトナムのホイアンやタイのアユタヤなど、ちょうど日本人町が形成された時期に当たる。当時の国際的な動きを、日本の西の果ての島で感じることができる。

小値賀周辺には、中国産の陶磁器のカケラなどが引き揚げられた「前方湾海底遺跡」も、アジア水中考古学研究所の調査により確認されている。主に十二～十三世紀のものである。典型的な中国からの船であろう。日本国内で当時流行していた品物が多い。

山見沖海底遺跡・前方湾海底遺跡、どちらからも船体や木材などは発見されていない。どのような船が日本に来ていたのか気になるところである。発見された遺物の量はそう多くないため、新安沈没船や南海1号沈没船のような大きな船ではなかったのだろうか。

第六章　船体から学ぶ

ここまでは積み荷を見てきたが、次は船体そのものを見てみよう。これまで、船体については日本の考古学界隈ではあまり話題に上がってこなかった。しかし、船体の研究を追求することこそ、当時の交流の幅の広さと深さを学ぶことに直結する。実は、積み荷の研究からだけでは、なかなか答えが得られないことが多い。新安沈没船など、ここで紹介した事例や水中考古学の入門書、またはニュースなどで目にする沈没船調査の多くは、まとまった積み荷がある船で、発掘調査により多くの遺物が引き揚げられた例である。第三章でも説明しているが、本当は、そのような水中遺跡は珍しい。海底の環境、トレジャーハンター、漁師、そして開発行為などにより、沈没船の積み荷はバラバラになる。さらに、遺跡を丸ごと発掘することは稀で、多くは露出している積み荷の観察のみ、発掘しても積み荷の一部のみである。つまり、当時の貿易の形や国際関係の解明には、「ごく小さな一部に詰め込まれている歴史的情報量の多さ」が重要になってくる。

複雑な貿易ルート

新安沈没船は丸ごと発掘されているが、その一部だけが発見・発掘されていたら、何が言えただろうか。分かりやすい例え話として、現在のコンテナ船を発掘したら、どこの国の船でどこへ向かっていたのか突き止めることはできるだろうか。積み荷は実に様々なモノを積んでいるから、その一部からは分からない。船員の持ち物はどうだろう。フィリピン出身の船員が、パキスタンで造られた衣類を身に着け、スイス製の時計、中国で作られたスマホを持っていた場合はどうだろうか。現代ほどではないにせよ、過去の貿易・海運も、我々の想像以上に複雑・多様である。

ケニアで発見された「ンゴメニ沈没船」が良い例であろう。中国とケニアが合同調査を実施したことで少し名が知れた遺跡である。発見当初、イラン系などアジア由来の陶磁器類が確認され、また、直ぐ近くの岸から中国明朝（一三六八～一六四四年）などの銅銭が発見されていることから、中国政府は鄭和（一三七一～一四三四頃）の大航海時代の船の可能性もあるとの期待をもって調査に乗り出した。

ところが、発掘が進むとアフリカ原産の遺物、また、ヨーロッパからの遺物が多く発見された。さらに掘り下げると、明らかにイベリア半島で造られた特徴を持つ船であることが分かった。この船は大航海時代、ヨーロッパからインドを目指していた船だったのだ。その後、中国政府は合同発掘から手を引いている。

ンゴメニ沈没船の他にも、ナミビアの「オラニエムント沈没船」など、西から東へ向かっていた大航海時代の船が発見されているが、それらの船にはアフリカ原産の象牙や、もっと東で造られた物も積まれていた。つまり、ヨーロッパを出発してまっすぐにインドを目指してスパイスなどを買い付けたわけではなく、途中で交易を繰り返しながら東に向かっていたことが分かる。貿易というと、一方通行を連想するかもしれないが、かなり複雑な貿易ルートが存在していた。船がどこから来たのか、それを積み荷から突き止めるためには、場合によっては、積み荷をすべて丸ごと発掘する必要がある。

造船技術から見えること

では、船体を見てみよう。船体を細かく見ると、その船がどこで造られたか分かる。私が説いているのは船の形ではなく、例えば板の継ぎ合わせ方など手に取ってじっくり見ることのできる考古資料である。

船の形や作り方は伝播しやすい。日本人になじみのある船と言えば遣唐使船や朱印船であろう。遣唐使船は朝鮮半島や中国の技術を取り入れて日本で造られた船であると考えられている。実物は発見されていないので、あくまで文献史料などによる推測である。また、朱印船は、いわゆる中国のジャンク船に西洋のガレオン船の帆や楼などを追加した船である。朱印船と同時期に活躍した、東南アジアで造られたシャム船も、中国のジャンク船に東南アジアの技術を融合した船だと言われている。明治初期に造られた合の子船も和洋折衷の船として知られる。もともと国境を越えるために造られた道具が船である。技術の伝播は早く、そして広範囲に広がる。

船の構造や形は伝播しやすいが、部材の継ぎ合わせ方など細かい部分程伝播しにくい傾向がある。船は、一人では造れない道具だ。二十世紀に大型飛行機や宇宙「船」が造られるまでは、人類が造り得る最大の道具であり、最高の技術を持って造られた。船を造る時は、発注者（使用目的の決定）、棟梁（デザインの選定）、職人（細部の構築）が必ず存在する。発注者が社会情勢を表し、棟梁が国際交流の度合いを示し、職人が地元で培われた技術力を教えてくれる。それぞれが生み出す特徴を船という複雑な道具の中に見ることができるのである。

よく知られた事例として、徳川家康の外交顧問として仕えたイギリス人航海士ウィリアム・アダムス（三浦按針、一五六四〜一六二〇）が家康の命により建造した西洋式木造船を見てみよう。設計はアダムスであるが、実際に船を組み立てたのは日本の職人である。西洋の船では木釘や鉄釘、大きなボルトなどを使う。日本には、これらを作るためのインフラがないし、素材があっても職人は、それらをどのように使ってよいかわからないだろう。つまり、外見は西洋の船であっても、板材のつなぎ方は現地の材料を使って現地の方法で造られるのだ。職人のワザは世代から世代へと引き継がれていくが、船のデザインは大きく変化していく。

つまり、パッと見える構造など特徴的な部分は広まるが、普段は目につくことのない職人の技はゆっくりと伝わるのである。この二つを見比べることで、その船が置かれた国際状況と、地元で培われた伝承技術を学ぶことができる。その教材は船の部材のつなぎ部分など、考古学者しか見ることのない小さな部分だ。絵画史料なども外観しか描かれないため、その船がどこで造られたのかを見分けることはできない。「ごく小さな一部に詰め込まれている歴史的情報量の多さ」において、船材の継ぎ目は圧倒的な存在感を持っている。

その船がどこで造られたのかは重要な課題であるが、さらにそこから、なぜ技術が伝播したのかといった社会的要因なども知ることができる。私は、二つ以上の地域の特徴を併せ持つ船を「ハイブリッド船」と呼んでいる。先ほどの朱印船などが好例である。ハイブリッド船に搭載された技術を見比べることにより、当時の交易の様子、文化交流の在り方もうかがうことができる。アジアの沈没船研究の中でも比較的新しいアプローチである。ここでは、アジア地域に知られるハイブリッド船をいくつか紹介したい。

珍島船

一九九一〜九二年、韓国の全羅南道珍島で残存長十七メートルほどの船が発見された。「珍島船」と呼ばれたこの船は、中国伝統船の特徴を持っていたため、中国から来た船であると考えられてきた。これまではあまり注目を集めることがなかったが、近年、大きな話題を呼びつつある。

この船は、丸木舟（刳り船）を底部に持ち、外板を上部に継ぎ合わせて作られていた。船内には隔壁が取り付けられていた。隔壁は船倉をいくつかに分ける役割を果たし、さらに船体を強固にする。隔壁など船材の固定には一部鉄釘が使用されていた。隔壁と釘の使用は中国ジャンク船に見られる構造であり、朝鮮半島の船には見られない。

そして、船材の継ぎ目を埋めて水密の船室を作るために白い塗料が塗られていた。桐油灰と呼ばれるこの塗料は、フナクイムシなど生物の付着を防ぐことができる。絵画史料を見ると、中国船の底部が白色で描かれていることがわかるが、それは、この桐油灰の色を表している。さらに船体は楠で造られていた。楠は、朝鮮半島では済州島にしか自生していない。

この船は、小ぶりな船でありながら少し大きめのマストを持っており、外洋に出ていたのであろう。船の中央に帆柱を支える役割を果たす檣座があり、上部に四角い穴が二つ空いている。ここに支柱を挿入し、帆柱をこの二本の柱の間に挟んで固定した。この構造は、発掘されたほぼすべての中国船に見られる伝統的な中国のマストのかたちである。

また、中国の銅銭が八枚出土している。船を造る際の安全祈願のお守りとして、銭は「保寿孔」と呼ばれる孔に挿入されていた。船体底部に小さなくぼみを作り、そこに銭を入れる。特に福建省沿岸の儀礼として知られ、多くの沈没船から近現代の伝統船舶にまでみられる。

これだけ中国船の特徴を並べられたら、中国から来た船にしか思えないのだが、最近の研究では、中国船説が覆されつつある。

発見された銅銭（「政知通宝」など。鋳造年代一一一一～一一一七年頃）から、十二世紀頃の船だということがわかる。ちょうど南海1号船などしっかりとした竜骨を持った大型船が進出してきた時代なのだが、なぜこのような小さな船が朝鮮半島にあったのだろうか。また、唐の末期以降、中国で丸木舟の出土例は内陸のごく限られた一部にしか見られない。

珍島船は丸木舟を底部に持ち、また、丸木部材も前後三材に分かれており、三つの丸木部材（船首・本体・船尾）を継ぎ足すことにより大型化されている。このような船の構造は中国ではほとんど見られない。

韓国の洪淳在氏（国立海洋遺産研究所・学芸研究士）は、マストの構造や保寿孔など細々とした部位は中国の特徴を持つが、船体そのものは中国船とは言えず、船体の構造は、日本の「準構造船」と呼ばれる船に見られる特徴に近いという説を打ち出した。

日本では沈没船の研究事例がほとんどないため、詳しいことは分からない。しかし、絵画史料――例えば『法然上人行状絵図』や『北野天神縁起』などには十二〜十四世紀の船が描かれている。その船底には丸木舟をベースとした構造を見ることができ、珍島船に近いものを感じる。また、『蒙古襲来絵詞』にも丸木舟をベースとした日本の船（準構造船）が描かれている。

準構造船は、丸木舟から発達したタイプの船であるといわれている。わずかながら弥生・古墳時代以降の船の一部が出土しており、丸木舟から準構造船へと発達していく様子がわかる。宮崎県西都原古墳出土の舟型埴輪なども準構造船であろう。

また丸木舟を前後に継ぎ足す技法も、記録に残されている。明治時代に大阪（鼬川）で偶然出土した丸木舟に見られ、大森貝塚の発見で有名なエドワード・モース博士（一八三八〜一九二五）も記録を残している。さらにモースは、鹿児島湾でも同様の構造の船を見たとその著書『日本その日その日』

図９　『北野天神縁起』（東京大学駒場図書館所蔵）に描かれた準構造船

（平凡社東洋文庫）の中で記している。日本国内で広く使われていた技法を韓国の珍島に見ることができた、ということだ。この丸木材を前後に継ぎ足す技法は、珍島のそれと酷似しており、楠で造られていることも共通している。珍島船は日本で造られた可能性が高く、中国の外洋航海用の船に使われた技術を取り入れたハイブリッド船であろう。

東アジアでは古くから盛んな国際交流があった。十二世紀の博多には、中国人貿易商が住んでいたチャイナタウンがあり、そこで外洋航海の技術を学んだ日本人が荒波に向かっていた可能性はある。神仏にあやかろうとする保寿孔などを取り入れることは、そう難しくない。航海の性能を高めるために中国製のマスト構造を取り付けた。さらに船の強度を高めるために隔壁を、水漏れ防止のために桐油灰を採用した。珍島船は決して大きな船ではないが、密貿易に従事していたのか、あるいは倭寇の先駆けとして、東アジアの海域で活動していた船なのだろうか。当時の日本人の手で造られた準構造船が海を越えて交易に従事していた、その船としてだけでも十分な価値はあるが、新しい技術を取り入れる日本人らしさが目に見えるところが面白い。

中国と朝鮮半島のハイブリッド船――蓬莱古船

ハイブリッド船を語るには、それぞれの船の持つ特徴を理解する必要がある。船の構造の話になると難しく感じるかもしれないが、簡単にそれぞれの船体構造について話をしておきたい。

韓国は、新安沈没船の発見を契機に今では水中考古学・船舶考古学の研究が盛んな国となっている。これまで高麗時代の船を中心に二十隻近くの沈没船が調査されており、多くの事実が解明されている。高麗時代（九一八～一三九二年）などの伝統船船は、ぼてっとした箱船で、西洋のスラッとした流線型ではない。船体の維持には梁を使用しており、隔壁がないのが、中国のジャンク船と大きく異なる特徴だ。

船底は丸太をそのまま切り出したような六十～七十センチ幅の角材三本もしくは五本を並べて平底を形成している。それらの角材に横方向に穴を開けて長い木（ピン・ほぞ）を差し込んで固定している。鉄釘は使用せずに木の組み合わせのみだ。船の横の板（外板）も幅は厚い。ほぞ穴をあけて木の組み合わせのみでしっかりと固定している。底板と外板の接合部分には、L字型の木材を使用している。日本でも使われた技術であり「オモキ」と呼ばれている。木をくりぬいてかたどっており、ちょうど丸木舟を半裁した形の板が船の両側面につく。

中国でも数十隻の沈没船が発掘されており、特に外洋船は宋代以降多くの資料が集まりつつある。

不思議なことに、中国船はどちらかといえば朝鮮半島の船よりは西洋の船に似ている部分が多い。船の全体的な形は流線形であり、断面も緩やかなカーブを持つ。竜骨を持ち、船の重心を低く保つことができる。外板は、朝鮮半島のように角材ではなく西洋の船のような薄い板状である。船体には大量の釘が使われている。また、隔壁を持つことも特徴の一つだ。

黄海に突き出た山東半島は、海上交通が盛んな場所である。山東省蓬莱市周辺からは、これまで宋から明の時代の船が数隻発見されており、1号船、2号船などと番号で呼ばれている。1号船と2号船は、いずれも竜骨と隔壁、緩やかなカーブを持った船体を持つ。外板も板状に作られ鉄釘を使用している。つまり、まぎれもない中国の船である。その他、先に見た韓国で造られた船の船底の板が発見されている。蓬莱市は、朝鮮半島との繋がりも深く、その証拠を示している。現在の蓬莱市は、過去においては登州と呼ばれた州に属し、遣隋使も使用した港湾都市であり、華北文明の東端である。

中国の船、朝鮮半島の船の部材の他、明らかに他とは異なる船である蓬莱3号船も発見されている。船底には五枚の厚い角材がまっすぐに敷かれていることから、一見すると朝鮮半島の船に見える。ところが、中国船特有の隔壁を持っているのだ。さらに、細かく見ると鉄釘も一部使用している。中国の船と朝鮮半島の船の特徴を併せ持つハイブリッド船だと言える。

山東半島には、新羅・高麗の商人が住んでいたことが知られているし、遣隋使や遣唐使などが朝鮮半島経由の北路を取った際には、寄港することもあったようである。我々の想像以上にインターナショナルな世界であり、それで造船技術も伝播したのではないか。

では、ハイブリッド船である蓬莱3号船は、だれがどこで造ったのだろうか。

船の形は、まぎれもない朝鮮半島の伝統船舶と言える。しかし、船体を支えるのは梁ではなく隔壁なので、珍島船のように中国の技術を取り入れた可能性もある。また、朝鮮半島で造られた船が山東半島に渡り、そこで修理を受けたと考えることもできる。もしくは、中国人が購入して自分好みの船にカスタマイズしたのか。一緒に中国の船も出土しているので、同時に二つの船が隣り合わせで存在していたことになる。彼らは交易のパートナーなのだろうか。

私の予想であり、まだ検証は行っていないが、朝鮮半島の船に隔壁を加えると、より強固な造りの船になったのではないだろうか。珍島船が日本で造られ朝鮮半島に向かった船であるように、蓬莱3号船は、朝鮮半島で造られ中国大陸に向かった船なのか。朝鮮半島の伝統的な船体に隔壁を組み込むという技術を、外洋に出る特別な船に採用したのかもしれない。隔壁を組み込むには、梁に比べると使用する板材の量が増えるだけでなく、鉄釘を生産するインフラが整備されている場所に限定される。そのため、船が造られたのは蓬莱市・中国側なのかもしれない。

ところが、隔壁以外——船の底板や外板の結合——は朝鮮半島の伝統的な継ぎ方のままである。朝鮮半島の船大工や職人が蓬莱に移住していた可能性も考える必要が出てくる。それだけ、二つの地域はつながっていたのだろうか。文献史料や陸の発掘の成果などの比較研究に答えがあるかもしれない。

蓬莱3号船に関連して二点ほど想像の羽を広げ、日本の歴史との結びつきを考えてみよう。一つは、元寇との繋がり、もう一つは遣隋使船との繋がりである。朝鮮半島の船で海を越える、そして宋・元時代と言えば、蒙古襲来の時に使われた船が思いつく。鷹島海底遺跡からは朝鮮半島の船は発見されていないため、どのような船が日本に来たか分からない。これまで朝鮮半島で十一～十三世紀の船は十隻以上発見されているが、沿海の交易に使われた船であり、遠洋の航海には不向きな船である。そう考えると、海を越えてきたと考えられるこの蓬莱3号船と同じタイプの船が元寇の時に日本へ向かったとしてもおかしくない。もちろん実証できるわけではないが、現在我々が持っている考古学資料の中で一番可能性として近いのは、このタイプの船かもしれない。

遣隋使との繋がりについては、日本側の史料によると、遣隋使船や初期の遣唐使船は、山東半島・登州を通る北路を使っていた。遣隋使の船は、朝鮮半島の造船技術と中国の造船技術を併せ持っていた可能性が高いのではないかと考えられる。現地で修理をする際にも、やはり現地の船に近い構造の船が良い。もし、もっと古い時代の船が蓬莱で発見されれば、遣隋使や遣唐使の船が見えてくる気がしてならない。

東南アジアのハイブリッド船

東南アジアでは伝統的に海の王国が栄えた。貿易で利益を得る都市国家である。また、いわゆる「海のシルクロード」といわれる交易路が発達した。唐の時代には、ペルシャやイスラム商人が海を渡って中国にやってきた。広州や泉州には外国人の大きな居住地もあった。宋の時代には中国人も大きな船に乗り外洋に出るようになる。さらに、ヨーロッパの列強も進出し、十六世紀末には日本も加わる。ベトナムのホイアンやタイのアユタヤには日本人町が造られており、まさに国際交流のハブであった。東南アジアの船の構造にもその特色を見ることができる。

まさに遣唐使時代の沈没船がインドネシアで発見されている。「ベリテュン号」と呼ばれる船で、中国の陶磁器類をたくさん搭載し、インド洋（現在のイランかオマーンあたりか）に戻る途中だった。船体の組み立てにはココナッツの樹皮で作った縄を使用していた。縄で縛り上げた「縫合船」といわれ、現在でもインド洋の伝統船舶に使われている技術である。アラブ商人の使った「ダウ船」の祖先と考えられる。海を忘れかけた現代人の感覚からすると、縄で編んだ船だと船体強度に問題を感じるかもしれないが意外と丈夫であり、なによりも軽くて錆びない。

もちろん、東南アジア土着の船の発見例も知られている。六〜七世紀以降から沈没船資料が増えてくる。船材の接合にはダボ（円筒形の棒）、そして縄も使われたが、鉄釘は使われていない。大型の船では、十二世紀頃には縄が使われなくなりダボ接合のみ残ったが、伝統的な小型の船では今でも縄を使った事例が報告されている。十四世紀以降には、中国のジャンク船に形のよく似た船が登場する。タイで作られたシャム船が知られているが、考古学者の間では、「南シナ海型の船」と呼ばれる船のタイプである。この船は隔壁を持っており、しっかりとした竜骨、V字型の船体を特徴とし、中国式のマストもある。

では、中国の船と何が違うのだろう。特徴的なのは、外板がダボにより接合されていることだ。細かな接合方法はローカルな技術を用いているが、船のデザインなどは中国タイプということができる。

船の基本設計は中国式で、実際に船を造ったのは地元の船大工たちだろう。鉄釘を使用して船を造ったことがなく、なによりも中国のように鉄釘の十分な供給がないという状況で、土着の方法で外板をつなげたら案外しっかりとした船が出来上がってしまったのではないだろうか。明の海禁政策（一三七一年）、中国系の移民など様々な要素が絡み合い、性能の優れた船が登場したことにより交易が活発化し、経済の発達をもたらした。

ちょうど元から明の時代にかけて貿易量が増えたことが知られ、貿易で富をなした都市国家が東南アジアで登場してくる。ところが、中国は明の時代に海禁政策を採用して交易のバランスが崩れる。中国から大量の移民が東南アジアに流れた。南シナ海型の船は、この中国からの移民によって造られたと考えられる。

東南アジアでは、これまでに百隻以上の沈没船が確認されている。積み荷はほぼ中国で造られた物であっても、運んでいる船は中国船に限られているわけではなく、東南アジアの船も同じものを運んでいる。東南アジアでは、十六世紀の沈没船が十五隻調査されているが、その中の十二隻が南シナ海型の船であり、多くは現在のタイで造られたようだ。貿易をほぼ独占していたことが分かる。船の出港地の決め手となったのは、外板にあけられたダボの穴であり、積み荷ではない。

シャム船が活躍した頃は日本では室町から戦国時代に当たる。小値賀島の山見沖海底遺跡で発見された鉛のインゴットについては先述したが、シャム船が沈没した可能性もあるだろうし、あるいは、

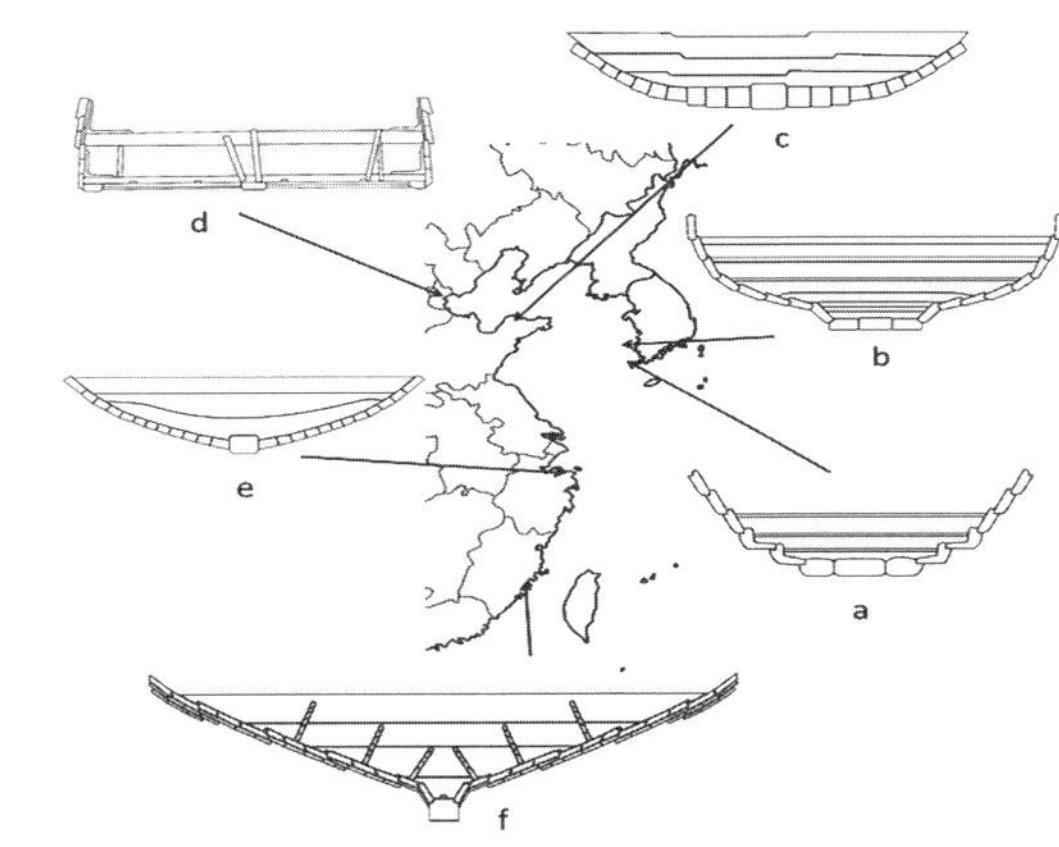

図10　東アジアで発掘された船舶の断面図（筆者作成）

日本の船かもしれない。長崎平戸に残された『唐船乃図』は、長崎に往来した船の詳細を表した第一級の絵画史料である。十八世紀頃に描かれているが、シャム船もある。見た感じは中国の船とそう変わらないが、船尾の形と舵が西洋の形式に似ており、西洋の技術も積極的に取り入れていたようだ。

わが国で同じように諸外国の造船技術を取り込んで造られた「朱印船」（十六世紀末〜十七世紀初頭）は、中国式の網代帆に西洋のセールを取り付けており、船尾は西洋式。外板の接合は日本式だったと私は考えている。シャム船を参考に造られた可能性もある。交易の中で多くの船を見て、お互いの船の構造を見ながら、学べることは学んだのだろう。グローバルな世界貿易の駆け出しであり、その主役は、やはり船だったといえる。

戦国時代末期、タイのアユタヤ、ベトナムのホイアン、フィリピンのマニラで日本人町が形成された。日本のプチ大航海時代の幕開けとも呼べる時代であり、日本人の船の沈没の記録も残されている。『安南国文理候書簡』（九州国立博物館蔵）には、一六〇九年にベトナムのゲティン地域ラム川の河口と思われる場所で、日本に向けて出港した船が沈没したことが記されている。二〇一九年、ベトナム考古学を研究している菊池百里子氏（東京大学東洋文化研究所助教）と協力し、現地に赴きサイドスキャン・ソナーを使って調査を試みたが、証拠をつかむことはできなかった。

そのうち朱印船の発見もあるかもしれないが、積み荷だけでは朱印船であったと特定することは難しい。朱印船だという証拠は、日本特有の船板の継ぎ方を見つけることである。

第七章　外国船漂着と国際交流

ここでは、沈没・座礁した後の国際交流とその歴史の解明が、現在の我々に何を語りかけているのかを見ていきたい。

御宿沖で座礁した「サン・フランシスコ号」

一六〇九年、一隻のスペイン船がマニラからメキシコのアカプルコへ向かう途中で嵐に遭い、千葉県御宿の沖で座礁した。この船は「サン・フランシスコ号」。前マニラ総督ドン・ロドリゴが乗っていた。海岸近くで船が二つに割れ、片方は岸に流れ着き、もう片方は浅瀬に引っかかったという。五十六名が死亡、三百十七名が助かった。ロドリゴ前総督も無事に岸にたどり着いている。この時、他にガレオン船二隻が航海を共にしていたが、一隻は豊後に漂着、もう一隻はなんとかメキシコにたどり着いている。

ちょうど太平洋航路（メキシコ西海岸とアジアを結んだ太平洋航路：ガレオン貿易）が発見されたばかりのころであり、莫大な利益を生んでいた。日本は関ケ原の戦い（一六〇〇年）が終わり、徳川家康がその支配をゆるぎないものに固めつつあったころだ。スペイン・ポルトガルとの交易を望んでいたこともあり、「スペイン船座礁」の知らせを聞いた家康はロドリゴ前総督を呼び寄せた。

家康と諸外国との関係の話で必ず登場するのが、前出のウィリアム・アダムスだ。イングランド出身のアダムスの乗ったオランダ船「リーフデ号」は一六〇〇年、こちらは豊後に漂着している。このころ、スペイン・ポルトガルの制海権をイギリス・オランダが奪いつつあった。お互いを海賊と呼び合い中傷し、家康に取り入って優位に立とうと必死であったという。アダムスの忠告もむなしく、家康はスペインとも友好関係を築こうとして、提督一行に帰りの船の準備を約束する。皮肉にもその船とは先に登場した、アダムスが建造した西洋型の船であった。

ロドリゴの帰国後、スペイン国王はセバスチャン・ビスカイノ大使を正式に外交官として派遣し、ロドリゴを助けたお礼として贈り物を持たせた。久能山東照宮（静岡市）に奉納されている南蛮時計もその一つである。そして一六一三年、ビスカイノは仙台伊達氏家臣・支倉常長（一五七一〜一六二二）の慶長遣欧使節団と共に、伊達政宗が中心になり建造した「サン・ファン・バウティスタ号」に乗り込んでスペインへ帰国した。しかし、日本とスペインの関係は長くは続かなかった。家康のキリスト教に対する不信や、お互いが自ら交易の主導権を握ろうと画策していることに不満が溜まり、国交は途絶えたのである。

今から二十年ほど前、大学院生であった私はサン・フランシスコ号について調べていた。座礁からちょうど四百年の二〇〇九年に発見できれば盛り上がるのではと思い、オーストラリアで大学院生だった木村淳氏（現・東海大学准教授）と組んでサン・フランシスコ号の探査を計画した。

まずは、文献記録や現地に残されているものがあるかを調べる。『慶長見聞集』によると、沈没当時、周辺の海岸に多くの品々が流れ着き、江戸からも大勢が見物に出かける騒ぎとなったという。さらに現地の造り酒屋の家屋の梁は、座礁したサン・フランシスコ号の帆柱を再利用したものだと伝わっている。一方、アンカーや大砲など大型金属製品を引き揚げたという記述は見当たらない。船体はバラバラになり積み荷も相当量流されたであろうが、大型の金属製品が水中に残っている可能性もありそうだ。

大学の夏休みを利用して現地を訪れ、何か引き揚げ遺物などが伝わっていないかを調べた。御宿周辺は海女さんや潜水漁で有名なのだが、遺物を引き揚げたという話はほとんどなかった。数十年前に金の鎖を見つけたという漁師がいたようだが、確かな証拠はない。造り酒屋の梁も調べたが、確証はなかった。地元に伝わる話では、関東大震災に際して海岸線が大きく動いたというから、文献記録から座礁地点を探るのは難しいかもしれない。これでは、大掛かりな探査を始めるには情報が足りなかった。

その数年後、木村氏が中心となり海底地形図の作成や磁気探査機を利用した本格的な海底遺跡の探査が計画された。その調査中、海岸線から六キロほど離れた地点に位置する岩礁を潜水したところ、不自然な丸い石を偶然発見した。これまでにフィリピンなどでガレオン船が発見されており、石弾を積んでいたことが知られているから、同じような石弾かと思われる。とはいえ、今回発見された石弾がサン・フランシスコ号のものであるかは特定できない。房総半島には見られない岩石からできており、自然のものではない。なぜ岸から遠く離れた場所に石弾があったのか、謎は深まるばかりである。

残念ながら、船体の発見にはまだ至っていないが、調査は地元でも話題になった。御宿町では町おこしのために沈没船を使おうという計画もあり、調査にも協力的だ。座礁したといわれる近くの丘の上には記念碑が建てられている。メキシコ大統領が訪れたこともあるという。サン・フランシスコ号は、日本・スペイン・メキシコの三か国が共有する文化遺産とも言えるし、フィリピンも関係があるなど、グローバル社会を象徴する遺跡になる。町には岸に流れ着いたスペイン人たちを介抱したという言い伝えが残る。サン・フランシスコ号の座礁は、日西関係を築く契機となった事件であり、歴史的価値は高い。発見されれば大きなニュースとなることは間違いない。

語り継がれる「ファン・ボッセ号」

沖縄県宮古島と石垣島の中間に、多良間島がある。お好み焼きのような丸く平らな形をした島である。島の高田海岸には陶磁器の欠片が散乱しており、その沖に「オランダ・グー」と呼ばれる大きな岩にオランダ船が衝突した、と地元に伝わっている。さらに過去には、沖から大型の鉄製アンカー（全長二百八十六センチの鋳鉄製西洋式ストックアンカー）が引き揚げられている。琉球王国の歴史書『球陽』にも、オランダ船の座礁の記録が残る。オランダのアーカイブ史料などによると、多良間で座礁したのは三本マストのバーク船「ファン・ボッセ号」であるという。一八五七（安政四）年、香港からシンガポールに向かう途中で嵐により遭難した。

史料によると、ペットの犬を含め船員二十七名は全員無事だったという。船員は浜の岩陰を利用してテントを作り、島の人々から介護を受け、その後、宮古島へ行った。最終的には長崎からバタヴィア（インドネシア・ジャカルタ）へ向かう途中の船に乗って日本を離れた。このころは、米国のマシュー・ペリー提督が一八五三年に浦賀や那覇を訪れるなど、激動の時代の幕開けの時期にあたる。が、ファン・ボッセ号の話はほとんど忘れ去られようとしていた。サン・フランシスコ号のように歴史を動かした人物とのつながりもなければ、そもそも琉球に来る予定などなかった、中国とインドネシアを結んだありきたりの商船である。

以前からこの海岸では陶磁器が拾えることが知られており、一九八三年には「オランダ船遭難の地」として町の文化財に登録されている。また、アンカーについての考察も行われてきた。さらに、多良間島のダイビングショップのオーナーが歴史に興味を持ち、銅で作られた小道具、鉄製のチェスト（箱）などの発見を報告し、ダイビングスポットとして案内している。しかし、これまでに船体は確認されていない。そこで二〇一五年から文化庁の水中遺跡検討委員会の事業の一環として、私が当時属していた九州国立博物館および多良間村教育委員会が共同で水中調査を実施した。基本的には、奄美大島の倉木崎海底遺跡で実施された、探査手法の検討を兼ねた調査と同じ目的である。

水中遺跡の調査といっても、どっぷり海に入っている時間は多くない。まずは島の人々に、遺物を拾ったことがあるか、どこで拾ったのか、今でも持っているか――などの聞き込み調査を実施した。ファン・ボッセ号の沈没やその後のことについて何か代々語り継がれていることがあれば、記録に残されていない事実が判明するかもしれない。

遺物の拾える範囲を特定できれば、船体の位置も推測できるのではないか。多良間は浅いリーフの広がる海岸を持つので、海岸からリーフは徒歩で、リーフの際（きわ）はシュノーケリング、沖は潜水と水中ドローンで遺物の広がる範囲を調べた。また、金属探知機を使用して砂に埋もれている金属遺物も探すことにした。

波の影響や潮の流れを考慮すると、陶磁器などが流れていく方向が分かる。また、遺物の密度が高い場所は、もともと船体があった場所に近いはずである。それは、リーフの端のある地点を指していた。そして、ちょうどその沖に遺物が点々としている。おそらく、ファン・ボッセ号は台風の風に吹かれてリーフに乗り上げてしまったのだろう。発見されたアンカーの位置や台風の風が吹いたであろう方向を考えても合致する。乗組員全員が助かったことを考えても、やはり浅いところに乗り上げて動かなくなったと考えられる。さらに推定座礁地点を調べると、奇妙な石がたくさん転がっている。船の「おもし」として積んでいたバラストであろう。サンゴ礁の島、多良間には存在しない石だ。そこからすぐ近くの沖にもバラストらしき石が転がっていた。リーフの端にあった船体は、少しずつ崩れ、リーフの斜面を転がり落ちていったのかもしれない。

オランダの水中考古学者、マータイン・マンダース氏も来日して調査に参加した。オランダでもファン・ボッセ号はあまり有名な船ではないが、それでも日蘭関係の中の一つの出来事として歴史に残っている。彼は世界各地を飛び回って沈没船を調査しているが、多良間の海の美しさはその中でもベストだと語ったのが印象に残っている。

マータイン氏の調査の様子を聞き、ファン・ボッセ号に興味を持ったオランダのある研究者から「さらに調査を進めたいから協力して欲しい」との依頼を受けた。その依頼とは、島民への聞き込み調査を通してファン・ボッセ号の物語が現代にどのように伝わっているのか、また、島民にとってオランダとの歴史的なかかわりがどのように捉えられ、今後どのような関係に発展していくのか調べたい、というものだった。文化人類学・民俗学的なアプローチの研究である。私の専門からは離れるが、調査に一部同行することになった。現在、オランダ語で調査報告がまとめられているので、詳細はここでは触れないが、やはり、歴史記録には残されていない様々なストーリーが浮かび上がった。

この調査から二〇二三年、一冊の絵本が生まれた。ファン・ボッセ号の遭難について島に伝わった伝承を物語にした『ウランダグーヌピルマスパナス（オランダリーフのなぞ）』で、多良間語、日本語、オランダ語の三言語で書かれている。失われつつある多良間の言葉も取り上げているのは、多良間の歴史を大切にしたいという思いと、ファン・ボッセ号の歴史を守りたいという思いが合致したからである。島民へのインタビューは多良間語の調査も兼ねており、多良間語を専門とする研究者も調査にかかわった。この調査では多くの新たな絆が生まれた。オランダ領事館や多良間島・宮古島の研究者、オランダの研究者、言語学者、そして島の人々。私にとっても調査に参加できたことは大きな意味を持つことになった。

幕末という時代、琉球宮古島の先の小さな島で起こった出来事はほぼ忘れられていたが、今、多くの人の心の中に新たな意味を持ってよみがえっている。日本の各地の海岸でもこのような出来事が起こっていたはずだが、多くは忘れ去られ、その痕跡は埋め立て工事などで消滅しつつある。

映画にもなった「エルトゥールル号」遭難

一八九〇年、一隻の船が和歌山県串本沖の大島付近で座礁し、ボイラーに海水が流れ込んで爆発を起こして沈没した。死亡または行方不明の乗員乗客は五百八十七名、生存者は六十九名しかいなかったという大海難事故である。

「エルトゥールル号」は、明治天皇に謁見したオスマン帝国の親善使節団を乗せていた船だ。事故を知った串本の住民は、遭難者を手厚く介抱し、遺留品も徹底して管理して、盗難もなかったという。

救護の様子を記した大島村（現・串本町）の沖周村長の記録（『沖日記』）は、明治の災害・海難の対応を知る上でも貴重な資料である。

トルコ軍艦沈没のニュースは全国に伝えられ、義援金が寄せられた。日本人の献身的な態度に多くのトルコ人が感銘を受けたという。現在のトルコでもエルトゥールル号事件は有名で、トルコが親日国である理由の一つである。しかし、この事件は、その後しばらくすると日本国内では忘れられ、あまり話題となることはなかった――もう一つの事件が起きるまでは。

その事件は、エルトゥールル号遭難から九十五年後の一九八五年に起きた。イラン・イラク戦争が勃発し、イラクはイランへの全面攻撃を四十八時間後に実行すると宣言した。時間内にイラン国内から脱出を試みようとテヘラン空港へ日本人が詰めかけたが、日本政府は航空機を派遣することができず、およそ二百名が取り残された。絶望の中、隣国のトルコ政府は日本人救出を目的に航空機を派遣し、全員無事に時間内に脱出することができた。エルトゥールル号の時の恩返しであったという。その後、日本国内でも次第にエルトゥールル号について知られるようになる。沈没地点の地元、串本ではトルコとの姉妹都市交流や追悼式典なども執り行われており、住民もトルコとのつながりを大切に思っている。

そのような中の二〇〇六年、トルコの研究者を中心にエルトゥールル号が沈没した周辺海域を調査するプロジェクトが始まった。もともと串本はダイビングが盛んな土地柄で、これまでにもダイバーが遺物を数点発見している。爆発したボイラーなど大型の遺物をはじめ、まだ水中にはたくさんの遺物が残されているに違いない。それらを発見し、海難事故の様子を再現することで歴史をよみがえらせ、さらなる両国の交流を深めるきっかけにしたい、という趣旨でトルコ側から串本に呼びかけがあった。このプロジェクトの中心人物が、トルコのトゥファン・トゥランル氏（当時、トルコ海洋考古学研究所所長）。私の母校テキサスA&M大学ともつながりがあり、私にもお呼びがかかって調査に参加することになった。

　磁気探査で大きな金属片を探す作業や、マルチビーム・ソナーを使って海底の地形図を作る作業などが行われた。それらと並行して潜水作業もある。座礁地点付近は、流れも強く複雑な地形をしていた。ボイラー爆発がすさまじかったのだろう、船の部材、薬莢、衣類のボタンなど細かな遺物が広い範囲に散らばっていた。遺物にはまとまりがなかった。調査は数年間続き、八千点以上の遺物が引き揚げられている。地元の廃校の一部を利用して保存処理センターが造られ、町内で遺物の清掃や脱塩処理が行われた。発掘調査は新聞などで大きく取り上げられ、日本・トルコで巡回展示や講演会などが行われている。さらには、エルトゥール号を題材にした日本トルコ合作映画『海難１８９０』

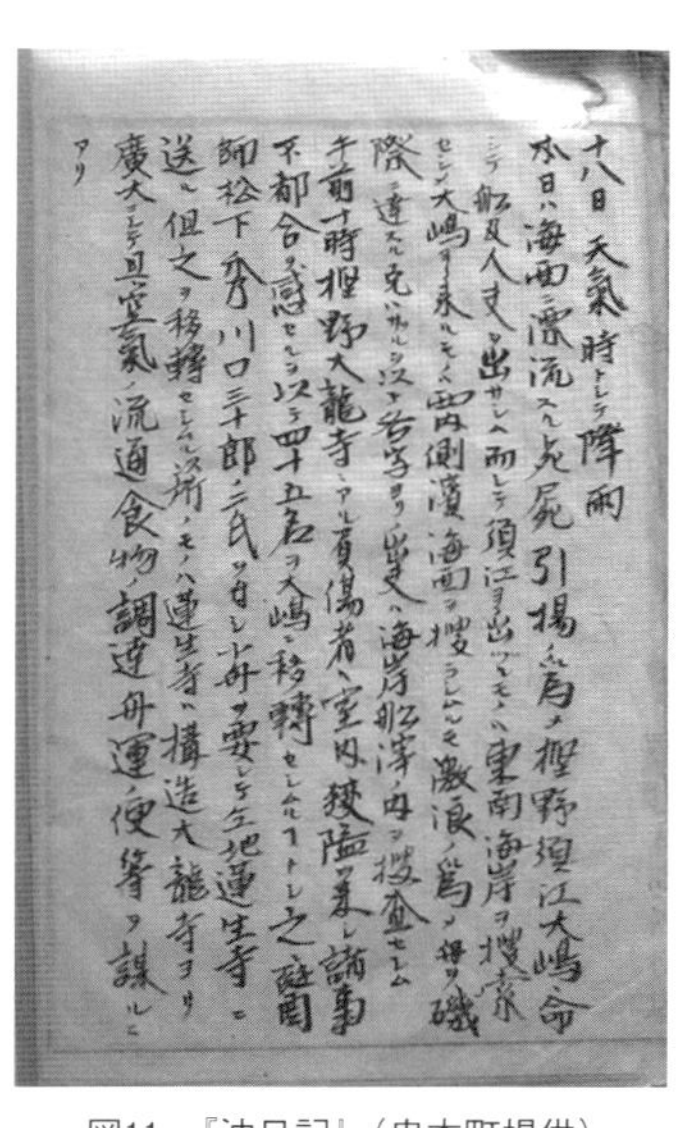

図11　『沖日記』（串本町提供）

も製作された。

水中遺跡、特に沈没船遺跡は、しばしば悲劇の現場となる。しかし、その現場の調査を通して、私たちは未来に何かを残し、伝えることができることを学んだ。日本では知られていなかった船も、相手国では有名かもしれない。沈没船の遺跡には国境がない。国際的な調査も水中遺跡ならではのことで、国際交流の象徴となる遺跡も多い。エルトゥールル号の発掘調査を通して、串本とトルコの結びつきは深まった。二〇二三年のトルコ・シリア地震の際も、串本は迅速に義援金などを手配している。お互い何かあったときは頼りになる、助け合いの精神が根付いたようだ。串本とトルコの結びつきは、今では和歌山県とトルコの絆にもなっている。さらに日本とトルコの友情の確認にも、遺跡調査の成果が役立っているのである。

第八章　国際社会の中の水中文化遺産

水中文化遺産と他の文化遺産の大きな違いの一つは、その遺産のある場所によって扱われ方が異なることである。公海や排他的経済水域など、どの国にも属さない場所で発見された場合、様々な問題が発生する。ここまでは文化遺産の価値や歴史について語ってきたが、この章では、国際社会の中で水中文化遺産を守る取り組みについて解説する。

領海の外にある遺跡を守るためには、国際的な枠組みが必要である。現在、世界で統一されたスタンダードはないが、「ユネスコ水中文化遺産保護条約」（ユネスコ水中条約）がその役目を果たしつつある。ここでは、ユネスコ水中条約とは何か、そして、ユネスコ水中条約ができるまでのストーリー、国際的な沈没船調査の事例を紹介する。

ユネスコ水中条約ができるまでの道のり

陸で何かモノを拾った場合、通常であれば警察に届ける。では、海の上ではどうだろうか。本来であれば、海の上でも届け出る必要があると「水難救護法」に記されているのだが、なかなか浸透していない。この法律は本来、海難事故などで失われた積み荷を落とし主に届けるためのものである。座礁や沈没した積み荷にも所有権は残り、出資した人や会社に戻すべきであるという考え方である。世界最古の法律を記したハムラビ法典（紀元前十八世紀）にも、沈没した積み荷の扱いが言及されている。

座礁沈没直後であれば落とし主が分かるが、あまりに古いものだと所有者もわからない。そのため、所有権が明確でないものに関し、海では「拾ったもん勝ち」という「サルベージ法」が暗黙のルールとして出来上がっていく。すでにヨーロッパでは十七世紀以降、特にスペインがアメリカ大陸から持ち去った銀貨や宝石類を求めて、沈没船を探して引き揚げるサルベージが行われている。十九世紀には潜水器具が発達し、海の中を直接見ることができるようになり、「トレジャーハンティング（宝探し）」が行われるようになる。

第二次世界大戦中にフランスが開発したスクーバダイビングが一般に広まると、一九五〇年代以降、水中遺跡の存在が多くの人に知られるようになる。水中に存在するスペインの財宝などに人々の関心が集まった。各地でトレジャーハンター達が海の遺跡を掘り当て、骨董品として様々な遺物を売り払い、時には金や銀を溶かして地金として売却した。地中海などでも、中世やローマ時代の船までもが盗掘されてしまった。

その一方で、一九六〇年代以降、ヴァーサ号の発見などを契機に、お宝ではなく文化遺産として価値の高いものも水中に存在していることが知られると、水中に存在する遺跡に対して保護体制の整備を進める国が多く出てきた。八〇年代には先進国では水中文化遺産を保護することが常識として捉えられるようになったが、アメリカなどは未だにトレジャーハンティングを許可している。また、もともと植民地として支配されていた国々にとって、特にヨーロッパの船は自国の歴史とは別の文化、侵略者の文化遺産であり、保護を進める機運はなかなか高まらなかった。

また、海にはどこの国も属さない公海、つまり、文化遺産無法地帯が存在する。多くの国が自分の領海内で水中文化遺産を守る法律を作ろうとも、世界の海に存在する全ての文化遺産を守ることはできない。そこで国際的な取り組みが必要となる。中国が水中文化遺産の保護に強い関心を抱くようになったのは、南シナ海で発見されたオランダ東インド会社の「ゲルダーマルセン号」（一七五二年沈没）から引き揚げられた中国に起源をもつ大量の陶磁器などが、一九八四年にオークションで競売にかけられたことに起因する。中国政府は、自国の文物を守ろうと試みるも法的な手立てが何もなかった。そのため、法律の整備と専門家の育成が必要という認識が生まれ、中国は国内で水中文化遺産保護の法律を制定し、専門家・文化財担当者のトレーニングなどを行って水中文化遺産保護体制の整備を進めていく。

まだ歴史の浅い「海の憲法」では不十分な保護

そもそも、海は自由な空間であるという認識がある。海洋の自由と呼ばれ、一六〇九年に刊行されたフーゴー・グローティウスの『自由海論』の中で説かれている。それに対し、イギリスのジョン・セルデンは、海洋領有を唱え、海であっても支配されるべきであると主張した（『閉鎖海論』一六三五年）。この二つの考え、そして海に関する様々な国際法・慣習法を集約したのが、「海の憲法」とも呼ばれる「海洋法に関する国際連合条約（国連海洋法条約＝ＵＮＣＬＯＳ）」である。我々がよく耳にする領海や排他的経済水域などの用語は、この条約によって定義されている。

国連海洋法条約は、一九五八年から三次にわたる国連海洋法会議を経て、一九八二年四月に採択され、一九九四年十一月に発効した、全三百二十条からなる壮大な国際条約であり、海の国際秩序はここに端を発する。海洋は人類にとって未知の比較的新しいフロンティアなのである。

国連海洋法条約の百四十九条と三百三条が、海の文化遺産の保護について言及している。百四十九条では、「考古学上の又は歴史的な特質を有するすべての物」を「人類全体の利益のために保存し又は用いる」としているが、あまりにも曖昧で意味を持たない。また三百三条では、所有者の権利や引き揚げ作業に関する法律、海事に関する規則に対して国連海洋法条約はなんら影響を及ぼすものではない、としている。つまり、「サルベージ法」がそのまま適用されることになって文化遺産の保護と合致しないことになり、国連海洋法条約は、海の文化遺産に対して極めて弱い行使力しか持たず、結局、トレジャーハンターの活動は継続した。

一九八五年、アメリカの海洋科学者ロバート・バラード博士がタイタニック号を発見する。海洋探査機器によって海底で残骸を発見し、水中ロボットを使用して深海約三千八百メートルの船体を捉えた。発見者であるバラード博士の願いは、沈没船をメモリアルとして保存し、研究目的以外は原則誰も近づかせないことであった。

しかし、彼とは正反対の考えをもつ人が多く存在していたし、海洋分野の科学技術の発達のスピードも、想像よりもはるかに速かった。タイタニック発見から数年後には遺物が引き揚げられ、さらに一九九〇年代には「観光客」が訪れるほどとなった。映画『タイタニック』（一九九七年公開）の影響もあり、潜水艇で潜って甲板の上で結婚式が行われたこともあったようだ。二〇二三年の、タイタニック号のツアー客を乗せた潜水艇の事故は記憶に新しい。近年の海洋科学技術の発達は、少しのお金があれば誰でも公海でお宝を引き揚げて一獲千金を狙えることを可能にした。さらに、海が人類の新たなフロンティアと見られるようになり、海底油田や新たなエネルギー資源の採掘など、海洋開発が大きく進展している。それらの開発により深海の文化遺産を破壊する可能性も指摘され、国際的な保護の枠組みの構築は急務となった。

国際法協会（ＩＬＡ）では水中文化遺産を守る方法が検討され、また、欧州評議会でも水中文化遺産の保護が検討された。八〇年代後半には、水中文化遺産保護を国際社会のルールとすべきである、という機運が高まった。国際記念物遺跡会議（International Council on Monuments and Sites：ＩＣＯＭＯＳ）は、一九九六年に「水中文化遺産を対象とした活動・調査のための基準」を採択した（「ブルガリア・ソフィア憲章」）。この憲章は、後にユネスコ水中文化遺産保護条約の付随書の元となっている。

そのユネスコ水中条約であるが、ＩＬＡや欧州評議会の意志をユネスコが受け継ぐ形で、一九九〇年代を中心に議論が重ねられた。その結果、沈没船や水没遺跡などの保護を目的とした国際条約である水中文化遺産保護条約が、二〇〇一年十一月のユネスコ総会で採択された。そして批准国が必要な二十か国に達し、二〇〇九年一月に発効したのだった。

ユネスコ水中文化遺産保護条約とは

「ユネスコ水中文化遺産保護条約（Convention on the Protection of the Underwater Cultural Heritage)」は、その名称が示すように「水中」に存在する「文化遺産」を守るための国際条約であり、二〇二四年八月現在、七十七か国が批准している。イエメンがちょうど七十七か国目の批准国であり、もはや先進国・西洋諸国を中心とした条約ではなく、国際慣例として扱うべき存在になりつつあるのだが、残念なことに海洋国家を謳う日本は批准していないし、政府内でも批准に向けての審議は行われていない。

水中文化遺産保護条約第一条

「水中文化遺産とは、文化的、歴史的、または考古学的な性格を有する人類の存在のすべての痕跡であり、その一部または全部が定期的あるいは恒常的に、少なくとも百年間水中にあった次の三つのものである。第一は、遺跡、構築物、建造物、人工物および人間の遺骸で、考古学的および自然的な背景を有するもの、第二は、船舶、航空機、その他の乗物もしくはその一部、その貨物あるいはその他の積載物で、考古学的および自然的な背景を有するもの、第三は、先史学的な性格を有するものである。」

ユネスコ水中条約については、日本ではその内容がよく知られていないせいか、間違った情報や勘違いが流布しているので、すこし解説をしたい。

水中条約には、ユネスコ世界遺産のように遺産を登録するような仕組みはないし、ユネスコが中心となって水中文化遺産に関する活動を取りまとめるようなシステムもない。また、これまでの慣例通りに所有権も尊重され、それぞれの国や地域が条約の理念に沿って的確に管理する。つまり、ユネスコは大まかな枠組みや考え方を示すが、管理方法など細かな点に関しては、各国の適切な判断にゆだねているのだ。国際的な文化遺産に関しても、国際情勢に合わせて適宜個別に対応するよう求めている。

条約を読むと、水中に存在する人類の痕跡は、百年を経過した時点で自動的にすべて水中文化遺産となる、と思いがちだ。例えば、一九一二年に沈没したタイタニック号は、二〇一二年に自動的に水中文化遺産とみなされた。一方、オーストラリアの国内法では七十五年よりも古いものを文化遺産として登録する基準としているが、それは、ユネスコの百年基準と相反しない。

戦争遺跡の場合はどうだろうか。戦闘中に沈んだ艦船や軍用機は、国際慣例上所有権は旗国にそのまま帰属する。太平洋戦争中に沈んだ旧日本軍の艦船や飛行機は、現状はそのまま日本国の所有権が残っている。戦後百年を迎える二〇四五年になって突然ユネスコが「これは文化遺産です」と宣言して遺骨収集などの作業を中止させることはない。とはいえ、条約を批准した場合であれば、条約の理念に沿うことが期待されているし、ミクロネシア連邦などはすでに条約を批准している。二国間で戦争遺跡をどのように扱うかの協議が行われることになるであろう。ただその結果がどうなるか、予測は難しい。

「批准していない＝保存しない」ではない

時々、「ユネスコ水中条約の批准は先進国では進んでいない＝優先度が低く水中文化遺産保護は大きな課題として捉えられていない」との見解を目にする。確かに、日本をはじめアメリカ、イギリス、オーストラリア、ドイツ、中国、インドは批准していない。だからといって水中文化遺産の保護をないがしろにしているわけではなく、すでにしっかりとした保護の体制がある国ほど批准には時間がかかる傾向が見られる。

ユネスコ水中条約を批准する際には、国内法を国際基準に合わせるために法律の改正が必要となる。最も分かりやすい例で言えば、ユネスコ水中条約には先に述べた「百年基準」がある。日本では埋蔵文化財に対する保護の明確な年代基準はなく、おおむね中世まで、地域にとって重要なものであれば近世までとされている。日本が批准する場合には、この違いをユネスコ側の基準に合わせる必要がある。水中遺跡保護に関する法律やプロトコル、慣習、保護体制が発達し複雑化している国ほど批准は遅くなってしまうのだ。

さらに、州・自治区ごとに法律が異なる場合（ドイツやアラブ首長国連邦など）は、それぞれの自治体が改正を行う必要がある。逆に国内で水中文化遺産保護の法律や体制を持っていなかった国は、批准までの期間が短い。例えばアラブ諸国では、ここ十年で批准する国が多く、パレスチナやイラクなども批准している。それまであまり話題とならなかった水中文化遺産保護に対する認識がアラブ諸国で急に高まった結果である。国内で法律や体制がない分、海外での成功事例をそのまま持ち込むことができるという利点がある。

また、水中遺跡保護に関連した国際条約はユネスコだけではない。例えば、欧州評議会の「ヴァレッタ条約」（四十六か国が批准）に水中遺跡保護が明記されている。すでに国内法でしっかりとした水中遺跡保護の体制があり、さらに国際条約でも保護を約束している国、例えばデンマークなどは、果たしてユネスコ水中条約の批准に向けた国内法の改正にどれだけメリットがあるのだろうか。

ユネスコ水中条約は、トレジャーハンターに対抗するために作られた条約という意見は間違ってはいないが、それが本質ではなく、あくまで条約起案のきっかけの一つにすぎない。また、条約の素案が作られてから数十年が経過しており、条約が意味することは変わってきている。トレジャーハンターとのかかわりは条約の成立の過程において重要だったが、その考えに執着すると条約の大きな意義を見落とすことにつながる。条約を成立させること自体が、盗掘の抑止が世界的な動向であると認められたことを示している。また、盗掘は水中文化遺産を脅かす一つの要因でしかない。実数は分からないが、自然の作用、漁業、そして、開発がより多くの文化遺産を失う直接の原因となっていることは疑う余地がない。底引き網、護岸工事などの埋立や浚渫（しゅんせつ）、自然災害で文化遺産は失われている。そのような脅威から文化遺産をできる限り守る必要があると、この条約は提唱している。現在までに発見された水中遺跡のそのほぼすべては漁業関係者による報告もしくは海洋開発前の探査によるものなのだ。

「現地保存」を原則に

本条約の柱の一つに「遺跡の現地保存」がある。水中遺跡が発見された際、遺跡を現地に残すことができるか、そして、その方法を検討することが最初に求められている。つまり、発掘ではなく遺跡を水中に残しておくことを原則にしているのだ。ヴァーサ号（第三章）で見たように、個々の水中文化遺産を引き揚げると保存処理やその後の管理に莫大な費用が必要なのは明白だ。数万点の遺物を保管する場所だけでも、日本の自治体のキャパシティーを超えてしまう。

しかし、先進国では数万件の水中遺跡が登録されている。なぜそれが可能なのか？　それはユネスコが推奨するように、ほぼすべての遺跡を、水中でそのまま現地で保存しているからだ。実際に引き揚げられた遺跡は、水中遺跡全体のごく限られた、選ばれたものに過ぎない。例えば、メキシコは水中考古学に力を入れており、国の水中考古学専門機関には数十人の研究者が所属している。しかし、引き揚げた水中遺跡の件数はゼロだ。

特に近年は海洋開発が進みつつある。広い海であれば、工事の前に遺跡の場所を把握しておけば比較的自由に工事計画を設定し、遺跡を現地に残しておくことができる。それが、ユネスコ水中条約の考える文化遺産の保護である。ただし発掘することが全くできない、と言うわけではない。水中遺跡が危機にさらされているとき、また、どうしても開発を優先する必要がある場合は、責任をもって引き揚げて保存処理と管理まで徹底する必要がある。

条約では文化遺産を守ること以上に、いかにそれを公共のために利用するかに大きなウェイトが置かれている。条約の中で最も多く使われている単語は、「public」である。水中文化遺産をたくさんの人に伝えること――文化遺産の活用――が、実は本条約の最大の目的である。その意味では、学術調査も必要である。市民が本当に必要な情報が得られ、国民の海事文化への理解が深まるのであれば、科学的な調査はむしろ推奨されるべきであるとしている。ヴァーサ号の発掘により、人々は多くの歴史事象を学んだ。多くの人々に海と人間の歴史理解を学ぶことの重要性を気づかせることに貢献している。

訴訟になった「メルセデス号」

ユネスコ水中条約発効を契機に、盗掘や水中文化遺産の破壊は確実に減っているが、まだまだ道半ばである。トレジャーハンティングが一部地域では引き続き行われているのが実情だ。

二〇〇七年、アメリカのトレジャーハンター会社「オデッセイ・マリーン」がジブラルタル沖の水深五百メートルで銀貨などを搭載した船を発見し、引き揚げた遺物は推定数百億円の価値に上ると報告した。テレビのニュースで引き揚げ作業が報じられていたことを、私はよく覚えている。ちょうど大学院に通っていたころで、同じ夢を目指す同士達とメキシコ料理屋で食事を楽しんでいた時に、たまたまテレビに映っていた。

この報道を受け、スペインは迅速に動いた。スペインは、その船が一八〇四年にジブラルタル沖でイギリスの攻撃により沈没した「メルセデス号」であると主張し、裁判を起こす。スペインの船であり、船体や遺物はすべてスペインに所有権があると言うのである。オデッセイ・マリーン社は、「船の特定はできない」とし、スペインの主張をはねのけようとした。

しかし、様々な史料からスペインの主張通りにメルセデス号であると証明され、二〇〇九年にアメリカ連邦最高裁で決着がついた。遺物はすべてスペインの所有権が認められ、会社は引き揚げた財宝（十七トンの金・銀を含む六百億円相当）をスペインへ返還するという判決が出た。引き揚げの費用だけでもかなり高額であるが、保存処理の費用、輸送費などはすべて会社が負担している。かなりの赤字となったことは間違いない。また、「財宝」を引き取ったスペインは文化遺産として保管しており、博物館などで展示を行っているほか、メルセデス号の深海調査も実施している。

「サン・ホセ号」をめぐる混乱

近年は、このような無作為で大規模なプロジェクトは少なくなったが、今、世界を騒がせている沈没船がある。南米コロンビア沖、水深六百メートルの海底で発見されたスペインのガレオン船「サン・ホセ号」だ。一七〇八年、スペイン継承戦争のさなかにイギリスの攻撃を受け大爆発を起こして沈んだと記録に残っている。

この沈没船が話題となっている一因が、その積み荷の「金銭的価値」だ。戦争で膨れ上がった支出を支払うため、スペインが銀貨や宝石類を積み込んでいたようなのだ。現在の価値で総額数兆円と言われており、「世界一高価な沈没船」としてメディアなどで取り上げられている。気になるのは、その財宝は果たして誰のものなのか、ということである。陸の考古学と海の考古学の大きな違いは所有権の問題、そして誰が発掘や調査の主導権を握るか、である。かなり複雑な問題なので、整理してみよう。

発見の経緯から見ていこう。一九八二年、アメリカの「グロッカ・モラ」社がサン・ホセ号を発見したと公表している。この会社はコロンビア政府と契約を交わしており、その内容はコロンビア沖の沈没船を探す代わりに、発見した船の積み荷を山分けするというものだった。ところがグロッカ・モラ社は、その権利を別のアメリカのトレジャーハンター会社「シーサーチ・アルマダ」社に売却した。そしてコロンビア政府はこのとき、一方的に契約を破棄している。シーサーチ・アルマダ社はコロンビア政府を訴えたが、裁判官は「サン・ホセ号は文化遺産であり契約の内容からは除外される」とした。

そんな中、二〇一五年にコロンビアのファン・マヌエル・サントス大統領（当時）が、サン・ホセ号を発見したと突然公表した。そして、トレジャーハンターが発見していたポイントとは別の場所にあると主張している。つまり、サン・ホセ号はコロンビア政府が発見したものであり、トレジャーハンターが発見したのは別の船であると言うのである。これについてシーサーチ・アルマダ社は国際裁判を持ち掛けているが決着はついていない。契約の破棄は、ビジネス的には不当な行為であり、そのために会社が被った経済的な打撃も保証されるべきではないか、とする意見も強い。ところが、積み荷の価値を考えると、盗掘の被害に遭う危険もあるため、コロンビア政府は発見ポイントを国家機密にしている。正確な場所がわからないので、解決の糸口はなかなか見えてこない。

では、コロンビアはこの沈没船をどのように扱いたいのか。大統領と文化財を管理する部門は、どうも一枚岩ではないように見える。グスタボ・ペトロ現大統領は、早く一部の遺物を引き揚げて国民のために利用したいようだ。ただ具体的にどのように活用するのか、遺物を売却するのかは、ニュース記事だけでは不明瞭だ。ところがコロンビア文化省は、「これは宝ではない」と主張している。宝ではなく遺跡を守るのであれば、例えば、引き揚げた遺物を博物館などで展示して活用するということだろう。

肝心のコロンビア国民は、こうした遺物の活用を望んでいるのだろうか。そもそも、どれほどこの沈没船を自国の歴史の宝であると感じているのだろう。サン・ホセ号が、コロンビア人にとって歴史的にどれほど重要な船であるのかは難しい判断だ。もちろん、自分の国の沖で発見されているが、植民地の領主スペインの船であり、国民のスペインに対する感情も様々あるのだろう。

「権利国」はコロンビアかスペインか

ここで新たに所有権を主張する利害関係者、スペインが登場する。スペインは、サン・ホセ号はスペインが所有していた船であり、自分たちに所有権があると主張している。軍艦などは戦闘中に撃沈されても旗国に所有権が残ると考えるのが国際慣習であるが、それがどれほど前まで遡るのか、明確にはされていない。スペインはユネスコ水中条約を批准しており、その条文にあるようにサン・ホセ号を水中文化遺産として考え、引き揚げずに現地にそのまま残しておくことを主張している。純粋に

「沈没した時点」で船とその積み荷の「所有権」はスペインにあった。そして、多くの船員が亡くなっているのも事実であり、歴史的なつながりが強いのは明白である。

一方、ユネスコは文化遺産を守る立場として、スペインと共にコロンビア政府や研究者などと意見交換を行っている。その中で文化的・歴史的つながりのある国や組織の間でどのように遺跡を管理するかの同意があれば、引き揚げも可能である。ただし、徹底した遺物の保管と管理が求められており、商業利用（売却）も禁止されている。おそらく、多くの考古学者が、このユネスコの立場に最も近い意見を持っていると思われるが、それはあくまで学術的な見解である。沈没船がどのような運命をたどるべきであるか、それは考古学者だけで決められることではない。

先住民も権利を主張、中国も参戦？

コロンビアの大統領・行政・国民、トレジャーハンター、スペイン政府、ユネスコなど様々な立場からサン・ホセ号についてどのような管理・調査が望ましいかで意見が分かれているところに、積み荷の銀貨の採掘に携わった先住民が、新たに利害関係者として「ものいい」をつけたことで、事態はさらに複雑化している。いくつかの南米の先住民のグループは、ポトシ銀山（ボリビア）などの鉱山で奴隷的な扱いをされながら採掘に携わった歴史を持つ。過酷な環境で働かされており、重労働や疫病で多くの人が亡くなった。ポトシ銀山からスペインまで橋を二本架けることができる、と言われるほどだ。一つは採掘した銀で造った橋、もう一つは死人の骨で造った橋だ、と。植民地政策の負の遺産・記憶である。

先住民は、「我々の先祖が奴隷的な扱いを受けて採掘した銀である以上、それは我々にも文化・歴史的な明確なつながりがあり、スペインやコロンビア、トレジャーハンターだけでその扱いを決めるべきではない」と主張している。先住民の意志抜きに遺跡・遺物を処分するのは、植民地政策・奴隷制度の正しい歴史理解を妨げることになり、今でも続く植民地政策の表れではないかと。例えば、引き揚げて展示を行う際などには、その負の歴史もきちんと説明し理解を深める努力が必要である。

二〇二四年初頭、スペイン政府、コロンビアの行政担当者、先住民など利害関係者が一同に集まり、意見交換の場を持った。この三者の間では「遺跡を保護すること」を前提に意見がまとまっているようだが、具体的な管理計画などは示されていない。さらに、中国が利害関係者として加わる可能性もある。なぜ中国かと疑問に思うかもしれないが、中国は、自国に起源のある文物が公海や他国のEEZ(排他的経済水域)で発見された際、中国がその文物に対して調査する権利、場合によっては所有権をも主張できるとしている。つまり、中国起源の遺物は売却するな、ということだ。サン・ホセ号には、中国製の磁器が積まれていることが海底からの映像で判明している。さらに中国以外にも、特定の遺物に対して所有権などの権利を主張してくる国があるかもしれない。ちなみにこの場合、遺跡が領海内にあるかEEZにあるかで取り扱いが変わってくる。

ところが、ここでややこしいのは、コロンビアが海の憲法と呼ばれる「国連海洋法」を批准していないという事実だ。領海や排他的経済水域等の取り決めなど、コロンビア政府にとってはある意味関係のない話である。当然、ユネスコ水中条約も批准していない。そもそも沈没船の位置も公表していないので、それが領海内であるかどうかも定かではないのだ。もし沈没地点が領海内であれば、自国にそれを守るかもしくは引き揚げるかの判断が委ねられ、他国はその扱いについては主張できるが、最終的な権限は沿岸国にあることになる。文化遺産が排他的経済水域に位置している場合は、国際協力が前提となる。とはいえ、コロンビアが条約に批准していないので、どのような扱いになるのか、法律の専門家でもなかなか答えにくい問題になっている。

技術的に難しい発掘

所有権や引き揚げ・調査、遺跡管理のおおまかな方針について合意が得られても、サン・ホセ号の発見場所が深いため、簡単に調査ができないという問題も残されている。引き揚げるとなった場合、水中ロボットを使った遠隔作業での発掘となる。深海底での発掘は、これまでアメリカ、フランス、スペイン、中国などは実績がある。しかし、遺跡の記録作業や露出した遺物の回収作業が主であり、深さ五十センチ以上の掘削を伴う深海底遺跡調査の例はない。コロンビアはそこまで経済的に豊かな国ではない。それでも海底遺跡の調査を行おうとする意志は尊重したいが、果たして可能なのか。また、その費用はどこから支出されるのだろうか。多大な出費をしたうえで、展示による収入だけでその経費を賄えるとは思えない。コロンビア一国が調査費用を負担するのか、もしくは所有権を主張し

	遺物の売却	遺跡の発掘	
コロンビア大統領	△	◎	引き揚げは行うが売却については不明
コロンビア行政	×	○	宝物ではない。文化遺産として管理
トレジャーハンター	○	○	裁判で勝訴し、お金が支払われれば良いので、特に発掘をする必要はない？
スペイン	×	×	現地保存が鉄則
先住民	△	△	管理方法の決定に先住民の意見を反映させるべき
ユネスコ	×	△	遺物の売却は認められない。利害関係者で調整を。コロンビアは未批准
中国など	△	△	特定の遺物のみ権利を主張する可能性あり

ているスペインも費用や技術を提供するのか。一般市民にとって、船一隻のために多大なお金を費やす意味があるのか疑問に思うかもしれない。

このサン・ホセ号の騒動に関するメディアの報道は、個人的にかなり気になる部分がある。どの記事も「財宝をめぐる所有権」をキーワードとして挙げているが、果たしてそうだろうか。利害関係者の立場を上の表にまとめるとわかるように、財宝を引き揚げろ！ と実際に主張している関係者はいないという見方もできる。先住民の考えを尊重すると、奴隷として働かされて奪われた物でさらに一儲けしようなどという考え方は、二重搾取の肯定、奴隷制度に対する歴史理解の欠如とも受け止められかねず、なかなか難しい。

水中遺跡は国際問題を惹起するか

国際水域で沈没船が発見されると、場合によっては複雑な状況になることをサン・ホセ号は示しているが、逆に理想的な例を紹介したい。すでに紹介した和歌山県沖のエルトゥールル号だ。

実のところ、引き揚げられた遺物の所有者はトルコであるが、国際親善の目的で、管理は串本町に委ねられている。もしこの調査がトルコに連絡せずに単独で実施されたり、個人が引き揚げを行っていたならば、国際問題へと発展した可能性は十分考えられる。

また、鷹島海底遺跡の遺物は、元朝の船によって運ばれた物であるため、中国が所有権を主張しても良いのではないか、と聞かれることがある。だが、中国の文物局は、鷹島に関しては他国の領海内の学術調査であり、問題としていない。こちらも、個人が引き揚げていたら問題となったかもしれない。

韓国で発見された新安沈没船は、日本の寺社が仕立てた船であることは明らかである。となると、日本側が所有権を主張してもよかったし、中国の文物だから中国政府が所有権を主張する可能性もあった。しかし、幸いそのような所有権争いは起こっていない。ただ今後、中国や朝鮮半島から来た船が日本国内で発見された際、学術研究ではなかった場合や、開発などで遺跡の一部が壊された状態で発見されたとしたら、国際問題へと発展する可能性があることは知っておいて欲しい。例えば、十七世紀に日本に来航したガレオン船が無作為に引き揚げられてしまったら、スペイン政府は自国の文化遺産を破壊したとして何らかの対応を取ることも考えられるのだ。

国際社会における水中文化遺産調査・保護は、悪い事例が話題となるが、もちろん良い事例もたくさんある。アメリカ・テキサス州で発見されたフランス探検隊ラ・サールの「ベル号」は、ミシッピー川流域を探検中の一六八五年に座礁した船である。現在、船体は丸ごと引き揚げられ、保存処理を終えてテキサスの博物館に展示されている。この船と遺物の所有権はフランスに帰属するが、アメリカ側が責任を持って管理を行っている。

また戦争遺跡、例えばオーストラリアのシドニー湾に沈んでいる旧日本軍の特殊潜航艇は、オーストラリアの法律により保護されている。ハワイ・真珠湾に沈む旧日本軍の潜航艇なども戦争のメモリアルとして保護することを条件に、日本側は所有権を放棄している。二国間の合意によって調査そして保護が可能となった例は珍しくない。

スカーキーバンクでの国際合同調査

国際合同調査が行われた例の一つ、イタリアとチュニジアの中間にある「スカーキーバンク」を紹介したい。この調査は、ユネスコ水中条約のもとＥＥＺで実施された初めての国際共同プロジェクトであり、今後の国際協力事業の在り方を考える上で重要である。今後、このような調査事例が増えることを期待している。

ユネスコ水中条約第十条によれば、自国のＥＥＺに水中文化遺産が存在する場合、これに関する他国の活動を禁止する権利を有するが、調査する場合は、当該文化遺産に対して文化的・考古学的・歴史的つながりを有するすべての国と協議を行う必要がある、としている。二〇二三年にアルジェリア、クロアチア、エジプト、フランス、イタリア、モロッコ、スペイン、チュニジアの八か国がユネスコ水中条約のもと実施した調査では、もちろん全参加国が条約を批准している。調査対象となる文化遺産に対して責任を持つ「調整国」をユネスコが指名することになっており、今回の調査ではチュニジアであったが、イタリアが調整国となってもおかしくなかった。

調査の主導権を握る調整国は、歴史的につながりの最も深い国、もしくは調査に積極的な国でもよい。国境が定まっていない海域での調査でどの国が調整国となるかは、なかなか難しい問題をはらんでいる。また、隣国が批准をしていないと調査が実施できない可能性もあり、この点も注意を要する。

スカーキーバンクは、もともとタイタニック号を発見した先述のバラード博士が始めた調査であり、数隻の沈没船（ローマ時代など）を水中ロボットを使って記録している。その調査は、タイタニック号発見後に行っており、すでに三十年近くが経過している。スカーキーバンクは、地中海の中でも幅の狭い場所であり、多くの船が行き来し、また、幾多の海戦の舞台ともなった。水深千メートルから数十メートルまで複雑な海底地形で知られている。バラード博士が行った調査を最後に学術調査は実施されていなかったが、今回の調査はチュニジアが主導的な役割を果たし、調査船など技術的な側面ではフランスの協力が大きい。調査場所はイタリアとチュニジア両国のＥＥＺにまたがる。様々な探査機器で海域を探索し、水中ロボットで遺跡を確認している。環境汚染・地球温暖化や漁業（トロール船）が深海の遺跡に与える影響も精査している。

今回の調査では、バラード博士が記録した沈没船「Wreck D」（水深八百五十メートル・紀元前一世紀頃）、「Wreck F」（水深七百六十メートル・紀元一世紀）、「Wreck G」（水深七百五十メートル・紀元一世紀）の状況確認を行っている。幸い、目立った劣化はなかったようだ。環境の変化による劣化については、今後データの精査を行う。また、今回新たに沈没船の発見――全長七十メートルほどの金属船、十九～二十世紀頃の小型の木造船、全長十五メートルほどのローマ時代の船など――が報告されている。もちろん、遺跡は発掘せずに記録を残して、現地にそのまま保存する方針を採用している。

今後、資源採掘など海洋開発が進むのと歩調を合わせて、海洋探査技術がさらに進歩していくものと考えられる。特に国際海域における発見は、一歩間違えると調査もできない状況になってしまうこともあるだろう。文化遺産は文化遺産として、国際政治などの外の関係にあって欲しい。そのためにも、文化遺産の価値を高めて保護と研究が意義ある行為であることを多くの人に知ってもらうことが必要だ。

日本の周りには、誰も見たこともなければ想像したこともない水中文化遺産が発見を待っている。多くの人に水中文化遺産の価値を知ってもらいたい。「うみ」の未来を見据えるには、現状の把握が前提条件である。その現状を正しく理解し向かうべき方向を見定めるのに必要となるのが、人類と「うみ」のつながりの歴史を知ることだと思う。水中には、人類と「うみ」の関係の歴史を語ることのできる宝が隠されている。

〈参考文献〉

アジア水中考古学研究所『水中文化遺産データベース作成と水中考古学の推進：海の文化遺産総合調査報告書・全国水中遺跡地図』二〇一三年
安達裕之『日本の船』船の科学館、一九九八年
荒木和憲編『中世日本の国際交流における海上交通に関する研究［共同研究］』国立歴史民俗博物館研究報告第223集、二〇二一年
池田榮史編『長崎県北松浦郡鷹島周辺海底に眠る元寇関連遺跡・遺物の把握と解明研究成果報告書第3冊（最終報告書）』二〇一一年
池田榮史編『水中考古学手法による元寇沈船の調査と研究「平成23～27年度科学研究基盤研究（S）調査研究報告書」第3冊（最終報告書）』二〇一六年
池田榮史『海底に眠る蒙古襲来：水中考古学の挑戦』吉川弘文館、二〇一八年
石井謙治『和船Ⅰ』『和船Ⅱ』法政大学出版局、一九九五年
井上たかひこ『水中考古学』中公新書、二〇一五年
岩淵聡文『文化遺産の眠る海』化学同人、二〇一二年
木村淳・小野林太郎・丸山真史『海洋考古学入門：方法と実践』東海大学出版部、二〇一八年
木村淳・小野林太郎『図説 世界の水中遺跡』グラフィック社、二〇二二年
九州国立博物館（佐々木蘭貞編著）『文化交流展特別展示：水の中から蘇る歴史―水中考古学最前線―』二〇

一七年
九州国立博物館『水中遺跡の保存活用に関する調査研究1～5（平成25～29年度文化庁委託事業成果報告）』二〇一四～二〇一八年
佐々木蘭貞「水中文化遺産研究の可能性：鷹島海底遺跡の検証を中心に」『中世日本の国際交流における海上交通に関する研究［共同研究］』国立歴史民俗博物館研究報告第223集、二〇二一年
佐々木ランディ『水中考古学：地球最後のフロンティア』エクスナレッジ、二〇二二年
佐々木ランディ「災害と水中考古学」『現代思想』二〇二三年十一月号
佐藤信編『水中遺跡の歴史学』山川出版社、二〇一八年
須藤和一『船』法政大学出版局、一九六八年
谷川亘・浦本豪一郎・徳山英一・村山雅史・山本裕二「黒田郡水没伝承と海底遺構調査から歴史南海地震を紐解く：レビューと今後の展望」『歴史地震』三十一号、二〇一六年
南西諸島水中文化遺産研究会編『沖縄の水中文化遺産』ボーダーインク、二〇一四年
林田憲三編『水中文化遺産』勉誠出版、二〇一七年
文化庁『水中遺跡保護の在り方について（報告）』二〇一七年
松浦市教育委員会『松浦市鷹島海底遺跡総集編　松浦市文化財調査報告書第4集』二〇一一年
森光・中田達也編『海の法文化と陸の法文化』国際書院、二〇二四年
山形欣哉『歴史の海を走る』農文協、二〇〇四年
山舩晃太郎『沈没船博士、海の底で歴史の謎を追う』新潮社、二〇二一年

・英語文献

Edited by Bass, George. *Beneath the Seven Seas: Adventures with The Institute of Nautical Archaeology.*

Thames & Hudson. 2005

Edited by Catsambis, Alexis. *The Oxford Handbook of Maritime Archaeology*. Oxford University Press. 2011

Dromgoole, Sarah. *Underwater Cultural Heritage and International Law: Cambridge Studies in International and Comparative Law*. Cambridge University Press. 2013

Flecker, Michael. "The South-China-Sea Tradition: the Hybrid Hulls of South East Asia." *International Journal of Nautical Archaeology* 36: 75-90. 2006

Edited by Ford, Ben. *Our Blue Planet: An Introduction to Maritime and Underwater Archaeology*. Oxford University Press. 2020

Green, Jeremy. "The Ship from Quanzhou, Fujian Province, People's Republic of China." *The International Journal of Nautical Archaeology* 27 (4): 277-301. 1998

Hocker, Fred. *Vasa: A Swedish Warship*. Medstroms Bokforlag. 2011

Kimura, Jun. *Archaeology of East Asian Shipbuilding*. University Press of Florida. 2016

Manders, Martijn. "Preserving a layered history of the Western Wadden Sea. Managing an underwater cultural heritage resource." Doctoral Thesis, Leiden University. 2017

Muthucumarana, Rasika. "An Early Historic Assemblage Offshore of Godawaya, Sri Lanka: Evidence for Early Regional Seafaring in South Asia." *Journal of Maritime Archaeology* 2014 9 (1) 10.1007/s11457-014-9125-9

National Research Institute of Maritime Cultural Heritage. *Underwater Archaeology in Korea*. (40th Anniversary of the Excavation of the Shinan Shipwreck). Seoul: Gongmyoung. 2016

Sasaki, Randall. *The origins of the lost fleet of the Mongol Empire*. Texas A&M University Press. 2015

Sasaki, Randall. "The History, Present, and Future of Underwater Cultural Heritage Management in Japan."

Doctoral Dissertation, Texas A&M University. 2019

Steffy, R. *Wooden Shipbuilding and Interpretation of Shipwrecks.* College Station: Texas A&M University Press. 1994

Tripati, Sila. *Shipwrecks Around the World: Revelations of the Past.* Delta Book World. 2015

・中国語・韓国語文献

席龙飞『中国造船史』湖北教育出版社、一九九九年

王冠倬『中国古船』三联书店、二〇〇〇年

国家文物局水下文化遺産保護中心『南海Ⅰ号沈船考古報告二（２０１４－２０１５年発掘）』文物出版社、二〇一八年

文化財管理局『莞島海底遺跡』韓国文化広報部、一九八五年

蓬莱市文物局『蓬莱古船』文物出版社、二〇〇六年

韓国国立海洋博物館『新安船Ⅰ・Ⅱ・Ⅲ』国家文化財庁（現文化遺産庁）、二〇〇六年

洪淳在「珍島船の構造と性格」国立木浦大学大学院修士論文、二〇〇九年

・インターネット

アジア水中考古学研究所

http://www.ariua.org/

科研費基盤研究（A）桧原宿跡・桧原湖湖底遺跡研究

https://hibarajuku.labby.jp/

韓国国立海洋遺産研究所

https://www.seamuse.go.kr/
『文化遺産の世界 特集：水中文化遺産』vol. 41、二〇二三年
https://www.isan-no-sekai.jp/list/vol41
文化庁・水中遺跡調査検討委員会
http://www.bunka.go.jp/seisaku/bunkashingikai/kondankaito/suichu_iseki/
文化庁・水中遺跡調査検討委員会『水中遺跡ハンドブック』二〇二二年
https://sitereports.nabunken.go.jp/files/attach/50/50042/130183_1_%E6%B0%B4%E4%B8%AD%E9%81%BA%E8%B7%A1%E3%83%8F%E3%83%B3%E3%83%89%E3%83%96%E3%83%83%E3%82%AF.pdf
ユネスコ水中文化遺産保護条約
http://www.unesco.org/new/en/culture/themes/underwater-cultural-heritage/
ユネスコ水中文化遺産保護条約マニュアル
http://www.unesco.org/culture/en/underwater/pdf/UCH-Manual.pdf
Ocean Decade Heritage Network
https://www.oceandecadeheritage.org/
VASA Museum
https://www.vasamuseet.se/en
Wreck Watch Magazine Special Issue: Secrets of the San Jose Galleon. Issue 15 2024
https://www.wreckwatchmag.com/

八王子城跡からみる海外世界とのつながり

村山　修

はじめに——八王子市内の国史跡

八王子市には多くの遺跡や城跡が残されており、国の歴史を語る上で重要な文化財を指定し保存活用を行っている。市内には国指定史跡が五件ある。二件は縄文時代の史跡で、昭和二（一九二七）年に市中央部西側の長房町で、床面に石を敷いた、当時としては珍しい縄文時代後期の住居跡がみつかり、翌年一月十八日に「船田石器時代遺跡」として文化財に指定された。この他、市中央部南側椚田町にある椚田遺跡が、内陸部に縄文時代の住居跡が二百七十軒以上存在する典型的な集落を良好に残していることから、昭和五十三（一九七八）年五月十一日に「椚田遺跡」として指定された。

他の時代の史跡としては「船田石器時代遺跡」とともに、同日に指定された「小仏関跡」がある。これは江戸時代に整備された五街道の一つである甲州道中に、江戸の防備のために設けられた関所である。もとは戦国時代に北条氏照が武田氏との領地境に設置した関所を、街道整備の際に現在の地に移したともいわれている。残り二つの史跡は、今回のテーマに深く関わる人物、北条氏照が戦国時代に築いた城で、市北東部丹木町・高月町他に所在する滝山城と、元八王子町・西寺方町他にある八王子城である。これら二つの城跡は昭和二十六（一九五一）年六月九日に文化財に指定された。

縄文時代の遺跡は市内に多く存在し、「椚田遺跡」が国史跡に指定されて以降も発掘調査が行われ

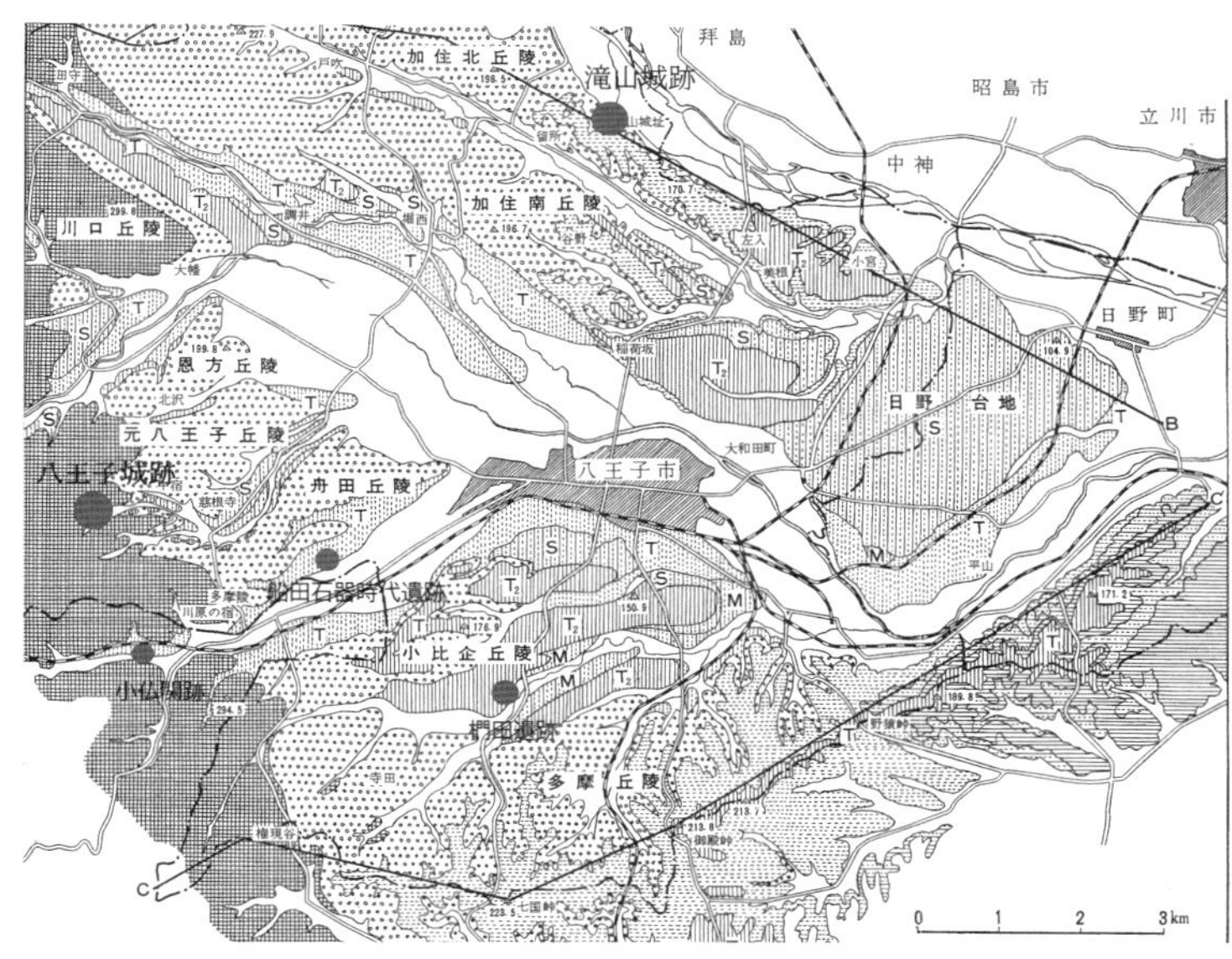

図１　八王子市の地形と国史跡

ている。椚田遺跡やその周辺の遺跡からは、多摩地域以外の製品や材料などが出土しており、それらがその地域に持ち込まれていることが確認されている。例えば、装飾品の材料となる新潟県産のヒスイ、石器の材料となる長野県産の黒曜石などだけではなく、長野県茅野市で出土した〝縄文ビーナス〟と呼ばれる土偶を模した土偶や各地域の土器文様や型など、他の地域との交流がわかっている。これは縄文時代だけではなく、他の時代にも他地域の物品や文化の交流などがあったことが、発掘調査の出土品からうかがうことができる。今回、国史跡である滝山城跡と八王子城跡から出土した遺物を中心に、戦国時代の海外世界とのつながりや、ものや人の交流などについてみていく。

第一章　城主・北条氏照

八王子城の城主北条氏照は、伊勢宗瑞（北条早雲）を祖とし関東に勢力を伸ばした小田原北条氏の三代目北条氏康の三男で、四代目北条氏政、五代目北条氏直を助け北条氏の家臣として活躍した。氏照の生年ははっきりとしておらず、後世に作られた記録から天文九（一五四〇）年、十（一五四一）年、十一（一五四二）年の三説ある。参考までに徳川家康は天文十一年生まれで、氏照は家康と同世代である。

氏照が表舞台に登場するのは、北条藤菊丸という幼名で弘治元（一五五五）年に行われた古河公方足利義氏の元服式への出席である。[1] 翌年五月二日にも藤菊丸の名で相模国座間郷（神奈川県座間市）鈴鹿神社の再建に関わっている。[2] 氏照は史料から、元服前から北条氏の一員として活躍していたことがわかる。

北条氏は、敵対する勢力と戦うだけではなく、当主の子供たちを「国衆」と呼ばれる地域の有力武将のもとに養子として送り出し、その地域の支配を行っている。氏照も多摩地域に力を持っていた大石氏の養子となり、その領域の支配を開始する。氏照が発給した現存する一番古い文書は、永禄二（一五五九）年霜月（十一月）十日武蔵国小宮（東京都あきる野市）の宮本禰宜に対し、従来通りの権利を保障する内容のもので、[3]大石氏の寺社に対する権利の容認を氏照が行うことで、氏照に領地支配の継承がこのころに行われたことがわかる。

大石氏から領地支配の継承を受け、領地の経営を行うとともに、氏照は北条氏と他大名との交渉役として活躍する。氏照が領地支配を開始した永禄年間（一五五八～一五七〇年）、北条氏は長尾景虎（長尾景虎は名前が変わるので、以降一番知られている上杉謙信または上杉方と呼ぶ）と対立しており、北関東の勢力は上杉方となっていた。北条氏はその背後にある東北の蘆名氏と交渉を行うようになり、その交渉役として氏照は関与している。[4]

桶狭間の戦い（一五六〇年）で当主今川義元と多くの家臣が打ち取られ、今川氏は弱体していた。この機に乗じて、武田氏はこれまで北条氏・今川氏と結んでいた三国同盟を破棄し、永禄十一（一五六八）年、今川領に攻め込んでいる。この際北条氏は今川氏との同盟は継続しつつ、武田と敵対していた上杉氏と同盟を新たに結ぼうとした。この交渉役を氏照と弟の氏邦が担当している。

北条氏の領地拡大や武田氏の滅亡など周辺地域の変化とともに、北条氏の同盟相手は変わっており、天正年間（一五七三～一五九二年）では織田信長や伊達氏など遠方の大名との交渉役として参加している。

天正十（一五八二）年、織田信長が本能寺の変によって明智光秀に討たれ、日本各地の状況が目まぐるしく変化し、天下統一が進んだ豊臣秀吉と北条氏は敵対する状況となった。豊臣氏は北条氏と敵対する武将を味方に取り込むために上洛を促していた。北条氏と敵対する宇都宮国綱にも、秀吉家臣石田三成から早く上洛を促す書状がきている。この書状には北条氏の使者として氏照が上洛し、秀吉に上申しては宇都宮国綱のためにならないことが記されており、[5]氏照の外交交渉役としての地位の高さを伺い知ることができる。

氏照は各大名に対する外交交渉役とともに、武将としても活躍をしており、戦いの陣の取り方は氏照のようにしろ、と当主の氏政から岩槻衆の奉行衆に指示している史料が残されている。[6]また、天正十八（一五九〇）年の秀吉との戦いの際も小田原城に詰め、小田原城の重要な入口で、西から攻めてくる豊臣軍を迎え討つこととなる早川口の守備担当が氏照であった。このように、氏照は北条氏の外交交渉役、そして武将として活躍した人物であった。

氏照が養子になった頃に、どこの城に入って政務を行っていたかは現在のところはっきりしていない。残されている文書をみると氏照の一番古い文書から八年後、永禄十（一五六七）年九月十七日付の氏照の印判状に、宮寺郷（埼玉県入間市）で行った検知によって年貢が定められ、年貢米を「滝山御蔵」に納めることが記されている。[7]この文書により、この時には滝山城が年貢米を納める拠点とともに氏照の居城となっていることがわかる。これから二十年後の天正十五（一五八七）年三月十三日付の氏照家臣狩野宗円の書状で、自分は八王子で留守居をしていて、小田原に在府している氏照から返事をするということが記述されており、[8]これ以前に滝山城から八王子城に移ったことが確認できる。

その後、豊臣秀吉と北条氏の小田原合戦で、天正十八（一五九〇）年六月二十三日に豊臣軍の武将前田利家・上杉景勝軍の猛攻により落城し、氏照の居城としての八王子城は終わりを迎えた。史料に残されてはっきりとわかる範囲でも、滝山城は最低でも二十年(実際はもっと使用した可能性がある)、八王子城は約三年、氏照の居城として使用されたと考えられる。

氏照の居城である八王子城が落城し、七月五日に小田原城主北条氏直は降伏の意を表し、七月十一日、この合戦の責任者として北条氏政・氏照兄弟は切腹、関東に力を誇った北条氏の栄華はここに終わりを告げた。(9)

第二章　滝山城跡

滝山城の地理

滝山城跡は八王子市の北部、丹木町一から三丁目、高月町、加住町に所在し、三十七ヘクタールが国史跡として指定されている(東京ドームに換算すると約八個分)。北側に多摩川、南側に多摩川の支流谷地川にはさまれた、関東山地から東に向かって続いている加住北丘陵上に築かれた平山城である。

城の北側は多摩川によって削られた丘陵崖となっており、簡単に人が登れるような地形ではなく、天然の城壁となっている。丘陵南側は比較的急傾斜の斜面地である。加住南丘陵尾根上は狭く平坦面が少なく、丘陵には南北方向から谷が入り込む複雑な地形となっている。このような地形をうまく利用し、本丸を中心に土木工事によって排出された土を利用して、巧みに大小の曲輪（城の内外を区切った区画）と堀、馬出（虎口の外側の曲輪）を配置し、北側の崖以外からくる敵を、これらの遺構によって防ぐような構造となっている、まさに文字通り「土で成っている」お城である。

さらに詳しく城の構造を述べると、本丸は標高百六十九メートルの丘陵尾根上にある二段構造の曲輪となっており、北側の曲輪の方が高くなっている。南側の曲輪に二ヶ所の虎口（城や曲輪の出入り口）が設けられ、東側の虎口は堀を挟んで中の丸といわれている曲輪に向かって開放している。江戸時代前期に描かれた滝山城縄張図ではこの虎口と中の丸に橋が描かれており、この虎口は普段橋を渡って使用された出入口であったことがいえる。

中の丸の南側には二の丸が配置され、二の丸の出入口は枡形や食違い虎口など三ヶ所設けられ、虎口の外には馬出が設けられている。二の丸の東側及び南側に幅約二十メートルの堀が掘られ、丘陵尾根や斜面地から来る敵を防ぐようになっている。東側から二の丸近くに入り込む大きな谷と、西側から千畳敷と呼ばれる大きな谷が二ヵ所存在しており、谷の入口から谷底を通ってそれぞれの曲輪近くに敵が入り込まないよう、ところどころに土塁が設けられている。この二つの谷は現在も谷底で水が湧いており、その湧水や雨水などを土塁によって区画することで水を溜めることができ、谷底が水堀に近い状況になったことで、より強固な防御施設になったと考えられる。

城の南側の丘陵裾部が城下といわれ、「八日市」という斎市に関連する地名や、現在の八王子市街地にある「八幡」や「横山」という地名が存在する。この三つの地名は氏照が滝山城から八王子城に移転した時にそこに住んでいた人々とともに地名も移したといわれている。また、八王子城が落城し、新しい町として八王子宿が造られた際にも、地名やそこに住む人々が移転したとされている。城の北側を多摩川が流れており、多摩川の氾濫原として土地の利用は難しいものだったと思われる。

滝山城の歴史

滝山城は大永元（一五二一）年に大石定重によって築城されたといわれている。しかし、先述したように永禄十（一五六七）年九月十七日付の北条氏照の朱印状に「滝山」と書かれるまでの間、どのように使われ、造られた当初はどのような構造や規模であったのかは判然としていない。

滝山城での大きな出来事は永禄十二（一五六九）年、武田信玄による小田原攻めの一環で行われた滝山城攻めである。

武田信玄の小田原攻めのきっかけは、永禄三（一五六〇）年、尾張国（愛知県）桶狭間での今川義元と織田信長の戦いによって、当主義元と多くの家臣が討たれたことにある。今川氏が弱体化し、これまで相模国の北条氏、甲斐国の武田氏、駿河国の今川氏の三国で結ばれていた同盟が、武田氏の今川氏への侵攻によって、武田氏・今川氏の間で破棄された。北条氏は今川氏を助けるために兵を送ったことで、武田氏と敵対関係となり、永禄十二年の戦いとなった。

武田氏の侵攻は駿河方面からと思われていたが、武田氏は上野国（群馬県）碓氷峠から北条領内に侵攻し、氏照の弟氏邦が城主の鉢形城（埼玉県寄居町）を攻め、その後滝山城攻めとなった。この戦いについては城の攻め手と守り手とで異なった記録が残されている。

攻め手の武田側の記録としては『甲陽軍鑑』がある。[10] これには、武田側は滝山城の北側の多摩川を挟んで「はい島・森の内」(昭島市拝島)に陣を構え、滝山城の「三の曲輪を攻めちらし」、「二の曲輪二階門」で指揮をとっている氏照のところまで年若い武田勝頼が攻め、氏照家臣師岡山城(秀門)と戦ったと記している。武田信玄は小田原攻めの前に子の勝頼や甥の典厩(武田信豊)が討ち死にするのは痛手となってしまうので、滝山城攻めを停止し、小山田、勝坂(神奈川県)など小田原方面に向かったと記述されている。

一方北条方の史料では、武田との同盟が破棄されたため、北条氏はこれまで戦っていた越後の上杉氏と同盟を結んだ。この同盟相手に武田氏との戦いについて、武田は「弱敵」なので、「宿三口」から討って出て度々勝利を得たと報告している。[11]

戦いの記録なので、どちらもよいことだけしか記録していないが、数少ない史料から滝山城の構造について想像することができる。

滝山城から八王子城への移転の理由については諸説あるが、その一つとして戦い方の変化があげられる。天文十二(一五四三)年八月、種子島(鹿児島県)に船が漂着した。その船の中に日本に今までなかった新しい兵器「鉄砲」があった。この時に種子島時尭が二挺の鉄砲を買い求めて以降、国産化されて日本各地に広まり、戦いに使用されていった。

『甲陽軍鑑』によると、鉄砲伝来から二十六年後の永禄十二年の武田氏との戦いでも、武田方の小山田信茂軍が鉄砲を用いて氏照軍と戦ったという。その三年後の元亀三（一五七二）年正月九日、宮城四郎兵衛尉に対しての北条氏着到定書によると、二百八十四貫四百文の軍役で三十六人の人数を出すこととなっており、その人数の内訳は本人も含めた騎馬が八騎、徒歩の兵が四人、鑓の兵が十七人、旗持ちが三人、旗指物持ちが一人、弓の兵が一人、鉄砲侍が二人となっている。(12) 伝来の三十年後には、鉄砲は弓と同様に用いる兵器として扱われるようになっていったのである。

滝山城の最大の防御施設である堀は幅二十メートルあり、弓の攻撃や鑓持ちの兵は防ぐことができたが、弓よりも射程距離が長く破壊力のある鉄砲の攻撃を防ぐことは難しかった。また尾根上に主要な曲輪が築かれているため、曲輪同士の高低差が少なく、射程距離の長い鉄砲での打ち合いは同じ高さでの攻防となり、守備側の利点が少ないものとなっていた。滝山城を鉄砲による攻撃に対応した防御にするには堀幅を拡げ、曲輪の高低差をつけるという大規模な改修工事を行わなければならない。狭く高低差が少ない尾根上に築かれたこの城でそれを行うのは、新規に城を作るのと変わらないものであったと考えられる。海外から伝わった新しい兵器が戦い方を変え、城造りにもその影響を与えている。

滝山城跡の発掘調査

滝山城跡の発掘調査は、八王子城跡に比べると調査回数や発掘面積は少ないが、滝山城の構造がどのようであったかを解明する手がかりとなっている。調査年度別にみてみると、最初の発掘調査は昭

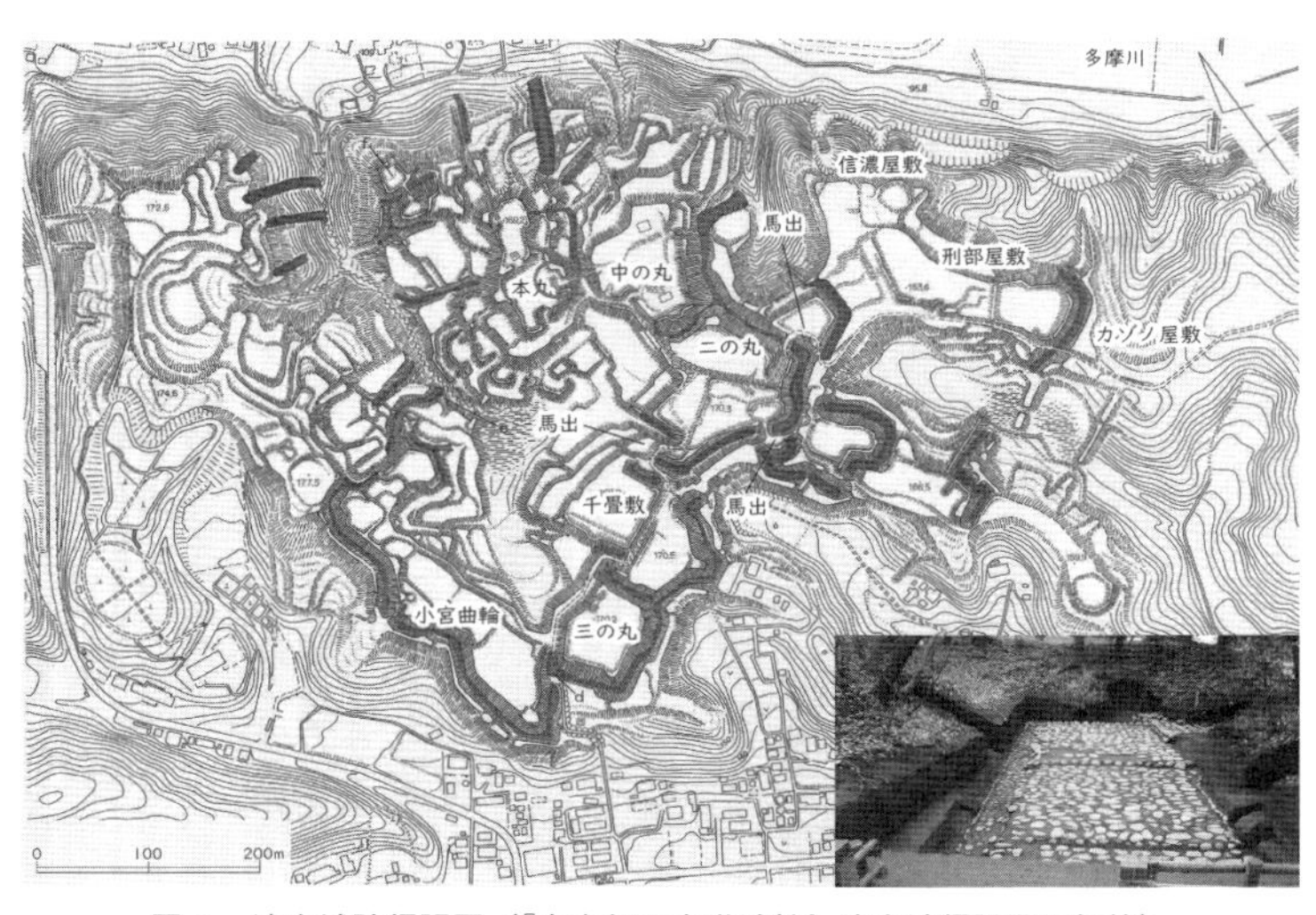

図２　滝山城跡縄張図（『東京都の中世城館』滝山城縄張図に加筆）

和五十七（一九八二）年度に本丸と中の丸の南側に位置するＬ字状の曲輪（名称なし）と、現在千畳敷と呼ばれる曲輪で行われた。この時の発掘では柱穴状の遺構が見つかったが、のちに発掘調査が進んで、これは自然の掘り込みであることが確認された。

昭和五十八（一九八三）年度には、本丸と中の丸に掛かる橋の掛け替え工事によって、橋台部と橋のアプローチ部分の一部に掘削工事を行うため、事前の確認調査を行った。橋台部分は、本丸と中の丸の二つの曲輪を分ける堀に堆積した土層の状況を確認するものとなり、堀底までの掘削には至らず、堀底の形状や深さなどの規模を確認できる結果をえることができなかった。橋のアプローチ部は一メートル幅のトレンチという小規模であったが、本丸部では敷石状の遺構を確認した。この敷石状遺構は平成八（一九九六）年度の本丸虎口への発掘調査に繋がるものとなった。

昭和五十九（一九八四）年度は水道管の敷設及び防火槽設置のため、中の丸で確認調査を行い、土間状の遺構を確認した。千畳敷と同様に柱穴状の自然の落ち込みが確認されている。

平成七（一九九五）年度は中の丸で公園便所改修工事を行うため、事前の確認調査を行った。この調査では、硬化面と中の丸を造りだすための版築遺構が確認された。このことから中の丸は、狭い尾根をローム層まで削平し、低い部分に黒土とローム土を相互に埋土した版築という工法によって造りだされていることが確認され、曲輪を構築するために丘陵を削平するだけではなく盛土も行われていることが新たにわかる結果となった。

平成八（一九九六）年度は先述したように、本丸虎口の確認調査を行った。この調査によって、本丸虎口には近くを流れている多摩川から採集したと思われる河原石を敷き詰めた階段と、その片側に側溝が設けられている入口が確認された。階段は奥に進むと間口が狭くなっており、多くの兵を一気に進ませないような構造となっている。階段の周辺は土塁で囲まれており、一部土塁の土層堆積状況を確認し、石垣や構造物の基礎構造の有無などを確認したが、特にこれらの構造物は確認できなかった。

このように調査面積や回数は少ないながら、本丸入口部の構造や中の丸の造成構造など、滝山城の構造に関わることを確認することができた。

出土遺物

滝山城跡から出土した遺物のうち、完形に近い遺物は鉄砲弾や土玉などの小さく壊れにくいものしかなく、陶磁器や土師質土器（素焼きの土器）などの焼き物類は細かく割れている状態であった。出土した遺物の大半は陶器の瀬戸（愛知県）・美濃（岐阜県）産皿、天目碗、常滑（愛知県）産甕、土師質土器の皿で、昭和五十七（一九八二）年度に行われたL字状の無名の曲輪の調査で、鉄滓、鋳型の可能性がある土製品、羽口（鉄を溶かすための炉と、空気を送るためのフイゴをつなぐ土製の管）などが出土しており、この曲輪で鍛冶を行っていた可能性を示すものとなった。武器としては昭和五十九年度の中の丸の調査で、鉛製の鉄砲弾や土玉が出土している。

海外から持ち込まれた遺物としては、L字状の無名の曲輪で青磁碗と渡来銭（「皇宋通宝」：初鋳年は一〇三九年）の二点がある。滝山城跡からの遺物が少ないのは、調査面積が狭いということもあるが、新しく造った八王子城に移転する際に使えるものは持ち出したからだろうと考えられる。

滝山城跡周辺の遺跡

新たな道路や都営住宅、学校施設などの建設に伴って、滝山城跡の周辺にある遺跡の調査を行い、中世の遺跡が確認された。先述した、地名として残されている「八日市」「八幡」「横山」での調査は残念ながら行っていないが、中世と関わりがある古くからの土地での発掘調査である。これらの遺跡についてみていく。

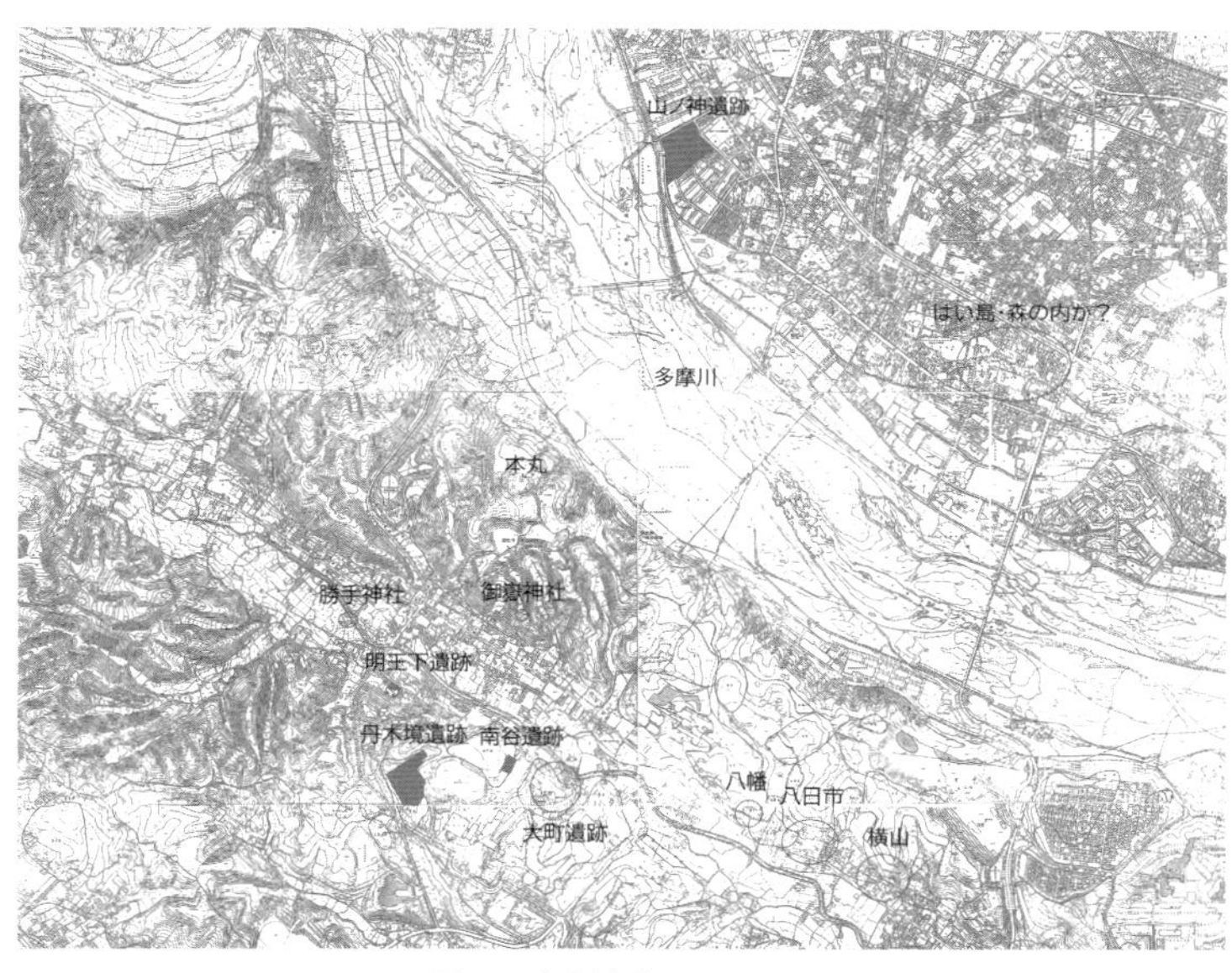

図３　滝山城跡とその周辺

（1）南谷遺跡（丹木町二丁目）

滝山城跡がある加住北丘陵の南側には多摩川の支流、谷地川を挟んで加住南丘陵が存在する。この丘陵北側に入り込む谷が多くあり、その一つに、江戸時代後期に書かれた『新編武蔵風土記稿』に永正元（一五〇四）年に大石氏によって開基し、創建されたとある極楽寺がある。このお寺は、滝山城から八王子城に氏照が移転した際に城下に移転し、江戸時代に八王子宿が造られた時には宿の北側入口部に再移転するなど、城下にあった宿とともに移転を繰り返している。このお寺があったといわれる場所を「ゴクラクジヤツ」と地元の人は呼んでおり、他にも「ハチベイヤシキ」など、この一帯には滝山城と関連すると考えられる名称が残されている。

発掘調査はこの「ハチベイヤシキ」と呼ばれる南谷遺跡で行った。南谷遺跡は加住南丘陵から派生する舌状台地端に位置し、中世の遺跡は、台地東側斜面地を切り崩した東西二十五メートル、南北三十一メートルの段切り状遺構内で確認された。段切り状遺構には、斜面地から流れてくる水が建物のある平場部分に流れ込まないよう、斜面際に溝状遺構が掘り込まれている。平坦面には複数の柱穴が掘られているが、どのような構造の建物があったかは確認することができなかった。

この平場は一度素掘りで掘り、上部からは人頭大の礫を組んだ石組井戸が確認されている。この井戸からは、中国から輸入された青花碗の他、瀬戸・美濃産灰釉皿、擂鉢、常滑産甕、産地不明の鉢、瓦質土器の焙烙、土師質土器の皿、石臼、砥石、板碑片、銭貨、鉄製品が出土している。これらの遺物は井戸の上部から中部で出土しており、井戸の機能が終了し、埋没する過程で中に入り込んだものと考えられる。遺構外では瀬戸・美濃産天目碗が出土している。またこの平場にはお墓と思われる土坑があり、遺物として銭貨が出土している。

この遺跡は、数少ない出土遺物から十五世紀末から十六世紀のものと思われ、「ハチベイヤシキ」と伝わっている場所は滝山城とほぼ同時期の遺跡であると考えることができる。

(2) 丹木境遺跡（丹木町二丁目）

丹木境遺跡は先述した「ハチベイヤシキ」がある谷の一番奥にある谷底と、谷を囲む斜面地の遺跡である。谷を囲む斜面地に三条の溝状遺構と尾根上に一条の溝状遺構が確認されている。尾根上の溝状遺構の内部は、一部土を積み上げ、その硬化面が残って土橋状になっており、その外側には溝が掘られていて、土橋に直線でいけないような馬出状の構造となっている。溝状遺構以外はピットや土坑などが確認されているが、建物跡が確認できるような残り方はしていなかった。遺物は瀬戸・美濃産天目碗、擂鉢、常滑産甕、土師質土器の皿、焙烙などが出土しており、時期は十六世紀半ばから後半のものであった。

南谷遺跡のある谷は丘陵にかなり奥まで入り込む広い谷である。尾根上に馬出状の遺構があることから、この谷の中が重要な場所であることがこの調査で判明した。

滝山城のある加住北丘陵の、谷地川を挟んだ対面の丘陵に位置する場所に、滝山城と同じ時期の遺跡（南谷遺跡と丹木境遺跡）があることは、川を中心とした広い範囲に滝山城とそれに関連する屋敷や寺院などがあったことを示唆している。

（3）山ノ神遺跡（昭島市拝島町三丁目）

山ノ神遺跡は滝山城跡の北側、多摩川と秋川の合流点の左岸で河川に隣接し、多摩川の川床面より約十メートル高い微高地上の遺跡である。永禄十二（一五六九）年の武田信玄による滝山城攻めの際に、当該地東側に武田軍が陣を敷いたといわれている。

この遺跡では、掘った竪穴の壁から部屋状の横穴が掘られている「地下式坑」という、中世に多い遺構が四基確認されている。うち一基の底近くには人骨と、人骨腹部あたりに六枚の渡来銭が埋葬されていた。その渡来銭の中で一番新しいものは、一四〇八年に初めて鋳造された「永楽通宝」だったため、この人骨はそれ以降に埋葬されたことがわかる。

この他にも土坑墓が一基確認されており、これも人骨の腹部と思われるあたりに六枚の渡来銭が埋葬されていた。文字が読める中で新しい渡来銭は、一三六一年に初めて鋳造された「大中通宝」であった。人骨に伴う渡来銭の出土から、十四世紀後半以降にこの地域で葬送に六道銭を使用するという風習を行う文化があったことが確認できる。この他、性格不明の遺構からは月待信仰の結衆板碑が出土しており、月待を信仰する集団がこの場所にいたことも確認できる。

遺物は埋葬銭の他に、古いものから見てみると、十三世紀前半の常滑産甕、十三世紀後半の常滑産甕、十三世紀から十四世紀の竜泉窯（中国）青磁碗、十五世紀半ばから後半の瀬戸・美濃産皿、大皿、常滑産甕、十五世紀半ばから十六世紀前半の瀬戸・美濃産擂鉢、十六世紀の青磁碗、十六世紀後半から十七世紀前半の瀬戸・美濃産擂鉢、備前（岡山県）産壺、唐津（佐賀県）産皿、時期不明の石臼、砥石、坩堝と思われる碗状の石製品、石製の玉、土製の玉、刀子、鉄鏃などが出土している。

先述した月待板碑は「享□」という年号が彫られている。中世で「享」がつくのは「享徳」の一四五二～一四五五年と「享禄」の一五二八～一五三二年であることから、どちらかの年号の時に作られたものと考えられる。

皿や甕などの日常雑器類などの遺物からみると十三世紀前半、十三世紀後半から十四世紀、十五世紀半ばから十六世紀前半、十六世紀後半から十七世紀前半の四期に分けられ、断続的ではあるが、河川隣接地で中世の人々が生活していたことがわかる。中国から輸入された青磁碗を所有できる人物がいたこと、滝山城が機能していた十六世紀半ばに、城の近くにあるこの場所で人々の活動がみられないのが、この遺跡を考える上で注目される。

(4) 滝山城築城以前の遺跡

滝山城跡周辺には、滝山城が築城される以前の遺跡や指定文化財がみられる。例えば南谷遺跡の東側、丹木町二丁目にある大町遺跡では、十三世紀後半から十四世紀前半の中国から輸入された青磁盤が出土した集石遺構が確認されている。この他、南谷遺跡の西側にある丹木町三丁目の明王下遺跡では、段切り状遺構や道路状遺構、井戸などが確認され、遺物は十三世紀後半の中国から輸入された青磁碗、十五世紀後半から十六世紀前半の瀬戸・美濃産擂鉢が出土しており、滝山城が築城されたといわれている大永元(一五二一)年以前と考えられる遺跡が確認されている。

滝山城跡の東南隣接地丹木町二丁目には、御嶽神社がある。この神社はかつて蔵王権現社といわれ、康永二(一三四三)年一月十八日に滝山上に、金峰山金剛院が吉野金峰山蔵王権現を勧請して造られた。天文十三(一五四四)年に現在の地に遷座したという。ここには権現社が造られる以前の平安時代に作られた木造蔵王権現立像(東京都指定文化財)があり、かつてここが修験の道場であったことをしのばせている。

この他に城の南側には市指定文化財である勝手神社の懸仏がある。この懸仏の表面には「武州多西郡留所金峯山之御正躰　貞和五季己丑七月五日敬白　若桜守真」との銘文がタガネで掘り込まれている。多西郡は、滝山城跡がある多摩地域西部のことであり、この地名は戦国時代まで続いている。貞和五年は一三四九年なので、先の大町遺跡の後に造られたものとなる。

滝山城跡周辺地域の遺跡調査及び文化財の分布などによって、この地域に十三世紀後半以降に中国から輸入された磁器製品や国産の陶器類や文化が持ち込まれ、人々が活動してきたことを確認することができる。他地域の製品がこの場所に持ち込まれていることは、他から人が出入りしていることを示し、何らかの交通路を通ってきたことになる。詳細な場所については不明であるが、中世には鎌倉道が通っていたといわれ、鎌倉道を使って人々がこの地域に出入りしたと考えられる。また、先述した多摩川隣接地の山ノ神遺跡の発掘調査の結果は、ここが河川を利用していた中世人の拠点の一つであったことを想像させる。これは陸路である鎌倉道だけではなく、河川を利用した交通網が滝山城築城以前にあり、これらを築城後もうまく利用していたことを示している。

第三章　八王子城跡

八王子城の地理

八王子城跡は八王子市西部、元八王子町三丁目、西寺方町、下恩方町という広範囲にまたがって所在する。地形的にみると、東京都、埼玉県、群馬県、神奈川県、山梨県、長野県と広範囲にわたり、多摩川水系、利根川水系、荒川水系などの多くの水源の源流部でもある関東山地の東端、標高四百六十メートルの深沢山とその麓などに築かれた山城である。

八王子城は深沢山の頂上部の一番高い部分に本丸を配し、北側に小宮曲輪、南側に松木曲輪と呼ばれる拠点の曲輪があり、上から見ると翼を開いたような配置となっている。それぞれの曲輪には腰曲輪と呼ばれる小さい曲輪が配置され、それぞれの曲輪を守備するようになっている。これらの曲輪群から麓部に下りる山の中腹部にやや広めの三段の曲輪と、ここから東側の麓部に下りる斜面には、上から見る形が馬蹄のような小規模の曲輪が連続して配置されており、これら曲輪群を金子曲輪と呼ぶ。こうした、山部に築かれた曲輪群がある場所を「要害地区」と呼んでいる。

山の麓部には、多摩川の支流で市内を東西に流れる浅川の支流である城山川が流れており、この両岸には多くの曲輪が設けられている。川の左岸、本丸の東南裾部にある大規模な曲輪が「御主殿」で

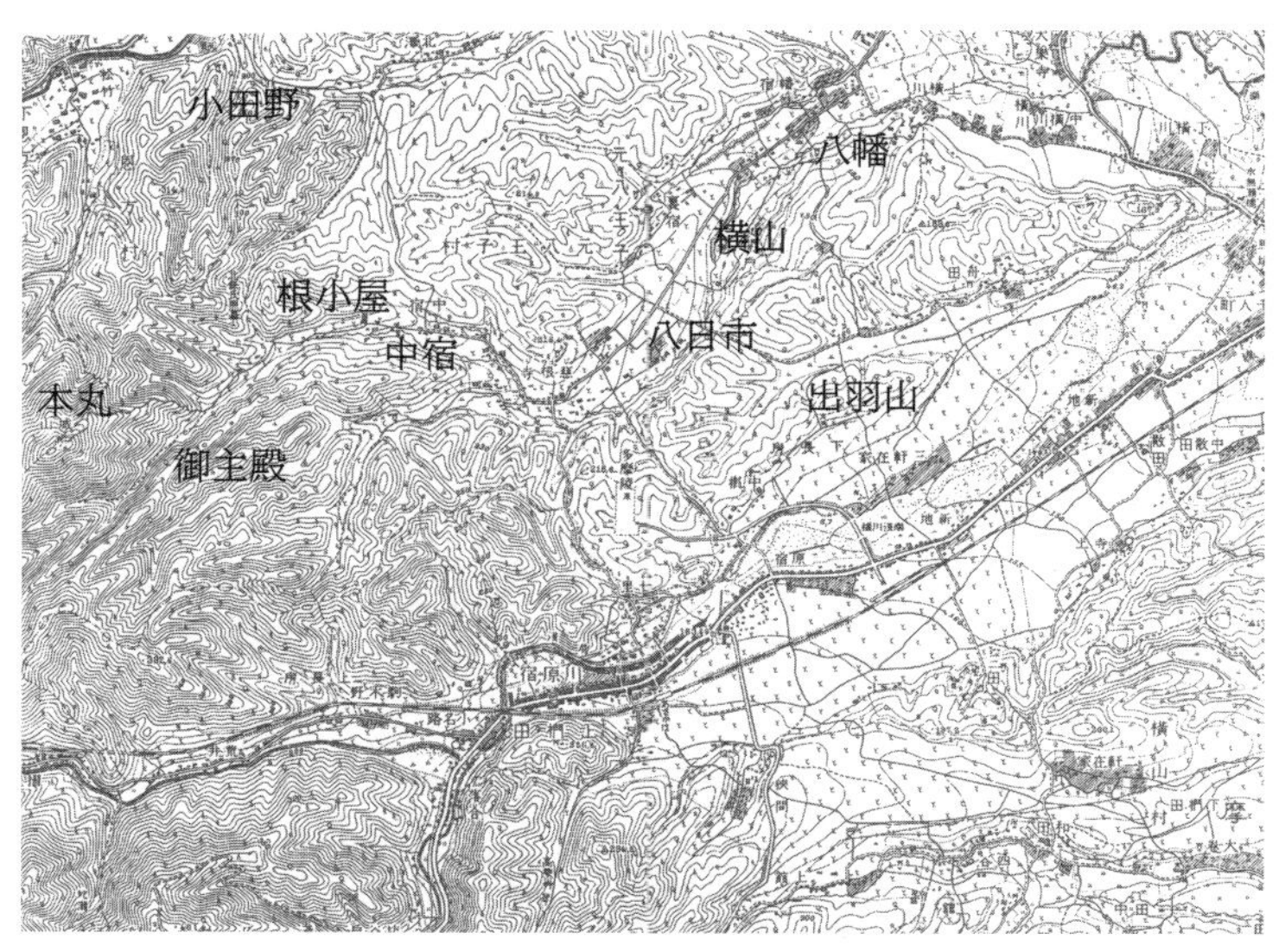

図４　八王子城跡とその周辺

ある。なお御主殿や要害地区などの曲輪の名称は、江戸時代前期、慶安元（一六四八）年に描かれた「武州八王寺（子）古城」図によ る。この図が八王子城の縄張を描いた最も古いもので、同じ時に滝山城も描かれており、滝山城の曲輪の名称もこれによっている。御主殿の北東側の、自然の谷を利用した堀状の遺構を挟んだ階段状の遺構群をアシダ曲輪といい、これら一帯を「居館地区」と呼び、城の重要地区の一つである。

居館地区の東側に城山川によって形成された河岸段丘が存在し、これらの場所に家臣の屋敷や寺社などがあったといわれ、この場所を「根小屋地区」と呼んでいる。

居館地区の南側で城山川の右岸にある丘陵に築かれた曲輪群を、「太鼓曲輪地区」と呼んでいる。この曲輪群は狭い尾根上に築かれ、所々に堀切を設けていることから、尾根上を進軍する敵を攻撃するために造られたと考えられている。太鼓曲輪地区の東端、斜面地に築かれた階段状の曲輪群がある地域を、字名から「御霊谷地区」と呼んでいる。

根小屋地区の北側のやや離れたところに、「小田野地区」と呼ばれる場所があり、ここには鎌倉道と呼ばれる道の監視や、この方面から侵入する敵の攻撃を防ぐために設けられた砦的な曲輪がある。

曲輪や土塁、堀切など多くの遺構が残されているこれらの六地区の一部、百五十九ヘクタール（東京ドームに換算すると約三十四個分）が国指定史跡として指定されている。しかし、八王子城に関わる伝承や江戸時代に書かれた地誌、発掘調査などによって、史跡範囲外も城として存在することがわかっている。例えば根小屋地区の東側には滝山城から移転したといわれる八日市、横山、八幡などの地名が残されており、江戸時代後半の『新編武蔵風土記稿』では、これらの場所を「八王子宿跡」としている。また、宿跡には江戸時代の八王子宿に移転した寺も記述されており、城下として整備されていた可能性が考えられる。この他、八日市の南側に出羽山と呼ばれる場所があり、これは氏照家臣近藤出羽守の屋敷があった所といわれている。同様に根小屋地区北側のやや離れたところにある小田野地区も、氏照家臣小田野氏の屋敷跡といわれており、有力家臣の屋敷地を城の外周部に配置し、城の守りを固めていたと考えられる。このように八王子城は、城の要である要害地区と城主の拠点となる居館地区を中心に、広範囲に城としての整備が進められたといえるだろう。

八王子城の歴史

八王子城がいつ築城されたのかは、史料が少なくはっきりとしていない。天正十（一五八二）年二月二十三日に氏照から氏照家臣の大石筑前守、横地与三郎、間宮若狭守（綱信）に宛て、普請庭で督励するよう指示した文書が残されている。[13] この普請庭がどこを指しているのかは書いていないのではっきりといえないが、間宮綱信は天正八（一五八〇）年三月十日、氏照の使者として北条氏政の使者笠原康明とともに、滝川一益の取次により京都で織田信長に謁見し、帰路に安土城を見た人物であり、横地与三郎は氏照の大石氏養子入りの際に小田原からともにきたといわれる家臣横地吉信の息子、大石筑前守は北条本家の家臣松田氏から大石氏に養子に入った人物といわれている。このように、氏照の有力家臣達が奉行として普請庭を管理していることを考えると、この現場が八王子城だろうと想定できよう。

その後、八王子城に関わる記述は天正十五（一五八七）年三月十三日、下総国下妻城主多賀谷重経に攻撃を受けた氏照の他国衆岡見宗治は氏照に救援を求め、氏照家臣狩野宗円がそのことについて、氏照は小田原城の大普請のため小田原におり、不在中は狩野宗円が八王子で留守居をしているため、返事は小田原にいる氏照から伝えると返事している。このことから狩野宗円が書状を書いた三月十三日以前に、滝山城から八王子城に移っていたことがわかる。[14]

天正十五年十二月、豊臣秀吉関東出陣という噂が流れ、北条氏は秀吉との戦いの準備を始めた。氏照も十二月二十四日、家臣の妻子を八王子城に入れる支度を命じており、八王子城を、敵を迎えるた

めの拠点として準備していたことがわかる。(15)

豊臣秀吉と北条氏の対立が避けられぬものになり、天正十八（一五九〇）年三月一日に秀吉は京都を出発。三月二十九日、豊臣軍は北条氏の西側の拠点、山中城（静岡県三島市）と韮山城（静岡県伊豆の国市）を包囲し、山中城は同日に落城させた。豊臣軍はその勢いで箱根に入り、四月四日には小田原から十〜十五町（約一〜一・五キロ）の間に布陣し、秀吉は六日に早雲寺（神奈川県箱根町）を本陣とした。このように京都を出発した豊臣軍は、わずか一ヶ月あまりで小田原城を攻撃できる体制を整えることとなった。

八王子城は、北国を領地支配している豊臣側の武将前田利家、上杉景勝を中心とした豊臣軍の攻撃を六月二十三日に受け、同日落城した。城主の氏照本隊は小田原城に参陣しており、城を守備していたのは古くから氏照に仕えていた家臣とその妻子、職業・年齢関係なく氏照領内から集められた男性、僧侶、神官などで、大半が城での戦いに不慣れな人々であった。

前田・上杉軍は八王子城攻めの前に、氏照の弟北条氏邦が守備する鉢形城を攻撃している。五月十三日、秀吉は上杉景勝に対し攻撃を命じ、六月十四日に氏邦は降伏、開城した。鉢形城の攻略には約一ヶ月という月日がかけられ、落城ではなく開城という結果に終わった。秀吉が〝前田利家の功績は大きいが、せめて一つの城は破却し、守備しているものを撫で斬りにする位のことはしてほしい〟と言っていたと親しい者から聞いたことから、利家は、八王子城は攻め手の被害を考えずに攻撃したといわれている。利家の息子前田利長の書状によると、守備側の首数三千余を取ったが、利長軍も半分は手負いや亡くなったと国元の家臣に報告している。[16] こうした経緯により、八王子城の戦いは敵味方関係なく大きな人的被害が出たのだった。

落城後は、攻め手の上杉軍が八王子にしばらく留まり、警固を行っていたが[17]、どこに駐留していたのか詳しいことはわかっていない。江戸時代になると、城として使用されていなかった八王子城は江戸幕府の御林山として管理され、その後も大規模な開発を逃れて、現在まで遺構の形状がわかるような形で残されている。

発掘調査と出土遺物

八王子城跡は昭和二十六（一九五一）年六月九日に国史跡に指定されてから、多くの人々によって守られてきた。

発掘調査が始まる前から、郷土史家によって要害地区や居館地区などに落ちていた遺物が採集されてきた。これらの遺物は八王子市郷土資料館に寄贈され、これらをもとに研究が進められてきたが、これによって八王子城の発掘調査が進む前に、戦国時代後半にどのような道具や武器類などが使用されてきたかを知る機会を得ることができた。

この時に多く採集されたのが陶磁器である。磁器は十四世紀の中国から輸入された青磁の盤、器台、酒会壺の蓋、梅瓶と、十六世紀にしてすでに骨董品の類になるもので、日常生活に用いられるというよりも持ち主の権威を示す「威信財」として所有されていたものと考えられる。

これ以外の磁器には、十六世紀後半の中国の景徳鎮窯（江西省）や漳州窯（福建省）などで焼かれ、輸入された青花皿、小坏、碗、蓋、壺、香炉などがある。皿は染付によって人物や龍、草花などが描かれたものの他に、デザインを掘り込んだ陰刻、盛り上げた陽刻の皿なども採集されており、いろいろな技法を使った意匠があることも確認された。十四世紀の青磁製品とは別に、十六世紀の竜泉窯（浙江省）で焼かれた青磁碗も採集されている。

陶器の採集も多く、瀬戸・美濃産皿、碗、天目碗、茶入や水差と思われる小壺、擂鉢、常滑産甕、壺、備前産壺、産地不明の香炉の蓋などがある。陶磁器以外の焼き物として、在地で焼かれた土師質土器の皿、風炉の脚などが採集されている。

焼き物以外として、炭化した穀類、建物の建材や釘、壁土、銭貨、半鐘片、銅・鉄製の鉄砲弾、使用されひしゃげた鉛製の鉄砲弾、大筒の鋳型、土玉、小札、鉄鏃、小柄、小粒の鉛塊、硯、分銅、雲母片などが採集されている。これらの遺物は、建物や構築物に使用されたもの、戦いとその準備に必要なもの、生活・文化に使用されたもの――などに大きく分けられる。

（1）要害地区

八王子城跡の本格的な発掘調査は昭和三十三（一九五八）年三月、東京都建設局公園緑地部主催で、後藤守一氏（明治大学名誉教授）・奥田直栄氏（学習院大学輔仁会史学部顧問）によって、要害地区の松木曲輪と小宮曲輪の間に存在する二段の曲輪の下段で行った。上段には現在、八王子市の名前の由来となった八王子神社が建っている。

調査は約四十平方メートル行い、戦国時代の遺構は確認できなかったが、約六百点の陶磁器類の破片が出土した。このうち三分の二以上の約四百六十点が中国から輸入された磁器で、うち三百三十六点が青花皿と、出土遺物の半数を占めている。その他は青花坏、青花碗、五彩皿、白磁皿、青磁皿などがある。皿や碗類以外の器種として、水や酒などの液体を入れ、坏や碗などに注ぐ磁器の水注一個体分が出土している。この水注は萬暦期（一五七三～一六二〇年）前半の景徳鎮窯で焼かれたもので、胴部の表面には龍と霊雲、注口には魚（海獣）が口を開いた文様が描かれ、把手の下部には魚の尾鰭が付けられ、文様に使われた呉須（青色）の発色も鮮やかで、意匠に凝り丁寧に作られた貴重品であったことが想像される。

磁器以外のものでは、瀬戸・美濃産皿、天目碗、擂鉢、茶入と思われる小型壺、常滑産甕、土師質土器の風炉、焼き物以外では石臼、小さな雲母片、鉄砲弾、土玉などが出土している。

要害地区の調査は、昭和三十三年以外に昭和五十五（一九八〇）年一月、東京都が公園内休憩施設増設に伴ったものがある。この調査は先の調査の北側に約五メートル離れた近接地で、約三十平方メートル行い、幅五十センチ、深さ八センチの浅い溝に区切られた場所に小礫を混ぜて固められた硬化面を確認した。遺物は先の調査とは正反対で、出土品は中国から輸入された青花皿三点、青磁片二点、瀬戸・美濃産の鉄釉壺一点、渡来銭一点と少なかった。

要害地区での調査は限られた場所と面積ではあったが、輸入された磁器の皿や碗類などの他に貴重品の水注や茶道具の出土が確認され、この地区での文化的活動を示すものとなった。

（2）根小屋地区

家臣の屋敷地や寺社などがあったとされる根小屋地区において、遺構の確認を目的に昭和五十二年から昭和六十一（一九八六）年度にかけて調査を行った。遺構は根小屋地区の中央部で確認され、掘立柱建物跡、石積みの井戸跡、竪穴状遺構、縁石を持つ道路状遺構、集石遺構などがみつかった。掘立柱建物跡は確認できたもので、根小屋地区中央部北側で二×三間が一棟と一×一間が一棟、中央部南側で二×二間が一棟の合計三棟で、これらの主軸はほぼ同一の方向であるが、それぞれの関連性についてはは現在のところはっきりとしていない。

この他に重要なものとして道路状遺構がある。道路面は平坦なたたき面状となっており、その西側に大型の長辺が長い礫を揃えて置いた縁石が認められる。縁石より西側は、西に向かって緩やかに上がる斜面地となっており、この斜面地に五～二十センチ大の礫が敷かれている。道路状遺構と西側の段差は南側に向かっていくほど高低差が大きくなり、約四十センチの差が生じている。道路状遺構上での遺物は僅かであるが、西側の平場では多く出土しており、この縁石と敷石が道路状遺構と平場との区画を表す目印となっているものと考えられる。

遺物は遺構に伴うものは少ないが、十六世紀代の多種多様なものが出土している。遺物がまとまって多く出土しているのは、根小屋地区中央部南側で確認された道路状遺構の西側部とその周辺、根小屋地区中央部北側の掘立柱建物跡二棟の周辺である。特に前者の方が出土品が多い。

この二地区のうち北側では中国から輸入された青花皿、碗、白磁皿、白磁ひだ皿、青磁碗、瀬戸・美濃産皿、天目碗、擂鉢、水滴、常滑産甕、在地産の土師質土器の皿、羽口、五輪塔、漆器片、釘、火打金、鉄滓などが出土している。

一方南側では種類が多くなっており、中国から輸入された青花皿、碗、小坏、白磁皿、青磁皿、十五世紀の青磁皿、十三から十四世紀のものと思われる青磁蓮弁文碗、瀬戸・美濃産の灰釉皿、十五世紀の灰釉瓶子、鉄釉皿、鉄釉碗、天目碗、擂鉢、小壺、常滑産の甕、十四から十五世紀のものと思われる壺、皿を転用した取鍋、在地産の土師質土器の皿、坩堝、羽口、分銅状土製品、鉄鏃、銅製の鉄砲弾、銅製の分銅、銅製の掛仏、鋲、銭貨、鉄釘、火打金、鉄滓、石臼、木製漆器椀などが出土している。

南側地区の出土品は種類が多く、八王子城があったころよりも古いもの――十四~十五世紀代の青磁製品、十五世紀の灰釉瓶子などが見られる。これらは十六世紀後半でも使用していた道具というよりも、百年以上前に海外から輸入されたものや希少品を所有していることを示すという、いわゆる威信財としての品であったと考えられる。この他、両地区とも羽口と鉄滓が、また南側では他に坩堝や陶器皿を転用した取鍋が出土している。根小屋地区は、これまで家臣団の屋敷があったといわれていたが、出土遺物からは、一部鍛冶に関わる人々がいたと考えることができる。

（3）城下・八日市（宮の前遺跡）

江戸時代の宿場町として栄えた甲州道中八王子宿はＪＲ八王子駅北東側にあり、これが現在の八王子の市街地となっている。この宿の地名として西から八幡町、八日町、横山町があるが、これらの町は江戸時代には順番に斎市が開かれ、八王子宿の基盤となっていた。こうした地名は滝山、八王子城下と考えられている場所にも存在することから、支配者の拠点が移転するごとに地名（宿）が一緒に移転したものと思われる。

八王子城の場合、居館地区に近い方から八日市、横山、八幡という順番で置かれていた。これらの場所は現在「周知の埋蔵文化財包蔵地」として扱われ、工事があると調査が行われている。八日市地区では宮の前遺跡で調査が行われ、カマドと考えられる遺構を伴う掘立柱建物跡と、その北側にこの建物跡の雨落ち溝や地下式坑が確認されている。

遺物は中国から輸入された青花皿（漳州窯）、瀬戸・美濃灰釉皿、土師質土器の鉢、鉄滓が出土している。この場所でも鉄滓が出土していることから、規模については不明であるが鍛冶関係の仕事を行っていた可能性があると考えられる。

（4）城下・横山（池の下遺跡・鍛冶屋敷遺跡）

横山は南側に城山川、北側に大沢川の支流である小河川に挟まれた河岸段丘と、その斜面地上に位置している。この地区での調査は二ヶ所で、北側斜面および河川に近い場所に位置する池の下遺跡と河岸段丘上にある鍛冶屋敷遺跡で行われている。

池の下遺跡は二×二間、二棟や一×四間、一棟の小規模の掘立柱建物跡、地下式坑、井戸跡、土坑などが確認されている。

遺物は中国から輸入された青花皿、竜泉窯青磁割画文碗、瀬戸・美濃産灰釉皿、天目碗、擂鉢、常滑産の十四世紀後半から十五世紀前半の甕と十六世紀の甕、十四世紀のこね鉢、土師質土器の皿や灯明皿、時期不明の板碑片、黒漆地の赤漆で文様が描かれた漆器、桶の底、わっぱ、銭貨などが出土している。

鍛冶屋敷遺跡は、掘立柱建物跡は見られず、溝とその中に硬化面が見られる道路状遺構、お墓と思われる土坑などが確認されている。

遺物は十三世紀の竜泉窯鎬蓮弁文青磁碗、瀬戸・美濃産灰釉皿、天目碗、銅緑釉皿、常滑産甕、土師質土器の皿、土玉、小札、小刀、ヤス（魚を突く漁具）、かぎ状の鉄製品などが出土している。

この地区では十四世紀の実用品であるこね鉢が出土していることから、一時期この場所の土地利用はあったものの、十六世紀まで連続しているものではなかったと想定される。出土遺物からみて、この遺跡は十六世紀後半のもので、八王子城下であったといえるだろう。

また漆器や木製品などが河川に近いところで出土したことの意義は大きい。これまで八王子城跡とその周辺で採集された遺物は陶磁器や金属製品といった、土による影響を受けず、腐らないものがほとんどであった。このため陶磁器や金属製品を中心とした戦国時代の様相の復元に偏っていたが、木製品や漆器などの什器を使用した復元も可能になったからである。

八日市、横山での調査では、輸入された青花皿、時期は古いものの青磁碗などを所有する人物がいたことを確認することができた。また、この地区でも根小屋地区と同様に鉄滓が出土しており、城下において鍛冶関連の仕事を行っていた者がいたことがわかった。

（5）小田野地区（小田野遺跡）

小田野地区にある小田野遺跡は八王子城跡根小屋地区の北側、元八王子丘陵から派生している舌状の台地上に位置し、北側に北浅川が流れ、当該地の東西には丘陵に入り込む谷が存在する。西側の谷中には八王子城に通じる道が存在しており、この場所は城内に出入りする者を監視できる場所に位置している。

舌状台地の北側斜面地と、東側の二ヶ所を調査し、北側では斜面地に築かれた二段の腰曲輪、東側では馬出とそれに付随する土橋、土橋の下には水が湧く水路状の遺構が確認された。

遺物は北側で中国から輸入された白磁製品、青花皿、青磁碗、瀬戸・美濃産皿、天目碗、擂鉢、常滑産甕、銅製の鉄砲弾、銭貨などが、東側では青花碗、瀬戸・美濃産灰釉皿、天目碗、瓶子（時期は不明だが、十六世紀以前のものか）、小壺、擂鉢、常滑産甕などが出土している。ここでの出土遺物のほとんどは八王子城とほぼ同時期で、皿や擂鉢、甕などの生活器具が大半を占めていることや、銅製の鉄砲弾が出土していることから、先述したように八王子城を守るための施設であるとともに、それらろう。

の人が拠点として使用できるような屋敷を置いていた恒久的な場所であった可能性が高いといえるだろう。

（6）出羽山（落越遺跡）

出羽山は落越遺跡と呼ばれる一部にあり、城下と思われる八日市の南側舟田丘陵上に位置している。江戸時代後期に書かれた地誌『新編武蔵風土記稿』では、北条氏照家臣の近藤出羽守が任せられた場所の可能性があるが詳細はわからない、としている。

遺跡の東側には丘陵に入り込む深い谷戸があり、この谷戸を利用して城下に入り込む道が存在しており、小田野地区と同様に城内に出入りする者を監視できる立地に位置している。

遺構は丘陵尾根を削平し、それによって発生した土を斜面地に盛土して平坦面を造りだしている。尾根上の平坦面には井戸と思われる遺構、東側に入口と思われる枡形状の地形がみられる。この平坦面の西側に、地形を一部掘り残した土塁状の遺構が存在する。

遺物は瀬戸・美濃産天目碗、茶入と思われる小型壺、擂鉢、土師質土器の皿、銭貨などが出土している。遺物は小田野遺跡に比べて磁器類はほとんどみられないが、天目碗や茶入と思われる小型壺などの茶道具がみられ、文化的活動が行われていた場所と考えることができる。

小田野地区と出羽山は、丘陵から派生する小台地上から城下に入る道を監視できる位置にあり、戦いの際には拠点となる場所でもあることが、遺跡の調査によって確認することができた。また、戦いのない平時においては天目碗や茶入、瓶子などを利用して、戦いを一時忘れることのできるような活動が行われていたことが想像できる。

根小屋地区及び城下とその周辺での発掘調査は多くはないが、それぞれの地点での様相がわかるような遺構や遺物が確認された。

両城で共通して出土するのは天目碗である。天目碗は喫茶に用いる碗として使用されていた。茶はもともと薬として飲用されていたが、中世においては町の中で安価で一杯売りをするようになり、一般に広まった。一方それとは別に、将軍家や大名などの儀式用だったり、大名の遊興「闘茶」(茶の産地をあてる遊び)用だったり、豪商や大名などが政治的なサロンの場として茶を嗜む茶会用だったりと、室町時代以降「茶を飲む」という行為がさまざまな場で行われていくようになった。このように茶を飲用する機会が広がり、そのための道具とりわけ天目碗は室町時代以降、多く出土するようになっていった。

また、天目碗以外には、滝山城跡周辺ではあまり出土していない青花皿や白磁皿の出土数が増えており、今まで手に入る機会が少なかったこれら海外磁器製品の供給が、八王子城に移った天正の終わり頃には増えていったと思われる。

この他、皿や碗などのような製品だけでなく、鉄滓や羽口などの生産鍛冶関連の遺物が多く出土している。八王子城が豊臣軍との戦いに備えて鍛冶職人を城下に集めていたのか、もともと職人を城下に住まわせていたのかは、これまでの調査ではわからないが、城下に家臣や商人だけではなく、職人がいたことも確認することができた。

(7)居館地区(アシダ曲輪)

居館地区は本丸がある深沢山の麓にある曲輪群で、根小屋地区の西側にアシダ曲輪、さらにその西側にある御主殿と呼ばれる二つの曲輪で形成されている。アシダ曲輪は、江戸時代前半慶安元(一六四八)年に描かれた「武州八王寺(子)古城」図によると、「アシダ蔵」と書かれ一段の曲輪で描かれている。実際のアシダ曲輪は、東側部分については三段構造の曲輪、西側は一段構造の大きい曲輪とこれに付随する腰曲輪という複雑な構造となっている。

発掘調査は東側三段構造の最上段で、中央部の東西方向に延びる幅二メートル・長さ六十メートルのトレンチを中心に、七ヶ所のトレンチを入れて行われた。この調査によって、礎石の可能性が高い石、礎石の根石と思われる石、道路状遺構、硬化面など礎石建物と思われる遺構やそれに関係する施設、多くの焼土・炭化物集中地点がみつかり、この調査地点が焼失した可能性が高いことが確認された。

七ヶ所の内一ヶ所、調査を行った三段の曲輪最上段と西側の曲輪の間に、平面が逆コの字型の通路状で断面が箱状の遺構があったため、その出口に近い部分の確認調査を行った。この遺構底部西側の壁に近いところで、礎石とそれに伴う硬化面などがみつかり、ここに門があった可能性が確認された。また焼土・炭化物集中地点があり、ここも焼失したのだろうと考えられる。

遺物は中国から輸入された青花皿、瀬戸・美濃灰釉皿、天目碗、茶入、常滑産甕、備前産掛花生、土師質の焙烙、鉄釘、砥石、雲母片などが出土している。青花皿は一部十六世紀前半から後半に作られているものがある。

今回、根小屋地区や城下ではみつかっていないものとして掛花生や雲母片がある。掛花生は壁や柱につるし、茶事の際に一輪の花を愛でるために使用されたものである。雲母片は香道で、香炉の中に灰を入れその上に雲母を敷いて香木を置き、香りを聞くために使用されていた。

他地区では天目碗、茶入は出土していたが、掛花生や雲母片の出土は見られなかった。これらの遺物は、人々が一ヶ所に集まってお茶やお香を嗜む場が持たれていたことを示す証拠といえよう。アシダ曲輪の用途を考える上での貴重な史料である。

第四章　八王子城跡御主殿の発掘

御主殿の整備と発掘調査

八王子城跡御主殿の名称は、「武州八王寺（子）古城」図に「北条陸奥守殿御主殿」と書かれていることからつけられている。発掘調査以前は一部の土塁と、入口部と思われる斜面地が残されており、樹木が生い茂っていて御主殿が本当にあったのかどうかがわからない状況であった。また御主殿以外に石垣や曲輪の一部が確認できるものの、城としてどのような部分にこれらが配置されているのか、本丸頂上までの道はあるが遺跡案内や説明板などが不十分だったりと、史跡としてわかりにくい状況であった。

こうしたことから、史跡整備を行う上でどのような遺構が土中にあるかを確認するために、発掘調査を昭和五十二（一九七七）年度から計画的に行うこととなった。当初は根小屋地区で行い、昭和六十一（一九八六）年度から、御主殿入口部と思われる場所から確認調査を開始した。翌年度以降は御主殿入口部、御主殿内部、御主殿周辺などの確認調査を行い、多くの成果を得た。平成二（一九九〇）年が八王子城落城四百年となることから、成果をもとに地域を代表する文化財として八王子城跡御主殿入口部までの整備を行うこととなった。

平成三・四年度は御主殿内部の発掘調査を行い、詳細については後述するが、多くの遺構や遺物が確認され、御主殿と呼ばれるに相応しい結果となった。この時の成果により、平成二十四（二〇一二）年度に御主殿内部の発掘状況と一部建物の床面までの復元的整備を行い、城主氏照がどのような場所で活躍をしたかがわかるようになった。御主殿内の発掘調査は、平成二十一・二十五年度と令和二（二〇二〇）年度以降継続的に行い新たな成果を得ている。

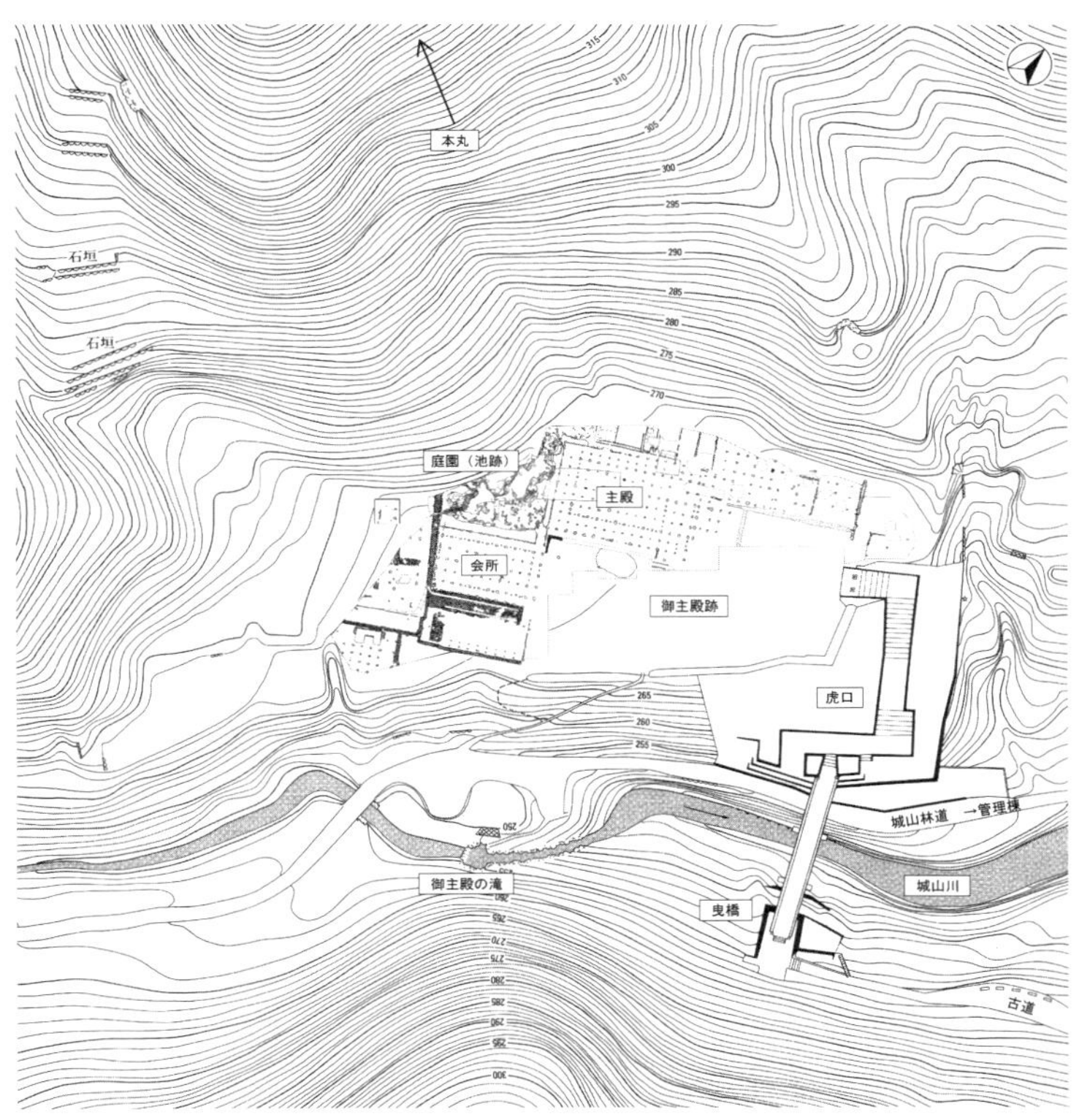

図５　八王子城跡御主殿遺構配置

御主殿入口部

「武州八王寺（子）古城」図では御主殿は、曲輪にあたる平坦部と桝形に描かれた入口部に分かれて描かれている。調査は整備の関係から、桝形に描かれている入口部について行った。調査前は樹木が生い茂り、上から流れてきたと思われる大きな石が顔を出している斜面地であった。この斜面が入口であると想像することは難しくはないが、どのような門や広場などの施設があるかについて、発掘調査を行うまではまったくわからない状況であった。調査後、この場所が御主殿の入口に相応しいということが判明した。

入口部の構造として、下と上の高低差は約九メートルあり、この差を埋めるものとして石敷きの階段が設けられている。下から六段の階段を昇り、奥行十一メートルある踊り場を経て十三段を昇り、次の踊り場で左に曲がり、さらに六段昇って御主殿に至るような構造となっていた。一段の高さは三十センチ、奥行は百十センチというかなり立派な階段である。ちなみに筆者の勤務している八王子市役所庁舎の階段は高さ十六センチ、奥行三十センチであり、左右の脚で一段ずつ交互に昇るような構造となっている。御主殿の階段はその倍の高さで、奥行も百十センチと長いため、同じように昇ることが難しい。一気に駆け上らせず、少しでも足止めできるような構造となっていることがわかる。

途中にある奥行十一メートルの大きい踊り場には、敷石より一段高くなっている石が四ヶ所認められる。これは門の礎石で、階段の途中に門が設けられていたことがわかった。四ヶ所の礎石と、この周囲の敷石がかなり被熱を受けていることから、ここの場所で火災があったこと、もともとは木造のかなりしっかりとした構造の門があったことが想像される。階段を昇り切った場所にも一ヶ所礎石が検出されたことで、御主殿の入口にも門があったことがわかり、この入口部には少なくとも二ヶ所の門が設けられていたことがわかった。

階段及び階段下の通路の両脇には、石垣による壁がある。この石垣は二十から四十センチ大の表面が平滑な自然石を、「野面積み」という方法で積み上げて造られている。石と石のあいだは十センチ大の詰石という石を入れて崩れないようにしている。階段近くの石垣には百から百二十センチ大の大きい石を複数個置き、これが鏡石のような役割をしている。通路から曲がって階段に入る角の石垣は必ず人目に入る場所にあり、百センチ大の大きい石を二個積んでいる。この他もう一ヶ所通路内に石垣の隅角部があり、やはりここも百センチ大の石を一番下に置いている。八王子城内で石垣の隅角部が残存しているのは意外と少なく、他に二ヶ所しか残されていない。その内一ヶ所は表面の一部しか現れていないので詳しい状況はわからないが、もう一ヶ所は金子曲輪と呼ばれる曲輪に続く馬蹄段に設けられたもので、四十から五十センチ大の長方形ないしは正方形の扁平な石を積み上げたものとなっている。

現在確認されている隅角部の個所数が少ないためはっきりとはいえないが、近世の城郭でみられる、長方形の石を短辺と長辺で交互に積み上げる「算木組」という方法は今のところここではみられない。このことから、それ以外の方法で、石垣の隅角部を造るという手段を八王子城はとっていると思われる。その方法の一つが、百センチという大きな石を基底において角を安定させるという工法であったと考えられ、この方法は大きな石を動かせる力を持っていることを城に来た人に見せつけられるという、いわば城主の権威を示せるものとなっている。

通路の石垣は、斜面の土砂が階段や通路内に流れ込むのを防ぎ、攻めてきた敵をより攻撃しやすい場所に誘導するための壁の役割を果たしており、また平時に御主殿を訪れた人々には、関東では珍しい石垣が使用されているという、城主の威厳を示すための装置となっている。

発掘調査前は土砂で埋まり、樹木によって鬱蒼としていた御主殿入口部であったが、発掘調査によって御主殿の名に相応しい遺構が埋まっていたことが確認された。とくに滝山城本丸虎口では多摩川の丸い河原石を使用して造られた段差の低い階段だったが、八王子城では、敵が侵入して一気に駆け上がることを許さない高さのある階段に変化したこと、石を用いない土の壁である土塁だったのも、八王子城では大きさのある石を用い、多くの労力を使って造られた石垣に替わっており、規模も滝山城の倍以上になったことを確認できた。

御主殿——主殿と会所

八王子城は落城後、城として再建されず江戸幕府の御林山として使用された。御林山とは、幕府の御用で樹木を切り出すための幕府直轄地の山である。江戸時代には、八王子城があった御林山の樹木は、炭の材料として利用された。切り出した樹木はその場で炭焼きし、炭は俵に規定量を入れて船で江戸の蔵に納めていた。八王子城のある山は高山で険しく、下草などが生えない場所なのでなかなか樹木が育たないと記録に残されており、幕府の命による炭焼きは山の保護のため頻繁には行われなかった。

明治時代になると、八王子城跡がある場所は明治政府の管轄となり保護されるようになった。このように、落城後は城として利用されず、山として管理されていたために大規模な開発が行われなかった。このため曲輪の平坦面は樹木が生い茂るが、遺構は人為的に壊されるということがほとんどない状態であった。

御主殿は東側に山に入り込む谷を利用した一種の堀状の遺構となっており、アシダ曲輪とは分離された曲輪となっている。この部分に入口部を設けて御主殿内に入るようになっている。南側は城山川が流れており、ここから来る敵を防ぐための石垣が設けられている。西側にも、回り込んで御主殿に入り込む敵を防ぐための石垣を築いている。北側は要害地区に続く急斜面の山となっている。このように御主殿の三方は石垣が築かれ、背面は山の斜面で敵の侵入を拒むような立地となっている。

御主殿内部は確認調査により、三段構造で東側が一番低く、西側に向かって高くなる階段状になっていることが現在わかっている。一部南側は東側の低い段と同じ構造で中央まで続いている。

御主殿の発掘調査は、現在までに東側の一番低い段と中央部の二段目途中まで行われている。最初に調査が行われたのが入口部に一番近い東側の段で、平成四（一九九二）、五、二十五（二〇一三）年度に行われ、二棟の大型建物跡、庭園状遺構、水路、大型建物跡に付随する雨落ち溝、大型建物跡以外の建物跡など多くの遺構が確認された。これらの中で、二棟の大型建物跡は「SB01」「SB02」と呼ばれ、大きさはそれぞれ十一×六間（二十・八六×十三・二八メートル）、十五・五×九間（二十九・四×十八メートル）で、二棟とも柱の土台として礎石を有している。確認された礎石の上には、建物が焼けた際についた跡が残されている。柱の焼け跡は比較的明瞭で、柱の大きさがわかるものであった。SB01は四寸（十二・一二センチ）、四・五寸（十三・六三五センチ）、五・五寸（十六・六六五センチ）、六寸（十八・一八センチ）、六・五寸（十九・六九五センチ）、七・五寸（二十二・七二五センチ）

角の六種類の柱が使用され、建物の中心部に七・五寸角の柱、建物南東角の建物入口部と思われる所に六・五寸角の柱が多く用いられている。ＳＢ０２はＳＢ０１と同様に細い柱は四・五寸から使用され、五・五寸、六・五寸、七・五寸の柱が使用されているが、さらに太い八・五寸（二十五・七五五センチ）、九・五寸（二十八・七八五センチ）と二寸も太い柱を、ＳＢ０１より一回り小さい建物で使用している。一番太い九・五寸の柱は建物中央部で使用され、八・五寸は建物東側、西側は六・五寸と二寸細い柱が使用されている。

柱の大きさから推定された間取りや建物の配置からみて、ＳＢ０２は政務を行った「主殿」、ＳＢ０１は来客を饗応する場所として使用された「会所」と呼ばれる建物と考えられる。また両建物は主殿の南西側角と会所の北東側角が縁側で接続するようになっている。会所については、建物の南北に雨落ち溝があるが東側には確認されていないことと、発掘調査で瓦が一枚も出土していないことから、植物を利用した切妻屋根であったと考えられる。主殿についてもやはり瓦が一枚も出土していないことから、植物材料の屋根であったと考えられる。

建物以外の遺構としては主殿の西側、会所の北側に庭園状遺構がある。この庭園状遺構は、平成四年度の調査では景石が置かれた枯山水庭園と思われていたが、平成二十五年度の調査で池の跡が確認され、池を有する庭園であることがわかった。池は二段ないしは三段の護岸石に囲まれ、この護岸のところどころに景石が置かれている。一番大きいものは高さ二百センチ、幅二百三十五センチあり、その片側に高さ百十センチ、南北幅六十センチの景石が置かれており、仏とその脇侍仏を表した「三尊石」だったと思われる。もう片方の石は護岸が崩れ、池の底に落ちていた。この一番大きい景石は、今も一部が遺構保護のための盛土におさまらず表面に見えている。池の底は北から南に向かって緩やかに傾斜し、底に粘土を貼って水を溜めるような仕組となっている。

池には会所西側から降り、三十から五十センチ大の石を敷き詰めた通路を利用して行ける仕組みとなっている。池全域を調査していないため、池の規模や水の取り入れ口、排水口など、その構造がわかるまでに至っていない。

ＳＢ０１（会所）の西側には幅百センチ深さ七十センチ、底に二十から三十センチ大の礫を敷詰め、壁は、東側が二十から三十センチ大、西側は三十から五十センチ大の自然石を石垣状に積み上げている水路「ＳＪ０１」が位置する。水路の壁は東側で七十センチ、西側で百センチを測り、西側の方が三十センチ高くなっている。この水路は会所とは平行ではなく、建物から西側に離れていくように掘られており、水路としての役目以外に、ＳＢ０２（主殿）のある区画と西側を分ける区画溝としての役目があることがわかる。この水路によって分けられた区画には、近年の調査で、石によって囲まれた囲炉裏状の遺構を内部にもつ礎石を有する建物跡が確認された。この建物跡の主軸は水路とほぼ平行に建てられており、この区画はＳＢ０２（主殿）やＳＢ０１（会所）などがある東側の区画とは役割の違うものであったと考えられる。

ここよりさらに西側に、百センチ以上高くなっている石垣が施されていた区画がみられる。ここは未調査のため、どのような用途があったかはわかっていないが、石垣がみられることから重要な区画であったことが想像できる。

御主殿の調査によって、東側は主殿や会所などの政務を行う表の場所、いわゆる「ハレ」の場であることがわかった。とりわけ北条氏の外交交渉役として活躍した氏照にとって、来客を饗応する場となる「会所」は重要な施設であった。

御主殿西側の調査はまだ一部のみで、ここが城主の生活していた場所、いわゆる「ケ」の場であるかという確認には至っていない。今後の調査によってこのような場所が御主殿にあったかどうか判明していくと思われる。

出土遺物の分布

御主殿の調査では、約七万点の遺物が調査区全域で出土した。出土した陶磁器類は完全な形のものはほとんどなく、細かい破片となっていたが、接合すると一つの個体に復元できるような状態であった。そして復元された遺物の出土位置を見てみると、一個体が遠方に散らばっているのではなく、狭い範囲でまとまって出土していた。

陶磁器類の他、出土数が多い釘や壁土などの建築部材をみてみると、建物が立っていた場所と重なるように出土が見られる。このことから、落城後の大きな片付けは行われなかったことがわかる。この他にもさまざまな遺物が出土しており、それらの出土位置を検討することによって、落城後の御主殿の様相をみることができる。

レースガラス器の発見

日本では古くからガラス製品が使用されていた。ペルシアで作られ、シルクロードを通って日本に伝わった奈良時代の正倉院白瑠璃碗や瑠璃坏などが有名である。

八王子市では尾崎町・宇津木町にある「宇津木向原遺跡」や富士見町の「富士見町遺跡」で確認された、弥生時代末期から古墳時代前期の方形周溝墓から出土した青いガラス小玉がある。ガラス小玉の中央部に穿孔があり、複数個を糸で綴って首飾りなどに使用していたと思われる。市内でのガラス製品の出土はこのガラス小玉のみで、これ以降、御主殿でのレースガラス器の出土まではみられなくなる。

図６　レースガラス器

レースガラス器は平成四、五年度の御主殿調査によって出土した。戦国時代の遺構確認面でガラス製品が出土するのは、当初、他から混じり込んだ可能性があると思われた。だが出土数が増えたうえ、戦国時代の遺構確認面の改変もみられず、被熱によって一部変形したり、丸まったりした破片があるもののそれらが一つの個体であることがわかり、戦国時代のものであることが確認された。

このレースガラス器はＳＢ０１（会所）の中央部北側寄りの場所で出土した。ここは、庭園を望むことができる、この建物の主室と考えられる部屋にあたる。このガラス器は、白いガラスと透明のガラスを螺旋模様に編み込んだガラス棒と、透明のガラス棒と白色のガラス棒を順番に並べて縦縞のレース文様を作り出したもので、この文様がレースに似ていることからレースガラス器と呼ばれている。

十四世紀にイタリアで始まったルネサンスは、十五から十六世紀にさらに発展し、ヨーロッパ各地に広まった。ベネチアもルネサンス芸術の発信地の一つとして発展した。とくにガラス製品の発展は目まぐるしく、ベネチア産のガラス製品はヨーロッパ市場の九割を占めたといわれている。レースガラス器はこの発展の中、新たな製品として十六世紀中ごろにイタリアのベネチアで作られ始めた。八王子城跡で出土したレースガラス器は成分分析の結果、ベネチア産のものであったことがわかったのだが、日本の戦国時代の城跡でレースガラス器が出土しているのは八王子城跡しかない。この他のガラス製品の出土は、八王子城跡で今のところ確認されていない。

大量の輸入磁器

御主殿の約七万点の遺物のうち、磁器が約三万八千点と半数以上の割合で出土している。これを出土数の多い順で見てみると、破片数が約三万七千点、接合して確認できた個体数は千三百七十四点で、

図7　さまざまな文様の青花皿

出土した磁器の九割以上を占めるのが皿であった。

皿の中でも一番多く出土しているのが、皿の内側に菊と牡丹の文様が描かれた「菊牡丹図皿」で、五百十四個体である。

八王子城跡で出土する磁器はすべて舶載品で、主に明代（一三六八～一六四四年）の中国からの輸入によるものである。このため皿や碗などには、明のめでたい文様が描かれている。菊と牡丹の両方とも「不老長寿」を表す。九月九日の重陽の節会で菊酒を飲んで長寿を祈願する風習があるが、それが奈良時代末から平安時代頃に日本に伝わり、その後、この風習は武家の世界でも行われるようになった。

次に多いのが内側に「団螭龍図」の文様が描かれている青花皿で、二百七十一個体である。尾が二股に分かれていて角がなく、体部の表面に鱗がない龍を「螭（みずち）」と呼び、「団」は丸まっているという意味だ。顔が人面を模したように描かれており、威厳があるというよりも愛嬌のある姿に描かれているのが特徴である。この二種類の皿は主に景徳鎮窯で焼かれたものになる。

三番目に多いのが百八十八個体ある無地の白磁皿で、四番目は八十九個体ある、内面に「菊花」文様が描かれ、粘土の質が軟質の青花皿である。この皿の大半は重ねて焼かれたようで、内面に輪状に釉薬を剥いだ跡がある。この三、四番目に多い皿は漳州窯で焼かれたもので、景徳鎮窯で焼かれたものよりも色が灰白色でやや濁ったような色合いとなっている。

これ以外は五十二個体の「鳥鹿蜂猿図」、五十個体の「草鳥図」、三十六個体の「獅子図」、二十四個体の「鶴鹿図」で、いずれも景徳鎮窯で焼かれたものだ。二十七個体の、何が描かれているか判別できない「無意匠」の丸皿と二十四個体の「無意匠」の端反皿は、漳州窯で焼かれたものである。これら以外にも個体数は少ないが、人物画や動植物などいろいろな文様が描かれた皿が出土している。いずれも直径が十一センチ（三・五寸）以上十五センチ（五寸）以下の皿である。

十一センチ以下の皿は何も描かれていない白磁皿が多く、景徳鎮窯で焼かれたものが二十二個体、漳州窯で十個体と数が少ない。内面に図柄が描かれているものは、図柄の種類は多いが、同じ図柄の個体数は十個体に満たない。十五センチ以上の皿は白磁皿で二個体、青花皿で三個体、五彩大皿で一個体とさらに数が少ない。

白磁皿や染付されている青花皿とは別に、染付の上に赤や緑、金色などでカラフルに絵付された、青花皿より手間のかかった五彩皿も出土している。これは数も種類も少なく「波地に舞鶴図」が十個体、獅子が球を転がしている「獅子滾繡球図」が十個体の計二十個体である。この他高台内以外は青く染付され、高台内に兎の文様が描かれた瑠璃釉碗が十個体出土している。これらの遺物は、今後の調査によって数が増えるかもしれないが、すべて一種類十個体という状態で出土している。

磁器の碗は出土個体数四十一で全体の割合では三％未満。瑠璃釉碗の碗に占める割合は高いことから、おそらくこれらの製品は、他のものに比べて大事に扱われていた可能性が高いと考えられる。

皿や碗以外に多いのは、四十九個体出土している坏(つき)で、白磁が三十個体、青花が十九個体と白磁のものがやや多く、これらはすべて景徳鎮窯で焼かれたものである。

白磁や青花皿のほかに磁器としては青磁がある。青磁の出土は少なく、皿は二十個体、碗が二個体であり、これらは竜泉窯で焼かれたものである。

この他の製品として青磁の鉢、盤、香炉、青白磁の梅瓶、青花の瓶、蓋、水注が出土しているが、香炉の二個体と蓋の三個体以外は単品での出土である。

実際に発掘された場所をみてみると、大半が「ＳＸ０１」と呼ばれる舶載磁器集中域での出土である。ＳＸ０１は会所の西側、御主殿の三段構造の中段に位置している。この遺構で出土しているのは、白磁の皿、坏、青花の十一から十五センチ大の皿、青花坏、瑠璃釉碗、五彩皿、青白磁の梅瓶などで、青花碗や鉢、盤、香炉などの単品が出土するのはＳＸ０１以外の場所である。「鳥鹿蜂猿図」皿や「獅子図」皿、直径十一センチ以下の小形の皿の一部はＳＸ０１だけではなく、ＳＢ０２（主殿）北側と東側の礎石建物跡で出土している。

以上のようにSX01での出土品は、十一から十五センチ大の白磁皿や、「菊牡丹図」「団螭龍図」など一つの種類で数が多い青花皿、五彩皿、瑠璃釉碗、青花坏などであり、水注、青白磁の香炉、青磁の鉢や盤など単品ないしは数が少ないものはほとんどない。つまり一つの器種で一定以上の数が揃っている製品が、このSX01に集められていたと考えることができる。このことから、これらの製品は儀式や饗応などで、大量に同じ器種や大きさのものが必要になったときに使用されたものと考えられる。

国産陶器の数々

陶器は国産の製品が主体であるが、数は少ないが輸入品も出土している。輸入品の陶器は皿が一個体、碗が一個体、瓶が三個体、壺が一個体、甕が一個体の五種七個体になる。皿は内外面に青釉が掛けられ、高台内に「福」という文字が陽刻されており、華南系の窯で焼かれたものである。この青釉皿と同じものは、京都府長岡市の勝龍寺城跡や大友氏館正門前の御所小路前跡（大分県大分市）で出土している。碗と瓶と壺は朝鮮・李朝の製品で、三個体出土している瓶は胴部に最大の膨らみをもち、国産の陶器に比べて厚みがなく、衝撃を与えると簡単に割れるような薄手の製品だが精巧に作られている。また平成二十一（二〇〇九）年度の調査で、八王子城跡では初めての東南アジア産の甕の破片が出土している。磁器に比べると明からの陶器の出土数は少なく一個体一種類のみで、磁器ではみられなかった李朝や東南アジアの製品がみられる。

国産陶器は製品にかかる釉薬の種類と有無によって分類される。御主殿出土の製品は緑色ないしは黄色の釉薬がかかる灰釉、茶色ないしは黒色の釉薬がかかる鉄釉、釉薬がかかっていない焼き締めたままの製品になる。この中に入らないものも少数あるが、御主殿で出土した遺物はほぼこの範疇におさまる。

灰釉製品の大半は皿で百二個体、碗が三個体で、小壺、香炉、建水、卸皿が各一個体出土している。瀬戸・美濃産が大半であるが、碗が二個体、静岡県の志戸呂産と佐賀県の唐津産のものがみられる。瀬戸・美濃産の皿は口径が十から十一センチ大で三・五寸を基準とした大きさの丸皿であるが、口縁部分を花弁状にした菊花風の皿が一部ある。

鉄釉製品は、やはり灰釉製品同様に百十四個体と皿が多く出土している。次に多いのが天目碗の六十二個体、以下小壺二十二個体、瓶二十一個体と続く。この他、一種類で少数のみの出土が灯明皿、小型天目碗、丸碗、平碗、小坏、水注、鉄漿壺、花器、壺、甕、合子、大皿、魚形皿、片口などである。鉄釉皿は瀬戸・美濃産が七十一個体と多いが、残り四十一個体は静岡県の初山窯のもので、瀬戸・美濃産に偏ってはいない。天目碗は反対に瀬戸・美濃産が五十九個体、残り三個体が初山窯で瀬戸・美濃産が主体となっている。これ以外の製品は、すべて瀬戸・美濃産である。

釉薬を施さず焼き締めた陶器は、全体の個数としては百十個体と少ないが、甕や壺など一個体が大きいものもあり、磁器や釉薬がかかった陶器に比べて存在感があるものとなっている。このことから、戦国時代でも甕や壺などを置くための場所を多くとっていたことを窺い知ることができる。この中で一番個体数が多かったのが擂鉢で四十三個体である。次に多いのが壺で二十六個体、大皿が二十二個体、甕が十七個体となっている。他は個体数が少なく、瓶が二個体で、残りは一個体しか出土していない建水、水注、花器、鉢などだ。

　数量の多い順から産地を見ていくと、擂鉢は三十三個体が瀬戸・美濃産で、六個体が志戸呂産、四個体が備前産である。壺は二十三個体が常滑産で、備前産が二個体、信楽（滋賀県）産が一個体になる。大皿は十二個体が瀬戸・美濃産、九個体が志戸呂産、初山（静岡県）産が一個体になる。甕は十七個体すべてが常滑産である。少数しか出土していない器種は建水が瀬戸・美濃産、水注が信楽産、瓶、花器、鉢が備前産である。

　焼き締め陶器は施釉陶器と同様に多種多様な製品が作られている瀬戸・美濃産のものが多いが、大型の製品である壺や甕は常滑産が主体を占めている。茶道具として使用される水指や茶壺は信楽産、花器は備前産と、特定の産地の製品が使用されている。

　このように、皿や碗、小坏などの小型製品などは瀬戸・美濃産とその周辺の初山産や志戸呂産、甕や壺などの大型製品は常滑産の製品が多く使用されている。

　陶器の出土分布状況を見ると、大半がＳＸ０１でまとまって出土しているわけではなく、同じ製品でも、例えば灰釉皿であれば、ＳＢ０１（会所）の建物の南側や西側で、鉄釉皿はＳＢ０２（主殿）の建物内と、出土位置が異なっている。大型製品である焼き締め陶器の壺や甕、擂鉢、花器や茶器の一部などはSB02（主殿）の北側で出土している。この陶器の分布については、今の段階では詳しいことはいえないが、壺や甕などの大型製品や花器・茶器などの一部の製品の置き場所については、SB02（主殿）の北側であったことがいえる。

土師質土器

土師質土器は縄文土器から続いている、釉薬を施さない素焼きの焼き物のことをいう。御主殿でも土師質土器は多数出土しているが、その多くは「かわらけ」と呼ばれる儀式に用いることが多い皿で、一部は口縁部にタールが付着しており、灯明皿として使用されたものもある。この皿は確認できたものので約五百個体あり、破片となって復元できないものも含めると千個体はあったと思われる。皿を口径の大きさで分けると、九から十センチ前後の三寸、十二から十三センチ前後の四寸、十五センチ前後の五寸の三種類がある。また、高さが二センチ前後と三センチ前後のものとに分けることができ、また製作方法ではロクロによって成形されたものと、ロクロを使用せず手でこねる「手づくね」という方法で成形されたものとに分類することができる。

出土品のうち、十二から十三センチで高さが二センチ、ロクロ成形された皿が大半を占めている。これらは小田原で作られた土師質土器の皿を模倣して作られたもので、高さが低い皿は他の北条一族の拠点となる城でも出土している。口径が十五センチの大形で高さが二センチ、手づくねで作られた皿が数点出土しているが、これは小田原で作られて御主殿に持ち込まれたものである。

このように、皿は在地で作られたものであるが、御主殿で使用するものは、小田原で作られたものを模倣したり、小田原で作られたものを持ち込んだりしている。また、破片で大きさを復元することができなかったが、黒漆を塗り、その上に金箔を貼った皿が出土している。金箔を貼った皿は「金箔かわらけ」とも呼ばれ、高貴な人や高官のための儀式、祝いの際に使用され、一度使用したら破壊して廃棄するものであったといわれている。確認されているものとしては九州の大友氏の府内「御蔵場」から出土し、大友氏が残した記録にも残る金箔からわけがある。この使用方法が珍しかったのか、ポルトガル人のイエズス会宣教師ジョアン・ロドリーゲスは日記に記録している(18)。

土師質土器は皿以外に十一個体の浅鉢形製品、十個体の焙烙、七個体の壺、五個体の風炉、二個体の碗、筒形の器、深鉢形製品などがある。また特殊な製品として、角型の脚がついている浅鉢がある。これは盆栽や名物などを載せる盆として使用したと思われる。さらに茶釜をのせて炭をくべ、湯を沸かす道具である風炉が五個体もあり、生活用品としてだけではなく、文化的な活動の道具としても使用されていたことがわかる。

土師質土器の出土地点は、皿がＳＢ０１（会所）の建物内部の南側と東側、ＳＢ０２（主殿）東側で確認された建物ＳＢ０５の内部でまとまって出土しているが、ＳＸ０１とその周辺ではほとんど出土しておらず、磁器の出土範囲とは重ならない。風炉や盆として使用された浅鉢はＳＢ０２（主殿）の北側で大半が出土しており、常滑産の壺や甕、花器や茶器などと重なる。

土師質土器は皿が多く作られ使用されている。皿は、その地域ごとに発展した形状を持つものが使用されるが、御主殿では小田原で使用されている形状のものを使用している。これは城主氏照が北条一門として、小田原の慣習を取り入れたものと考えられる。

銅製品

陶磁器や土器の他にも、戦国時代の様相がわかる遺物が数多く出土している。とりわけ金属製品と鍛冶関連の遺物についてみてみたい。

金属製品は銅製品と鉄製品に分けられる。まず銅製品については、明代やその前の時代に作られ、輸入された銅貨が多くみられる。戦国時代の日本では、足利幕府による銭貨の発行はなく、古代に作られた銭貨や中国で作られた銭貨を輸入して日本国内で使用していた。これらの銭貨は、商品取引に便利な道具であったり、労働対価としての賃金であったりと広く浸透していたが、幕府の政治的な信用によって流通していたわけではなく、経済活動の中で必要なものとして使用されていたにすぎない。しかし、通貨として流通しているうちに、欠けたり摩耗して小さくなったりなどして貨幣としての価値が低くなり、銭貨一枚としての取引は次第に行われなくなっていった。

北条氏は所領を家臣にあてがう際に、土地の収穫量を表し、それを領地としてあてがう「石高制」ではなく、その土地の収穫高を通貨に換算する「貫高制」という方法を採用しており、銭貨の質による取引は大きな損失となるものであった。

明応九（一五〇〇）年、室町幕府は粗悪な銭である悪銭の流通や、明が鋳造した欠けや割れなどがない「永楽通宝」「洪武通宝」「宣徳通宝」のみを選んで使用することを禁止する撰銭令を出したが、なかなか守られることはなかった。北条氏も永禄元（一五五八）年、欠けたり割れたり、つぶれているものは地悪銭として百文中二十文までは使用を許すが、それ以上使用する行為は不法とした。[19]織田信長はさらに、永楽通宝や洪武通宝の明銭を基準として、宣徳、やけ銭、大欠、割れ、磨り、うちひらめなど種類ごとの価値を決めて通用させるようになった。これにより永楽通宝の貨幣としての価値は高まっていった。

御主殿では、文字が判読できるものでは二百七十一点の銅銭が出土している。北宋銭（十八種類）が一番多く百三十五点、明銭が六十四点（三種類）と続く。一番多い銭種は明銭の永楽通宝で四十五点となる。これは新しい時代の銭貨ということもあるが、先述したように精銭（良質の銭貨）として選別されていた可能性が考えられる。また数は少ないが、高麗の「東国通宝」、李朝の「朝鮮通宝」、琉球の「大世通宝」といった珍しい銭貨も混ざっていた。文字が判読できないものは銭貨同士が熱によって溶着していたり、細かい破片となったりしているためである。

銭貨以外に特殊な銅製品として、半鐘の破片が十八点出土している。天正十六（一五八八）年正月五日付で、氏照領内の寺社に対して鐘の徴発を要請する文書が三点残されており、[20]たくさんの鐘が戦いのために集められた。出土した半鐘片は、この際に徴発した鐘の可能性があると考えられる。文書には、戦いに勝ったら新しい鐘を鋳造して寺社に奉納する、という約束が書かれていたが、豊臣との戦いで負けた北条側の責任者の一人として氏照は切腹してしまい、この約束が果たされることはなかった。

出土した半鐘が何に使われたのかを調べるため、半鐘片や他の銅製品である銭貨、銅製の鉄砲弾の成分分析を行った[21]。そこでわかったのは、鉄砲弾は溶かした半鐘だけが原材料なのではなく、半鐘片と銭貨を溶かした合金も使われていたということだった。また銅製の鉄砲弾は、日本産一個を除き、中国華南で採れる銅が使用されていることもわかった。つまり、半鐘も華南から輸入された銅が用いられていたことが判明したのである。銅は日本でも産出し、製品が作られているが、御主殿で戦いに準備された鉄砲弾に中国華南の銅が使用されていたことは、科学分析を行うまでわからなかった。

出土状況を見ると、銭貨や半鐘片はＳＸ０１とその周辺で出土している。割れた磁器の断面や表面に銅が熱によって溶け付着しているものがみられることから、銭貨や半鐘片は割られた磁器製品とともにＳＸ０１に集められ、落城時の火災によって銅が磁器に付着したと思われる。

文書の存在で寺社の鐘が集められていたことはわかっていたが、これがどのように使われたかについてはわかっていなかった。発掘調査によってその一部が御主殿で出土したことは大きな成果であった。また、その後に行った科学分析によって、流通で利用する銭貨もあわせて鉄砲弾を作り戦いの準備をしていたことが判明し、このことは、豊臣軍との戦いが氏照にとって持てる力をすべて注ぐべき畢生の大仕事だったことを示している。

鉄製品と鍛冶関連遺物

銅製の鉄砲弾以外に、鉄製の鉄砲弾も出土している。鉄製の鉄砲弾は直径九センチから三十センチのものが四百五十点、三十三センチのものが三点出土している。三十三センチの鉄砲弾は大筒と呼ばれるものである。実物は御主殿では出土していないが、三十八センチから四十四センチ大の大筒の弾を製作できる鋳型が複数個出土している。このことから、八王子城で大筒が使用されていた可能性を窺うことができる。

鉄砲弾の出土は、御主殿で戦いが行われることを想定して備蓄されていたものと考えることができる。御主殿で出土した大筒の弾の鋳型によって、御主殿で鉄を溶かし、鋳型に鉄を流し込んで製作していたことが考えられる。実際に鉄関連の遺物はＳＢ０１（会所）の南側とＳＢ０２（主殿）の北側で鉄を精製する際に出る鉄滓や鉄塊、鉄板、鉄粒などがまとまって出土しており、この二ヶ所で鉄の精製を行っていたと思われる。ただし鋳型については入口部及び御主殿東側で出土していることから、鉄の精製と鉄砲弾の鋳造は異なった場所で行われたと考えられる。なぜ同一の場所ではなかったのか、鉄の精製がなぜ二ヶ所で行われていたのかの解明が、今後の課題といえる。

御主殿は本来、政務や来客の饗応、北条氏の家臣として執り行う行事などを行う場所として造られた重要な場所である。しかし、豊臣軍との戦いにおいては、城として最も重要な御主殿であろうとも、武器を作るために職人を配置し、実際に製造させるほどに、北条氏が命運をかけていたことがみえてくる。

図８　武具・武器

石製品

八王子城では御主殿の入口部の階段や石垣などに多くの石が用いられているが、製品として出土しているものは種類が少ない。多く出土しているのは石臼である。石臼は用途によって使う石材が異なっており、穀類を挽いて粉にする石臼と、茶葉を挽いて抹茶にする茶臼がある。御主殿では炭化した穀類として米や麦が多く出土しており、麦を挽いて粉にして料理に使ったと考えられる。穀類を挽いた石臼は砂岩で、おそらくは多摩地域産の石材であり、茶臼の原材料である安山岩は八王子城周辺では産出しない石材であり、小田原産のものである。

茶臼は茶葉を細かく挽くために、目の細かい石でできた上臼と下臼という二つの臼を使う。下臼には挽いた抹茶を溜めるための受皿がついており、大きさと重量がかさばるものとなる。重量のある臼をわざわざ小田原から持ち込み茶道具として使用していたことから、茶葉を御主殿に持ち込んで抹茶にしていたことがわかる。

戦国時代は筆、墨、硯を使用して他の大名に送る書状を書いたり、記録を書き残したりしていた。筆や墨は火災の際に燃えた可能性が高く、発掘調査では出土していないが、硯は石製品のため燃えずに残っている。十四点大小さまざまな大きさの硯が出土しているが、この内の二点は石質がやや異なっており、中国産の可能性がある。陶磁器や銭貨など海外製品なのがわかりやすいものだけではなく、海外製品とわかりにくい文房具の硯も御主殿に持ち込まれていたことが発掘調査によってわかり、現代でも文房具にこだわっている人がいるように、戦国時代の人も使用頻度が高い文房具にこだわりがあったと思われる。

動物や貝類などの遺物

御主殿では陶磁器や金属・石製品などの他に、わずかではあるが動物や貝類などの遺物が出土している。貝類は御主殿内部ではなく、御主殿東側の石垣根石に近い崩落土の中から出土している。これらが御主殿から廃棄されたものかどうかは発掘調査ではわからなかったが、出土した地点と土の状況からみて戦国時代のものであることは確認できた。

出土した貝類には、今では高級食材であるクロアワビ四十点、サザエ五点、ハマグリ三十点、アカニシ十六点とともに、数は一点だがツメタガイ、シオフキガイ、ヤマトシジミなどがある。これらの一点しか出土していない貝は、アワビやサザエなどに比べると味が落ちるものである。

八王子城がある多摩地域には海がなく、江戸湾（東京湾）もしくは相模湾まで行かなくてはこれらの貝を採ることはできない。街道が整備された江戸時代でも、甲州道中を徒歩で江戸から八王子まで行くのに半日かかったという。戦国時代でもおそらく徒歩で半日以上はかかったと思われ、貝を採ってから八王子城に持ち込むまでどの様な手段でどの位の時間を要したかの解明は今後の課題である。

アワビは饗応の際に用いられるが、生のものは「貝アワビ」といって貝殻付で出されるのが通例で[22]、出土したクロアワビの貝殻も貝アワビとして出されたものと考えられる。アワビは船を所有している舟役の代金に充てられ、アワビ一個の金額は三文になる。海産物で一番高価なのが一尺五寸（約四十五センチ）の大きさの鯛で三十文である。鯛は大きさによって値段が異なり一尺（約三十センチ）で十五文、六から七寸（約十八から二十一センチ）の大きさで十文になる。他の魚ではイナダが五文、生干カツオが十二文で、安い魚は二匹で一文のイワシや、大アジで二文となる[23]。現在アワビは高級品として扱われているが、戦国時代には大アジやイワシなどの大衆魚に近い値段で取り扱われていたことがわかる。

八王子城に貝というすぐには傷まない海産物が運びこまれたことが確認された。これは山の中でも何らかの交通手段をもって、海のものが運び込まれたという証左であるといえる。

本来あったと思われる製品、なかった製品とその生産地

御主殿では約七万点という遺物が出土し、戦国時代の様相を伝えてくれている。しかし、考古学では土の中から出土したものを中心にみていくために限界がある。木製品や革製品、織物などの製品は、土の中で腐敗してしまい残りにくい。さらに御主殿は火災の影響も受けて焼失しているものも多く、これらの遺物は残りにくい。だが、発掘された遺物からこれらのものを推測することができる場合がある。

北条氏照の文化的活動を知る遺物として、香炉と雲母片がある。御主殿で出土した香炉は小型のもので、足利将軍や武家社会で盛んだった香道で用いる大きさのものである。香道は戦国時代、多くの大名が嗜んでおり、香炉の他に珍しいものでは、越前の一乗谷で香木の香りを鑑賞する「聞香」で使われる木の札が出土している(24)。

香道で使用する香木は、沈香、沈香の高級品である伽羅、白檀などがあり、有名な香木として織田信長が正倉院の御物から切り出した「蘭奢待」がある。沈香や白檀はインドシナ半島、白檀はインドネシアやインドなど東南アジア原産の植物からとれる香木で、輸入によって日本にもたらされていた。発掘調査では香木は見つかっていないが、青磁の香炉が二点、灰釉が施された香炉が一点、緑釉が施された香炉が一点と合計四点の香炉が出土している。また要害地区でも地表で採集された香炉があり、御主殿以外にも香炉があったことが確認されている。香炉を飾りとして棚や机などに置いていたかもしれないが、実際に香炉を使用し、いろいろな種類の香木も保管されていたと考えられる。

同じ用途で使われているが材料が異なるのが鉄砲弾である。御主殿で一番多く出土しているのは鉄製で、次に多いのが銅製である。御主殿以外で表面採集された鉄砲弾も大半が鉄製や銅製である。弾を作るのに加工がしやすく、発射した際に鉄砲を傷めないのが鉛製の鉄砲弾なのだが、これは要害地区の金子曲輪で、潰れてひしゃげたものが見つかったのみである。これが攻め手の豊臣軍のものなのか守り手の北条軍のものなのかはわかっていない。

御主殿で出土した鉄製の鉄砲弾を観察すると、鋳型から鉄がはみ出したときにできるバリや、注ぎ口に残された鉄や銅が弾に付いたままの未使用のものがある。このことから、出土した銅製や鉄製の弾は八王子城を守備する北条軍が使用しようとしていたものと考えられる。

戦国時代の鉄砲弾の出土状況をみてみると、西国の城や館、寺などから出土したものは鉛製で、東国のように銅製や鉄製は確認されていない。西国の鉛弾の産地を科学分析すると、国産の鉛とともに中国華南、朝鮮、タイから産出する鉛を使用していた。西国では銀とともに鉛を産出する鉱山があり、国産の鉛を手に入れやすかったうえに、海外で産出した鉛を手に入れやすい状況だったことが分析によってわかってきた[25]。北条氏領内でも鉛砂を産出していたことがわかっているが[26]、これが鉄砲弾に使用されたかどうかは不明である。なぜ東国では海外産の鉛を西国と同様に入手することができなかったのかについては今後の検討課題となろう。

出土遺物の生産地と移動

小田原合戦があった天正十八（一五九〇）年の段階では、日本で磁器を焼成することはできなかった。日本で磁器が焼成されるのは、豊臣秀吉によって起こされた文禄・慶長の役（一五九二〜一五九三・一五九七〜一五九八）で朝鮮半島から連れて来られた李参平が、有田で磁器の材料となる白磁石を見つけたことから始まったとされ、江戸時代には磁器が普及していった。このため、八王子城で出土する磁器は国産ではなく、すべて輸入品となる。

御主殿で出土した磁器は、青磁製品は竜泉窯、青花製品や白磁製品は景徳鎮窯と漳州窯の三ヶ所のものであり、大量に出土した青花の菊牡丹図皿や団螭龍図皿、菊花図皿など同じ図柄の製品や白磁皿の同一規格の製品などは、一括して八王子城に持ち込まれたものと思われる。

陶器は輸入品と国産品があるが、大半が国産品である。僅かに出土している輸入品の生産地をみてみると、磁器とは異なり中国のみならず、李朝（朝鮮半島）の碗や壺、東南アジアの甕がある。中国製品では華南産の青釉が施された皿が出土しているが、これらは大量に持ち込まれた磁器の皿とは違い、出土個体数は少ない。

国産品の皿や碗、大皿、擂鉢などの食器や調理用の道具類は、瀬戸・美濃産及びその周辺の初山産や志戸呂産の製品が主体で、壺や甕などの大型製品は常滑産が多く、一部備前産や信楽産があり、製品による産地の違いが見られる。しかし、茶器や花器などの日常生活では使用しない特殊な道具に関しては、瀬戸・美濃産の他に信楽産や備前産など多くの産地がある。ただし茶器でも天目碗に関しては六十二個体全部が、瀬戸・美濃産とその周辺の産地である初山産のものしか見られず、他地域産の製品や海外産のものは出土していない。

御主殿で一番多く出土した器種である皿は、年始や節句ごとに行われる儀式の際の宴の膳に供されるものである。儀式の重要度によって多くの料理が出されるため、たくさんの皿が必要になってくる。国産陶器の灰釉の緑色、鉄釉の茶色、出土はしていないが漆器の赤や黒、磁器の白に絵柄の青と、多くの色が料理を引き立たせたと思われる。特に日本で作られていない白磁や青花の白色の珍しさは、宴に招かれた人の目を引き、北条氏照の財力を示したことだろう。

皿以外に天目碗も多く出土している。これは草庵で行われた侘茶で使われたというよりも、室町時代中期から末期にかけて幕府や将軍周辺で行われていた、天目碗にあらかじめ抹茶を点てて台に置き、それを集まった客に運んで飲ませる「武家殿中の茶」で使用されていたものと思われる。[27] 北条氏照がこうした武家の儀式を行ったという史料は残されていないが、出土した遺物の量や種類、北条氏が室町幕府に仕えた伊勢氏の出ということから、武家の作法に則った儀式を行っていた可能性が考えられる。

施釉された陶器とは別の焼き締め陶器は、先述したように大型製品で常滑産や備前産のものが八王子城に持ち込まれている。戦国時代の壺や甕の生産地は八王子城御主殿で出土した常滑や備前の他に、日本海側にある越前（福井県）の越前焼や能登（石川県）の珠洲焼などが有名である。しかし、これらの製品は日本海側及び北海道での出土[28]が大半で、太平洋側にある八王子城での出土は今のところない。

『一遍聖絵』には、備前国福岡（岡山県）に立った市で、川の隣に甕が大量に並び簡単な屋根が掛けられている場面がある。ここから、船によって運ばれた商品が運搬に便利な川近くに置かれ、また買われた商品は船によってすぐに運び出され、運搬の労力をかけなくて済んだということ、そして屋根を掛けて商品の破損を防いでいたことが見て取れる。大型製品の関東への持ち込みは、船によるものだったと考えることができよう。

日本海側の大型製品の関東での出土が今のところ見られないのは、日本海側で作られた大型製品を大量に関東まで持ち込むことが難しかったためと考えられる。山を越えて運搬する難しさと、常滑や備前などの太平洋側の製品との競合、津軽海峡を経て太平洋を南下し、今でも危険な房総沖を経て商品を運ぶという困難があったと思われる。逆に遠方の東南アジア産甕や李朝の壺が八王子城で出土していることからは、日本海側を経ない関東への製品交易ルートを想定することができる。このように生産地とその流通を考えると、多くの商品が船によって運ばれていたといえるだろう。

北条氏の船の使用

実際北条氏は領内でどのような形をした船を用い、運用していたのだろうか。

北条氏の船に関する史料として一番古いものは天文十（一五四一）年六月六日付の朱印状(29)で、人と荷駄の運搬について書かれている。これ以降も荷駄や人の運搬に多く用いられ、商船も使用して兵糧を運搬している(30)。この他、敵や海賊などと戦うために使用している。変わった船の使い方として、何艘も集めた船と船を綱で固定し、兵や荷物を運ぶ船橋として使用している例もある。船橋を架けるために幹回りが七から八寸（二十一から二十四センチ）の竹や綱などを郷村から買い取っている。このように北条氏は、船をさまざまな用途で用いていたことが史料からわかる。

船の種類としては、荷物や人を運ぶ船とは別の用途の船がみられる。史料でみると「鮫追船」[31]や「網船」[32]、「大船」[33]、「四板船」[34]と呼ばれる船が確認である。これらの船の詳しいことはわからないが、「鮫追船」は名前のとおり鮫などの大型魚類を捕獲するための漁船、「網船」は魚を採るための網を使用する漁船、「大船」は大型船、「四板船」は板に囲まれた船と考えることができ、漁船や軍船などがあったことがわかる。また商船は、船が所属する地域の名をとって「伊勢船」「駿州船」などと呼ばれていた。漁船や荷物運搬用の船などを所有する漁師や郷村などには船役があり、北条氏のために船で荷物や人を運搬したり、船の乗員として働くこととなっている。

船を使用していると嵐や戦いなどにより座礁したり、破損したりして近くの湊に寄ることがある。北条氏領内で座礁した船についての史料が残されている。天文十八（一五四九）年のものと思われる史料では、伊豆奥御蔵島（東京都）で破損した筑紫薩摩船が流れ着き、その積荷を領内の大社修理に使用したとする。その積荷の一部唐紙百枚、竹布五端を武蔵国六所（東京都府中市）に寄進した、というものだ[35]。北条氏にはこのような船の取り決めは史料として残されていないが、隣国の駿河・遠江両国を支配していた今川氏では、大永六年（一五二六）四月十四日に今川氏親から出された家法「今川仮名目録」に、駿河・遠江両国の浦に流れついた船について、船主がいる場合は船主に返し、船主がいない場合は壊れた寺社の修理に充てるということが明記されている。[36] 北条氏もこれと同様の取り決めがあったと思われ、先のような対応がなされたのであろう。

戦国時代、瀬戸内に多くの船が往来していたように、関東にもさまざまな用途を持った船が往来し、活躍していたのである。そして北条氏領内の船は海だけではなく、河川でも荷物の運搬に利用されていた。

八王子城跡から見た海外とのつながり

東京都の西郊に位置している八王子市西部は関東山地東端に位置し、八王子城跡から江戸湾（東京湾）まで直線距離で約四十四キロ、北条氏の拠点である相模湾に面した小田原城で約四十五キロと、海から離れた場所にある。山城の八王子城跡で、海を想像することはかなり難しい。だが今回、北条氏照の居城であった八王子城跡や滝山城跡と、それぞれの城下があったと考えられる周辺遺跡の発掘調査成果から、当時の様相とともに多くの輸入製品がみられ、海外世界とのつながりがみえてくるようになった。

八王子城跡御主殿で出土した約七万点の遺物の半分は中国から輸入された製品で、詳しい交易ルートはわからないが、船によって運ばれ八王子城に持ち込まれている。ベネチア産レースガラス器も遠いイタリアから御主殿に持ち込まれている。

ベネチア産のガラスは、豊後（大分県）の「大友氏遺跡」と館周辺の「府内遺跡」で透明のガラス皿や、緑色に黄色の線が施されたガラス容器が、越前（福井県）一乗谷からは透明のリブ付装飾ガラス容器と紫色のガラス皿が出土している[37]。大友氏遺跡はキリシタン大名として有名な大友宗麟の館とその城下があった遺跡で、早くから海外と交流のあった場所でもある。

大友氏は室町時代から続く家柄で、大友家で行われていた儀式を書き記した『年中作法日記』という、戦国時代の一年間に行われた行事がわかる資料が残されている。大友氏は織田信長や豊臣秀吉など武勇に優れた戦国大名というよりも、室町時代の武家の儀式に明るく海外との経済活動に優れた大名であった。同じく越前の朝倉氏も武家の儀式に明るく、日本海側の経済活動の拠点の一つとなっている越前の守護で、大友氏同様に経済活動を主体とした大名であった。

図９　関東河川と城

北条氏も大友氏や朝倉氏同様に、幕府に仕えた伊勢氏の一族として武家の儀式には詳しい。北条氏が参加した武家の儀式で記録に残されているものとして、天文二十四（一五五五）年十一月二十二日に古河公方・足利義氏の元服式があり、北条氏当主である北条氏康が義氏の後見として参加している。この儀式には前述のように元服前の北条氏照（藤菊丸）も参加しており[38]、この経験は儀礼に必要な空間や道具などを体感するものであった。さらに氏照の北条氏の中の立場などが、儀式で使用する道具である皿や香炉など、文化的活動に必要な道具の確保につながり、御主殿で出土した多くの遺物がそのためのものだったと思われる。しかし、ベネチア産レースガラス器の入手については史料が残されておらず、どのような経緯でイタリアから八王子城まで渡ってきたのかは謎である。

日本には古代からいろいろな文物が中国や朝鮮半島から伝わり、新しい文化として根付いてきた。主なものとして八王子では、古代に銅や鉄が伝わって農業が発展し、中世には青磁や茶がもたらされて新しい文化が生まれた。天文十二（一五四三）年八月、種子島（鹿児島県）に船が漂着し、鉄砲という新しい武器が海外からもたらされたが、豊臣氏と北条氏の戦いである小田原合戦があった天正十八（一五九〇）年には、鉄砲はすでに主要な武器の一つであり、八王子城では御主殿という一番重要な場所で鉄砲の弾づくりが行われるまでに浸透していた。そして弾の原料の鉛を海外から大量に手に入れていた豊臣軍と、鉛を手に入れることが難しく銅や鉄を使用していた北条軍という違いがあり、ここでも海外とのつながりをみることができる。

御主殿で出土した遺物のうち、海外からの輸入品は船で日本に運ばれただろうと容易に想像できるが、それ以外にも常滑産や備前産などの大きな製品や、同じ規格の大量の皿や碗などが、船で運ばれていたと考えられる。そして史料にみられるように、船を用いて物や人の運搬が行われており、私たちが思う以上に船の使用は多かったはずである。八王子城御主殿麓には、多摩川の支流の浅川の、さらに支流の城山川が流れている。この川は江戸湾（東京湾）、そして相模湾に面している北条氏の居城小田原城まで続いており、さらには海外世界につながっていたのである。

〈注〉

(1)『新八王子市史　資料編2　中世』八王子市、二〇一四年　455号文書
(2)前掲書　457号文書
(3)前掲書　471号文書
(4)前掲書　564号文書
(5)前掲書　1026号文書
(6)前掲書　728号文書
(7)前掲書　567号文書
(8)前掲書　994号文書
(9)前掲書　1122号文書
(10)前掲書　615号文書
(11)前掲書　619号・620号文書
(12)『戦国遺文　後北条氏編2』東京堂出版、一九九〇年　1570号文書
(13)『新八王子市史　資料編2　中世』　847号文書
(14)前掲書　1026号文書
(15)前掲書　1015号文書
(16)前掲書　1102号文書

(17) 前掲書　1142号文書

(18) 大友館研究会『戦国大名大友家の年中行事と館』東京堂出版、二〇二二年　※この他金箔かわらけについては宣教師ジョアン・ロドリーゲス『日本教会史』（岩波書店）にも記述がみられる。

(19)『戦国遺文　後北条氏編1』東京堂出版、一九八九年　580号文書

(20)『新八王子市史　資料編2中世』1018号・1019号・1020号文書

(21) 三浦麻衣子「鉄砲玉の科学分析」『考古学と中世史シンポジウム　考古学と中世史研究　資料集』考古学と中世史研究会、二〇二三年十月

(22)「貞丈雑記」『新訂増補　故実叢書16』明治図書出版、一九五二年

(23)『戦国遺文　後北条氏編1』　622号文書

(24)『記念特別展　戦国城下町研究の最前線』福井県立一乗谷朝倉氏遺跡資料館、二〇〇一年

(25) 三涓麻衣子「鉄砲玉の科学分析」『考古学と中世史ジンポジウム　考古学と中世史研究　資料集』考古学と中世史研究会、二〇二三年十月

(26)『戦国遺文　後北条氏編3』東京堂出版、一九九一年　2590号文書

(27) 二木謙一『中世武家の作法』吉川弘文館、一九九九年

(28)『第9回企画展　海のネットワーク日本海交易と一乗谷』福井県立一乗谷朝倉氏遺跡資料館、一九九六年

(29)『戦国遺文　後北条氏編1』　181号文書

(30) 前掲書、682号文書

(31)『戦国遺文　後北条氏編3』　2278号文書

(32)『戦国遺文　後北条氏編2』　1602号文書

(33)『戦国遺文　後北条氏編3』　2200号文書

(34)『戦国遺文　後北条氏編1』　241号文書、『戦国遺文　後北条氏編4』東京堂出版、一九九二年　29

40号・3549号文書
(35)『新八王子市史　資料編2　中世』　442号文書
(36)『中世法制史料集第3集』岩波書店、一九六五年
(37)『第21回企画展　戦国時代の金とガラス』福井県立一乗谷朝倉氏遺跡資料館、二〇一四年九月
(38)『新八王子市史　資料編2中世』　455号文書

〈引用・参考文献〉

桑田忠親『山上宗二記の研究』河原書店、一九五七年
『茶道古典全集2』淡交新社、一九五八年
奥田直栄「八王子城調査概報」『武蔵野』第238号　武蔵野文化協会、一九五九年七月
多摩考古学研究会「八王子城出土遺物紹介」『多摩考古』第7号　多摩考古学研究会、一九六五年十二月
『大航海時代叢書Ⅸ　ジョアン・ロドリーゲス　日本教会史　上』岩波書店、一九六七年
八王子市教育委員会『八王子城』一九八三年
小松敏盛「八王子城の土弾」『八王子城山』創刊号　八王子城山会、一九八四年七月
南洋一郎「漆椀・皿に関する二、三の問題」『朝倉氏遺跡資料館紀要1986』福井県立朝倉氏遺跡資料館、一九八七年
『第4回企画展　一乗谷と越前焼』福井県立朝倉氏遺跡資料館、一九九〇年七月
椚国男『戦国の終わりを告げた城』六興出版、一九九一年
『中国の陶磁12　日本出土の中国陶磁』平凡社、一九九五年
『海の道から中世をみる1　中世の港町』広島県立歴史博物館、一九九六年四月
千野原靖方『中世房総の船』崙書房出版、一九九九年

新井浩文「戦国期の関宿水運」『千葉県立関宿城博物館研究報告第5号』千葉県立関宿城博物館、二〇〇一年三月
『大友府内　よみがえる中世国際都市』大分県立先哲史料館、二〇〇一年八月
西ヶ谷恭弘・西ヶ谷美恵子「城石段の構造と構成」『城郭史研究』22号　日本城郭史学会、二〇〇二年八月
有光友學編『日本の時代史12　戦国の地域国家』吉川弘文館、二〇〇三年
滝川恒昭「海の境界を生きる商人・職人」藤木久志・黒田基樹編『定本・北条氏康』高志書院、二〇〇四年
『第14回企画展　花咲く城下町一乗谷　花の下に集う中世の人々』福井県立一乗谷朝倉氏遺跡資料館、二〇〇五年十月
下山治久『後北条氏家臣団人名辞典』東京堂出版、二〇〇六年
『愛知県史　別編　窯業2　中世・近世　瀬戸系』愛知県、二〇〇七年
黒田基樹『北条氏年表』高志書院、二〇一六年
『新八王子市史　通史編2　中世』八王子市、二〇一六年
大友氏研究会編『大友館と府内の研究』東京堂出版、二〇一七年
三浦麻衣子・村山修「八王子城出土の鉄砲弾について」『武田氏研究』第60号　武田氏研究会、二〇一九年七月
浅倉直美『北条氏照』戎光祥出版、二〇二一年
『2023年度第10回九州城郭研究大会資料集　城館・考古・文献から大友氏の勢力圏を俯瞰する』北部九州中近世城郭研究会、二〇二三年十一月
『八王子城』八王子市郷土資料館、二〇二四年

〈**遺跡調査報告書**〉

・滝山城跡と城下

『史跡滝山城跡内便所改築事業報告書』東京都建設局西部公園緑地事務所、一九九七年
『八王子市埋蔵文化財年報　平成8年度』八王子市教育委員会、一九九七年
『山ノ神遺跡　東京都昭島市』東京都南部住宅建設事務所・昭島市教育委員会・昭島市山ノ神遺跡調査会、二〇〇〇年
『創価考古1』創価大学考古学研究会、二〇〇一年
『丹木境遺跡』学校法人創価大学、二〇〇二年
『東京都埋蔵文化財センター調査報告第182集　八王子明王下遺跡』東京都埋蔵文化財センター、二〇〇六年
『東京都埋蔵文化財センター調査報告第207集　八王子市丹木遺跡群（大町遺跡　南谷遺跡　南谷東遺跡）』東京都埋蔵文化財センター、二〇〇七年

・八王子城跡城下

『深沢遺跡・小田野城跡』八王子市深沢遺跡および小田野城跡調査会、一九八一年
『八王子市元八王子池の下遺跡発掘調査報告書』元八王子池の下遺跡調査団、一九八三年
『裏宿遺跡群・池の下遺跡調査報告第4分冊　東京都八王子市池の下遺跡』八王子市裏宿遺跡発掘調査団、一九九一年
『東京都八王子市　落越遺跡II』落越遺跡調査団、一九九二年
『東京都八王子市　宮の前遺跡』八王子市宮の前遺跡発掘調査団、一九九八年
『東京都埋蔵文化財センター調査報告第143集　八王子市鍛冶屋敷・池の下遺跡』東京都埋蔵文化財センター、

二〇〇四年

・八王子城跡

『八王子城跡』Ⅰ～Ⅸ　八王子市教育委員会・八王子城跡調査会、一九七八～一九八七年

『八王子城跡』Ⅹ～ⅩⅩⅢ　八王子市教育委員会、一九八九～二〇二二年

『史跡八王子城跡環境整備事業報告書』八王子市教育委員会、一九九二年

あとがき

単著であれ共著であれ、一冊の本を上梓するという作業は、心身ともに疲れるものであることを、今回も身をもって再確認することができた。そうした疲弊極まりない作業の大部分を終えて、ようやく「あとがき」を書く段階に達すると、個人的にいつも言葉には尽くせない解放感と達成感を禁じ得ない。たとえて言うと、一仕事を終えて蒸し暑い坂道を上って帰宅し、冷え切ったビールを「ごくり」とあおった時の爽快な瞬間と言えようか。

本書の成り立ちとミュージアムセミナー

さて本書に所収されている四つの論考は、二〇二三年十一月から十二月の一か月にわたって、東京都八王子市にある帝京大学総合博物館が主催した「ミュージアムセミナー『海』から読みとく歴史世界」での個別の報告を元に、学術水準を保ちつつも、あまり小難しくまた堅苦しくならないように注意しながら、一般の歴史愛好家を対象に執筆されたものである。各論文のタイトルは基本的に上記セミナーでの報告論題を援用したものであるが、ご参考までに各報告の行われた日時と報告時の論題を記しておく。

第一回　十一月十一日
　高橋裕史「戦国日本と海の攻防―大航海時代のなかの日本」
第二回　十二月二日
　坂田美奈子「継承されなかった物語―金成マツ筆録アイヌ散文説話のアイヌ‐和人関係表象」
第三回　十二月九日
　佐々木蘭貞「水中に残された歴史を読み解く―水中文化遺産の研究事例」
第四回　十二月二十三日
　村山修「八王子城跡からみる海外世界とのつながり」

お忙しい中にもかかわらず、セミナーの講演を快諾され、また講義や学内運営等でお時間の無い中、原稿を執筆して頂いた坂田、佐々木、村山の三先生に、この場をお借りして心からの謝意を捧げたく思う。

帝京大学総合博物館は社会教育機関、生涯学習機関としての責務を果たすために、子供たちや周辺地域住民の皆さんを対象とした活動を行っている。その一環が「ミュージアムセミナー」である。そして帝京大学総合博物館が歴史をテーマにして最初に開催したミュージアムセミナーは「大学でまなぶ日本の歴史」である。このセミナーは二〇一七年から始まり二〇二二年に好評のうちに完結した。その後を受けて新たな視点から開催されたミュージアムセミナーの初回が、この『海』から読みとく歴史世界」なのである。

帝京大学総合博物館

ここで帝京大学総合博物館が設立されるに至った経緯等について記してみたい。

そもそも国公私立を問わず大学における諸他の運営には公的資金が投入されている以上、大学で行われている教育研究活動の成果は、社会に還元させるべきものである。

また、帝京大学の原点は「人格の陶冶」「実践的教育」「体育武道奨励」を教育方針とした帝京商業学校（一九三一年創立）にある。したがって帝京大学には帝京商業学校から受け継がれている教育の歴史があり、それを伝統とした多様な教育研究活動の成果が、一九六六年の大学創立以来、飽くことなく生み出され蓄積されて現在に至っている。しかしながら大学の教育研究活動の成果というものは、概して一般の人々に知られる機会の少ないのが現状である。帝京大学とて例外ではない。大学開学五十年という節目の年を数年後に控え、大学の成果をいかに発信して人々に知っていただくか。この二つの課題を解消する手段の一つが、八王子キャンパスに博物館を開設することだった。

帝京大学八王子キャンパスに博物館を開設する計画が本格的に議論の俎上に載ったのは二〇一〇年夏のことである。その後、二〇一三年四月には博物館開設準備チームが立ち上げられた。さらに同年十二月には「帝京大学総合博物館（仮称）の設置に関わる指針」が承認され、これに則って博物館の開設に向けての実務が開始された。右記「指針」で謳われている博物館設置の目的は、

本学の教育・研究活動と連携し、総合的・学際的な活動を行いその向上を図るとともに、それに必要な、歴史、芸術文化、自然等の資料を収集・保管する。あわせて教育・研究活動の成果の公

開や、他機関との連携を通じて、大学の社会貢献を推進する事を目的とする。とあるように、まさに先述した二つの課題の克服が博物館設置の目的に組み込まれていることが判明する。

このような経緯を経て二〇一五年九月十四日、帝京大学八王子キャンパスのソラティオスクエア（地上二十二階、地下二階）の地下一階に、延床面積千四百三十平米を有する帝京大学総合博物館が開館するに至ったのである。

帝京大学総合博物館では、上述した設立の経緯と目的を踏まえて、帝京大学における様々な教育研究の成果を学外に向けて発信している。各学部ゼミでの研究活動の展示紹介、留学成果の展示紹介などである。また博物館のセミナールームを使って、学部一年生および二年生を対象とした初年度教育授業なども行っている。これらの諸活動については、ホームページやX（旧ツイッター）、インスタグラムでも紹介しているので、是非、ご覧いただきたく思う。

博物館・美術館・学芸員への理解を

先述したように博物館あるいは美術館という存在は、国公私立の別を問わずに「生涯学習機関」「社会教育機関」という重要な使命を担わされている以上、自らに課されたそうした職責を果たさなければならない。その責務を果たそうとしない、あるいは果たしていない博物館や美術館は、好事家たちの物品収蔵庫という趣味の領域を出るものではない。

日本の博物館と美術館の歴史は、欧米、特にヨーロッパの場合とは異なり、近代国家・文明国家としての体裁を帯びる必要性から、時の明治政府によって導入された性格が強いものである。この点、ルーヴル美術館などが、ルイ王家や教会関係者などが収集していた数々の貴重な美術品のコレクションを一般公開する形で開館されたことは、博物館や美術館の歴史を語る上でよく引き合いに出されるところである。つまりルーヴル美術館の場合は、フランス革命という歴史の産物であって、それがルーヴル宮殿を一般大衆に広く公開されるべき美術館に生まれ変わらせたのだった。

こうした歴史的経緯の違いは、博物館、美術館に対する認識の「差」となって現れてくる部分が多いのではあるまいか。端的に記すと、日本の博物館の場合、古めかしい物品が雑多に収蔵されていて、それらの一部を定期的に陳列している場所で、単なる「懐古趣味」「骨董品好き」のたまり場、といった感覚で未だに位置づけられがちだ、ということである。加えて博物館、美術館において学術目的で諸資料を専門的に調査研究し、企画展という特定のテーマを企画立案展示し、その解説や図録を執筆している学芸員諸氏の存在を知らない人も多い。それだけ日本では博物館、美術館、そして学芸員を「不当」に軽視している部分が少なくないのである。

たとえば欧米における学芸員（英語ではcurator、フランス語ではconservateurという）は社会的な地位が日本よりもはるかに高く、有名一流大学の教授と同等の扱いを受けている。ところが日本の場合は残念ながらそうではなく、博物館の収蔵庫で埃をかぶっている収蔵品の手入れをしたり、常設展の展示品を定期的に入れ替えたりしているだけの仕事、と思い込んでいる人たちが一定数いると思われる。

また自治体の運営する博物館、美術館などの場合、少子高齢化社会の煽りを受けて当該自治体の税収不足で財政が逼迫すると、その運営を第三セクターや民間に委託した結果、博物館や美術館でも収益至上主義の悪しき日本企業の経済価値観が幅を利かせ、学芸員は研究などする必要はない、入場者数の増大と入館料収入の増加につながる活動に専念しろ、という理不尽な命令を押しつけられる事態となった。これなどは、日本の博物館、美術館および学芸員が、いかに「軽視」され「無用の長物」と位置付けられているか、ということを如実に物語っている。

専門研究家である学芸員も、労働環境や条件に恵まれた一部の博物館や美術館等を除けば、この国では「大切にされていない」のが現状である。令和五年（二〇二三）四月一日に施行された「改正博物館法」の第四条第三項には「博物館に、専門的職員として学芸員を置く。」と明記されてはいるが、規模の大小に関係なく実際に学芸員を置いている博物館や美術館あるいは古文書館は、どれだけあるのだろうか。学芸員を雇用するとしても「任期付き」での雇用形態のところがほとんどであろう。有期採用という不安定な身分では、期限切れ後の身の振り方を常時考えなければならない。そうした状況で学芸員としての職務を十全に遂行できるとは、到底考えられない。

また大学に附置されている博物館や美術館に勤務する学芸員の場合、学芸員という資格あるいは立場ではなく、当該大学の事務職員という資格で採用されることも珍しくない。そのような場合、学芸員は大学の雑多な業務が主となり、本来の学芸員としての業務は隙間時間を使って、文字通り「片手間仕事」として行わざるを得なくなる。学芸員になるために培った知識や研究能力の大方が非情にも

「封印」されてしまうのである。

このような博物館や美術館、学芸員を取り巻く日本の環境はまことに「劣悪」「貧弱」であることは疑いようがない。こうした現状を認識し打開することなしに、果たして「文化芸術の創造・発展・継承と教育の充実を進めるとともに、文化芸術を通じた共生社会の実現、イノベーションの創造や国家ブランドの構築」（文化庁『我が国の文化政策』総論より）など可能なのであろうか。私が大学院生の時に古文書館や博物館に足を運んでは史料調査を行った時に感じた、そして帝京大学総合博物館の館長として感じている日本の博物館、美術館そして古文書館の置かれた現状に対する問題点は、残念ながら解消されていない。これらの難題が解決され、言葉の真の意味において「文化国家日本」という日が訪れることを望む人たちは、私だけではないだろう。

さて「あとがき」を書くことに強い使命感を抱いている点では人後に落ちない、と自負している私であるが、この種の「あとがき」としては長くなったついでに、もう一つだけ、記させていただきたい。

肩身の狭い歴史学者

「まえがき」のなかで、本書を手にとっていらっしゃる方には「歴史好き」や「歴史愛好家」が多いことと思う旨、記した。どの地域であれどの時代であれ、はたまたどのような分野であれ、歴史に強い関心をもっていらっしゃる方々の存在は、歴史の研究を生業とする歴史学者にとって、本当に「ありがたい」ことであり「心強い」ことなのである。なぜなら、経済的効率主義や利益至上主義が社会と人々の心を「過度に」支配し、歴史学という「過去を検証する」学問自体に否定の目が向けられ、歴史学不要論さえ見受けられる現在の日本にあって、歴史学の専門家は「肩身の狭い」思いを強いられつつあるからである。

なるほど、たしかに歴史学、歴史研究の対象は基本的に「過去」である。今さら過ぎ去った時代や出来事、亡くなって久しい人間のことを研究して、一体全体、何の「得」があるのか、そんな非生産的で利益を生みださない学問や研究なぞ、この世から抹殺してしまっても経済は動くし、全く困ることはない——歴史学不要論の典型的な考え方である。

未来に回答はない

しかし本当に歴史学は完膚なきまでに「不要」で「無用の長物」なのだろうか。百％役に立たないのだろうか。昔から繰り返し提示されてきたこの問題に、明快な「解」を出すことは非常に難しい。そこで一つの解答例として、「未来に範となる答えはなかなか見つからない」という考えを提案したい。新型コロナウイルスが世界的規模で猖獗を極め、毎日おびただしい数の人が亡くなったのは、過去に範とすべき事例がなかったがゆえに、効果的な手を打てずに終わってしまうケースが多かったからではないだろうか。また先行き不透明な中にあって、試行錯誤の連続と積み重ねをせざるを得ず、それが世界的に混乱を発生させることにつながったのではないだろうか。

だからこそ新型コロナウイルスの猛威の中にあって、過去、これと同種の大勢の犠牲者を生んだ疾病に先人たちはどのように取り組み克服したのか、ということを知り学ぶためにも、村上陽一郎氏(一九三六〜)の名著『ペスト大流行　ヨーロッパ中世の崩壊』(岩波新書、一九八三年)が、再び多くの読者を獲得したのであろう。

また我々が直面している問題解決の手がかりを過去から学びとる、ということであれば、現在、某国が積極的に領海や公海を侵犯し、実効支配を強引に展開しようとしている深刻な問題とて例外ではない。これは国際政治や国際関係論、国際法を切り口として考えられ論じられることが一般的通念であろう。この問題に対する有効な対症療法を考案するには、本書がテーマとした我々と海との長く深い歴史的関係を学び直すことが重要であろう。我田引水あるいは牽強付会の誹りを免れないだろうが、拙稿で取り上げたデマルカシオンに端を発する海洋閉鎖論と海洋自由論などは、現下の領海をめぐる緊迫した国際情勢を分析し理解するためにも、今一度、参照されても良い「古くて新しい」問題だろう。

この「あとがき」を推敲中に、南海トラフ地震臨時情報(巨大地震注意)が、二〇一九年五月の施行後、初めて発令された。静岡県以西の地域に「国難」といっても過言ではない甚大な被害をもたらすのが、マグニチュード八〜九クラスの規模の南海トラフ巨大地震である。地震自体がいつ、どこで発生するのかということは、現在の地震学では「予知不可能」ではあるが、過去にどのくらいの周期と規模で、どのような被害をもたらしていたのか——これについては地震の歴史を調べればかなり詳細に知ることができる。南海トラフ巨大地震にしても、過去の発生の歴史を克明にたどったからこそ、それが「駿河湾から日向灘沖にかけてのプレート境界を震源域として概ね百〜百五十年間隔で繰り返し発生してきた大規模地震」（気象庁HP「南海トラフ地震について」）であることが判明し、国および自治体をあげての警戒態勢を敷くことが可能になったのである。

窮地にある人文科学

歴史学も含めて日本では、全般的に人文科学に分類される諸分野の教育と研究が窮地にあるように思われて仕方がない。もちろん、これは今に始まったことではなかろう。明治になって欧米の近代国家と同等の地位と国力に追いつくため、明治新政府が多くの分野で「上からの改革」を行った。その改革の動きを改めて眺めてみると、やはり国家の発展や産業、工業の発展に欠かせない法学、経済学、理学、工学、農学、医学などの「実学」に重きを置き、それらを人文諸学よりも優先させるような価値観が支配的となり、それが現在にも尾を引いているのでないだろうか。

私自身も友人の、臨床医をしている父君の診察が終わった後で、何学部にいるのか、と聞かれたので「文学部に在籍しています」と回答すると、

「文学部なんかに行ったたって碌な就職先ないでしょ。ご両親も困っているのでは」

という何とも驚くべき言葉が返ってきた。これは親しい友人の父君ということもあって、当時の私には少なからずショックであった。また帝京大学での講義等を通じて親しくなった経済学部や法学部の学生との雑談の中で、ホントは文学部に行きたかったけど、就職のことを考えて今の学部に進学することを、両親にも高校の先生にも勧められました、と語る学生が思った以上に多いことに驚いたこ

とは少なくない。大正や昭和の初期ならいざ知らず、令和の今でも文学部は就職に不利な学部、学んでも経済活動に利することがない学部というように受け止められているわけである。一言でいうと、経済学部や法学部とは異なって「存在価値のない」学部ということなのだ。文学部で学んでいる学生、文学部で研究をしている研究者は、一人の例外なく虚しく報われない「愚かな」活動に従事している、と思われているのだろうか。

百年かけた辞書作りが教えてくれること

私の手元に一冊の本がある。小倉孝保著『中世ラテン語の辞書を編む——100年かけてやる仕事』（プレジデント社、二〇一九年。後に角川ソフィア文庫として二〇二三年再刊）である。これは中世英国の荘園や行政等に関するラテン語で記された史料を読解するためだけに特化して編纂されたラテン語辞書作りを追ったドキュメントである。

この事業は英国学士院と市井のボランティアたちの総力を結集して一九一三年から開始され、驚くべきことにちょうど百年後の二〇一三年に完成した。中世ラテン語の文例採集をほぼ一手に引き受けたボランティアの人たち、特にこの計画が動き出した当初のボランティアたちは、自分の生前に辞書の完成が無いことが分かっていながら、無報酬で黙々と文例集めを行った。

今の企業財界中心の価値観、企業の論理が大学を含む社会のあちこちで幅を利かせている現在の日本にあって、全くといってよいほど需要も利益もないラテン語の辞書を百年もかけて編纂することは、費用対効果の観点から見ると、愚行以外のなにものでもあるまい。また自分の目の黒いうちに完成品を手にできないのに、手弁当で手間暇かけて埃まみれのラテン語の語彙とその文例を集めるなど、企業人からすれば、狂気の沙汰であろう。

しかしそうした無償の活動を行った人々の考えの根底にあったのは、現在の日本人や日本社会が見失った、あるいは敢えて目を背けて口にしないようにしている、大切な真理の存在だったと私は考えている。この中世ラテン語辞書作りに携わった、現存する専門家やボランティアにインタビューを行った小倉孝保氏は、その真理に触れる彼らの言葉を紹介している。一例のみあげるならば、辞書作りのために立ち上げられた特別委員会の委員長を務めた、オックスフォード大学教授トビアス・ラインハート氏（一九七一～）は、小倉氏に次のように語っている（引用は角川ソフィア文庫版による）。

経済的観点でプロジェクトを語ることに意味はないと思います（一三六頁）。

自然科学にしても人文科学にしても、商業的観点から正当化すべきでないはずです（一三六頁）。

青銅よりも永続するものを

もちろん、富によって得られる幸福や利便性は否定できない事実である。産業革命の進展を機に、人間は欲望という名のパンドラの匣を開けてしまった以上、今更その匣を閉めることも、世界中の隅々まで拡散してしまった経済的欲望をかき集めて封印することも、もはや不可能となってしまっている。

しかしそうした現実であればこそ、またそうした現実の中に身を置いているからこそ、百年もかけて完成させた中世ラテン語辞書作りが教えてくれることに、私たちは時には素直に謙虚になって、耳を傾けるべきなのではないだろうか。「経済的観点」と「商業的観点」から評価したり正当化したりはできない——この言葉は日本の大学にはびこる企業的価値観、とりわけ大学の文学部とそこで教育研究されている人文諸学の危機的状況を払拭し、文学部で学ぶ学生と文学部で研究に勤しむ研究者を守り、文学部と彼らの存在意義をしっかりと認識するために無くてはならない指標なのではないだろうか。

競争原理や市場原理をはるかに凌駕し、時代や社会の風潮といったその場その時だけの短期的な価値観などに脅かされることの全くない、言葉の真の意味での「本物」と「普遍なるもの」を、これからの日本は構築しなければならない。古代ローマの大詩人ホラティウス（前六五〜前八）が、前二三年に出版した『カルミナ』巻三で、いみじくも述べているように……。

Exegi monumentum aere perennius regalique situ pyramidum altius,
quod non imber edax, non Aquilo inpotens possit diruere aut innumerabilis
annorum series et fuga temporum.

私は青銅よりも永続し、王が眠っているピラミッドよりも高い記念碑を完成させた。
その記念碑は、侵食する雨も荒れ狂う北風も、また数えきれない年月の連続も逃げ急ぐ時間も、破壊できないのである。

最後の最後になってしまったが、本書を快く出版して頂いた帝京大学出版会に厚く御礼申し上げたい。また編集部の谷俊宏氏と森休八郎氏のお二人には、どのような言葉をもってしても、私の感謝の気持ちを伝えきることができない。

谷氏は今回のミュージアムセミナーのチラシをご覧になった瞬間に、今回のものも含めて今後の歴史セミナーの内容を選書として出版することを強く勧められ、このたびの刊行が実現した。谷氏の鋭い慧眼がなければ、本書は日の目を見ることがなかった。

森氏は原稿の初校、二校の過程において、「これぞプロの編集者魂」というものを見せて頂いた。こちらが思いもつかない文章や表現上の問題点その他を、緻密な読解力と分析力で御指摘頂いた。また本書の刊行プランや原稿の組み立てなどに関する打ち合わせ後の雑談は非常に楽しく、様々な点で刺激を受けた。本を読むことの楽しさ、そして何より本を愛することの大切さを、森氏との語らいの中で再認識させられた。

帝京大学出版会は二〇二三年十月に創設された、新しい出版社である。同出版会の更なる発展と、谷氏および森氏御両名の弥栄を心から願わざるを得ない。

二〇二四年九月吉日

高橋裕史

高橋裕史（たかはし ひろふみ）

帝京大学経済学部教授・帝京大学総合博物館館長。専門は16〜17世紀の日欧交渉史、兵器産業・武器移転史。中央大学大学院文学研究科日本史学専攻博士後期課程単位取得。著書に『戦国日本のキリシタン布教論争』（勉誠出版）、『武器・十字架と戦国日本』（洋泉社）、『イエズス会の世界戦略』（講談社）、訳書にヴァリニャーノ『東インド巡察記』（平凡社東洋文庫）など。

坂田美奈子（さかた みなこ）

帝京大学外国語学部教授。専門はアイヌ研究、北海道史。1969年生まれ。東京大学大学院総合文化研究科博士課程学位取得修了。苫小牧駒澤大学、北洋大学を経て現職。著作に『アイヌ口承文学の認識論（エピステモロジー）：歴史の方法としてのアイヌ散文説話』（御茶の水書房）、『先住民アイヌはどんな歴史を歩んできたか』（清水書院）、Possibilities of Reality, Variety of Versions: The Historical Consciousness of the Ainu Folk Tales（*Oral Tradition,* 26/1）、The Transformation of Hokkaido from a Penal Colony to a Homeland Territory（*International Review of Social History,* 63）など。

佐々木蘭貞（ささき ランディ）

帝京大学文化財研究所准教授。1976年神奈川県生まれ。大学・大学院時代はアメリカにて過ごし、テキサスＡ＆Ｍ大学大学院にて博士号を取得（人類学・海事考古学）。専門は、みなとや船舶の考古学。近年は水中文化遺産の管理についても研究している。九州国立博物館、福岡市埋蔵文化財センターなどを経て2022年より現職。学術著書のほか、一般向けの書籍として『水中考古学・地球最後のフロンティア』（エクスナレッジ）、『沈没船はタイムカプセル』（矢野恵司・絵、福音館書店）など。

村山　修（むらやま おさむ）

八王子市教育委員会生涯学習スポーツ部文化財課学芸員。専門は中世史。1968年生まれ。帝京大学文学部史学科卒業。八王子城跡御主殿の発掘調査、八王子市内遺跡の発掘調査などを実施。著作に「八王子城跡の発掘調査と天正十八年小田原攻めでの忍びの痕跡」（戦国の忍びを考える実行委員会・埼玉県立嵐山史跡の博物館編『戦国の城攻めと忍び』吉川弘文館）、図録『掘りおこされた八王子の歴史』（八王子市教育委員会）、報告書『国史跡八王子城跡』ＸＸⅠ〜ＸＸⅢ（八王子市教育委員会）など。

帝京選書 002

「海」から読みとく歴史世界

――海は人と、人は海とどのように関わってきたのか――

2024年11月10日　初版第1刷発行

編著者　高橋裕史
著　者　坂田美奈子
　　　　佐々木蘭貞
　　　　村山　修
発行者　岡田和幸
発　行　帝京大学出版会（株式会社 帝京サービス内）
　　　　〒173-0002　東京都板橋区稲荷台10-7
　　　　帝京大学 大学棟3号館
　　　　電話 03-3964-0121
発　売　星雲社（共同出版社・流通責任出版社）
　　　　〒112-0005　東京都文京区水道1-3-30
　　　　電話 03-3868-3275
　　　　FAX 03-3868-6588
装幀・印刷・製本　精文堂印刷株式会社

ISBN：978-4-434-34810-5 C0320